教育部高校示范马克思主义学院和优秀教学科研团队建设项目
“新媒体视角下的社会主义核心价值观传播研究”(项目批准号:16JDSZK090)

新媒体视角下的社会主义核心价值观传播研究

彭文英 著

人民交通出版社股份有限公司
China Communications Press Co.,Ltd.

内 容 提 要

本书借助美国传播学者拉斯韦尔的“5W”传播模式，从传者(Who)、受众(To Whom)、传播内容(Say What)等五个方面，着重分析了新媒体电影、新媒体剧、公民视频新闻、网络综艺节目、网络小说、新媒体广告等受众喜闻乐见的新媒体传播形态中(即通过什么渠道——In Which Channel)，传播社会主义核心价值观面临的机遇、挑战、典型成功案例。希望通过典型成功案例的研究，为新媒体传播社会主义核心价值观提供有价值的参考，使符合社会主义核心价值观的新媒体传播得到弘扬，实现社会主义核心价值观在新媒体视角中像空气一样无所不在、无时不有。

图书在版编目(CIP)数据

新媒体视角下的社会主义核心价值观传播研究 / 彭文英著.—北京:人民交通出版社股份有限公司，2019.8

ISBN 978-7-114-15787-5

Ⅰ. ①新… Ⅱ. ①彭… Ⅲ. ①社会主义核心价值观—传播—研究—中国 Ⅳ. ①D616②G206.2

中国版本图书馆 CIP 数据核字(2019)第 178281 号

书　　名: 新媒体视角下的社会主义核心价值观传播研究
著 作 者: 彭文英
责任编辑: 陈　鹏
责任校对: 张　贺　宋佳时
责任印制: 张　凯
出版发行: 人民交通出版社股份有限公司
地　　址: (100011)北京市朝阳区安定门外外馆斜街 3 号
网　　址: http://www.ccpress.com.cn
销售电话: (010)59757973
总 经 销: 人民交通出版社股份有限公司发行部
经　　销: 各地新华书店
印　　刷: 北京虎彩文化传播有限公司
开　　本: 720×960　1/16
印　　张: 15.25
字　　数: 258 千
版　　次: 2019 年 8 月　第 1 版
印　　次: 2019 年 8 月　第 1 次印刷
书　　号: ISBN 978-7-114-15787-5
定　　价: 50.00 元

前 言
Preface

党的十八大报告明确指出："倡导富强、民主、文明、和谐，倡导自由、平等、公正、法治，倡导爱国、敬业、诚信、友善，积极培育和践行社会主义核心价值观。"[①]社会主义核心价值观是现阶段我国的主流价值观，要利用各种时机和场合加以宣传，形成有利于培育和弘扬社会主义核心价值观的生活情景和社会氛围，"使核心价值观的影响像空气一样无所不在、无时不有"。

伴随5G时代的来临，数字技术和互联网新媒体的舆论生态给社会主义核心价值观的传播带来了新的机遇和挑战。新媒体与传统媒体的融合，极大地丰富了媒体的传播形态，甚至彻底改变了一些传统媒体的传播方式。新媒体理应是传播正能量、满足人民群众精神文化需求的重要渠道，是振奋精神、汇聚人心、宣扬社会主义核心价值观的重要途径。

新媒体时代多元化的价值取向、复杂化的传播环境、碎片化的传播内容、多样化的传播形态、娱乐至死的传播心态……都影响着社会主义核心价值观的传播效果，致使社会主义核心价值观传播效果与实际投入和人们的期待不成正比。党的十八大报告指出，要构建和发展现代传播体系，提高正向传播能力。基于当前国家传播政策与新媒体迅猛发展的大环境，有效应用传播学知识，加快媒介融合，合理利用新媒体技术提供的全新传播渠道、传播模式、传播受众，优化社会主义核

①石国亮.社会主义核心价值观十讲：党员干部读本[M].北京：人民日报出版社，2014：6.

心价值观的新媒体传播空间，打造社会主义核心价值观新媒体传播精品，占领舆论主阵地，提高社会主义核心价值观传播的实效性，用社会主义核心价值观引领社会、经济、文化发展方向，实现新媒体传播的政治效益和社会效益，更好地弘扬和培育社会主义核心价值观，是亟待解决的重要问题，也是本书编写的现实意义和理论指导价值所在。

由于缺乏同类的、可供直接借鉴和参考的著作，有些内容需要深入研究，不当之处，敬请专家学者、读者批评指正。本书探索式的研究，希望能为新媒体作品创作和政府职能部门媒体管理，传播社会主义核心价值观提供参考。

目 录
Contents

第一章 新媒体概述

“新”是相对于“旧”而言,这是新媒体概念中较有影响力的一种认识观,即“相对论”观点。新媒体是一个相对的概念,相对于传统媒体而言是“新”的,就是新媒体,是在旧媒体基础上发展形成的。因此,我们有必要了解什么是传统媒体,即旧媒体(以下简称“媒体”),其传播有怎样的发展历程。

第一节 媒体的定义及历史沿革

一、什么是媒体?

“媒”是“女”字旁,《诗·卫风·氓》中有“匪我愆期,子无良媒”,古语又讲天上无云不下雨,地上无媒不成婚。可见,很早之前,“媒”主要是在男女婚嫁中起传情达意的中介作用。

媒体(media)一词来源于拉丁语“Medius”,音译为媒介,意思是“两者之间”。英文用“medium”(单数)或“media”(复数)表示,大约出现于19世纪末、20世纪初。中文对“medium”或“media”的翻译,有“媒体”,也有“媒介”。从概念的角度看“媒体”与“媒介”,本质上并没有区别,只是使用习惯上有细微差别。① 媒介是整体的抽象名词,媒体则是个体的具象名词。② 媒体是指传播信息的媒介,指人们用于传递信息与获取信息的工具、渠道、载体、中介物或技术手段。也可以把媒体看作为实现信息从信息源传递到受信者的一切技术手段。媒体有两层含义,一是承载信息的物体,二是指储存、呈现、处理、传递信息的实体。也有学者把语言、文字、声音、图像等内容信息看成媒介,把书本、报纸、杂志、广播、电视等传播媒介及其机构看成媒体。③

①宫承波.新媒体概论(第四版)[M].北京:中国广播电视出版社,2012:2.

②宫承波.新媒体概论(第四版)[M].北京:中国广播电视出版社,2012:2.

③宫承波.新媒体概论(第四版)[M].北京:中国广播电视出版社,2012:2.

在社会生活中，人需要与他人进行交流，传达对于世界的感受和认识等，这种交流就是信息的传播，而媒体就是信息传播的工具或载体。① 媒体的内涵很宽泛，应用领域也很广，且不同领域有不同说法。传播学一般称媒体为“媒介”，如“新闻媒介(new media)”“大众媒介(mass media)”“媒介信息”。传播学关于“媒介”最典型的论述，是麦克卢汉的“媒介是人体的延伸”“万物皆媒介”；计算机领域则称“多媒体”，即多种媒体的综合，一般包括文本、图片、声音、视频等媒体形式。《新媒体视角下的社会主义核心价值观传播》对“媒体”与“媒介”，在概念上未做详细区分。

二、媒体传播的历史变革

随人类社会的不断向前发展，信息载体、信息数量、传播方式、传播质量以及传播速度，都在不断地向更高层次提升。从人类社会漫长的发展历程看，信息的影响力，不仅局限于传播内容本身，而且也包含传播工具。可以说，每一种新媒体的产生都开创了人类交往和社会生活的新方式，是影响社会变革的巨大力量。②

(一)口头语言传播——口头语言是人类最原始的交流工具，是史前社会人类重要的传播方式。口头语言作为最初媒体形式的一种，与当时人类生活状况是相一致的。在原始部落氏族社会，人们靠狩猎和采集生活在一起，生存条件决定原始人不可能脱离其部落氏族独立生活，因此，他们的活动范围和交流范围都非常有限。积累的有限生活经验用口头语言交流、传递，就能满足他们的需要。人类的语言能力大约在35000—40000年前就已经具备。③ 这使人类的逻辑思维能力得以提高，进而提高了人类认识自然的能力。苏联著名心理学家巴甫洛夫曾指出：“没有东西可以比语言更能使我们成为人类。”④人类之所以能从森林中走出，并主宰地球，一是因为具有了制造工具的能力，二是因为具有了语言的能力。由于口头语言传播的载体是声音，这就决定了口头语言传播的局限性：一是传播空间有限，二是传播时间有限。但是，口头语言传播却是双向的、互动的，是当时有限知识传播最主要的传播形式。

(二)文字交流传播——书写传播出现的首要条件是文字的发明。大约在公元前3000年左右，文字的出现，相对于口头语言是一种巨大的进步。它直接

---

①王宏等.数字技术与新媒体传播[M].北京：中国传媒大学出版社，2010：4.

②王宏等.数字技术与新媒体传播[M].北京：中国传媒大学出版社，2010：4.

③袁智忠.影视传播概论[M].重庆：西南师范大学出版社，2007：1.

④袁智忠.影视传播概论[M].重庆：西南师范大学出版社，2007：1.

或间接源于象形图字,是人类文明发展史中的根本性的重大事件。早期文字书写传播的载体是多样的。如苏美尔人的楔形文字最早书写在泥板上;古希腊人和古罗马人最早是书写在用芦苇做成的纸草上,后逐渐用兽皮替换。直到105年,中国四大发明之一的造纸术出现,成为文字传播媒介发展的重要里程碑。文字的发明使人们能够记载知识并代代相传,把消息向更遥远的地方传播,打破了口头语言传播时代时间和空间的局限,也使文献资料保存成为可能。

(三)印刷媒体传播——书写传播向印刷传播的转变,推动了世界文明的发展。① 书写传播时代由于书写成本高昂,阅读变得十分奢侈,使知识的传播仅局限于社会上层阶层。7—8世纪,中国发明了印刷术。带来了印刷文本的根本性变革。印刷术使印刷成本大大降低,文本也变得清晰流畅、排列整齐、井井有条,彻底地将词语从声音世界迁移到视觉空间,使人们能够静默地阅读和开始线性思维。印刷带动了报纸媒体和新闻业的发展。印刷媒体传播超越了口语传播时代面对面的口耳相传的形式,信息的传播不再简单地依赖信息编码者,接受者可以依据个人认知,对信息进行个性化理解、消化,接受者的主体性在传播过程中得以展现。因此,印刷媒体传播赋予普通民众更多个性表达的机会。

(四)电报、电话媒体传播——1844年,美国发明家塞缪尔·莫尔斯发明电报。在此前,信息的传递与人们旅行的时间基本上是一致的。电报的出现,改变了人们的互动方式,改变了时间与空间的关系,加快了社会的节奏,强化了社会控制,导致了经济的垄断和信息经济的产生。1876年,贝尔发明了电话,最初被当作广播使用,后来成为信息传递的大众传媒。电话是口语传播的一次革命性变革,将信息传播的模式渗透到了人们日常生活中,使人们可以通过电话设备用口语进行社会交流。电话传播有利于社会的组织和控制,同时由于人们之间交流方便而演化出民主互动的潜质,渗透了传播的双向性作用。手机即是电话演化过程的延续。这种延续导致了媒体传播的革命性变革,将交通与人际传播完美地结合起来。

(五)电影媒体传播——随着摄影、胶卷、留声机的发明,1891年爱迪生发明了电影,将原来较传统的、陈旧的娱乐方式,转移到一种新的表现方式和传播媒体上,为受众提供戏剧、幽默、特技、音乐、故事等,并迅速地成为被大众接受的真正的媒体。电影转瞬即逝的画面,向人们展示了一种虚拟世界的图景,一定程度上顺应"休闲生活"的出现,彻底改变人们的业余生活,使文化产业登上历史舞台,传播力量逐渐显现出来。

---

①袁智忠.影视传播概论[M].重庆:西南师范大学出版社,2007:3.

（六）电视媒体传播——1924 年，贝尔德（英国）发明了电视机。1939 年，美国 RCA 推出世界上第一台黑白电视机。1954 年，RCA 推出彩色电视剧。随着卫星传播技术的发展，电视实现了空间的全球化和时间的同步化，现场直播能使全世界的人们同时耳闻目睹处于地球任何位置的重要活动。电视媒体将“电影同影院分离”，弱化了观众观影时的公共体验属性而强化了私人体验属性。

（七）手机媒体传播——微博、微信曾广泛传播的一段话，说明了手机媒体的厉害。“人类发明的什么东西最厉害？——原子弹。错，是手机！手机干掉了电脑，干掉了电视机，干掉了座机，干掉了手表，干掉了照相机，干掉了收音机，干掉了镜子，干掉了报纸，干掉了手电筒，干掉了游戏，干掉了钱包、台历挂历、银行卡……未来还会干掉健康、颈椎、眼睛，甚至下一代。”手机媒体代替了传统的电脑、电视、电话、报纸等传媒。20 世纪 80 年代，伴随手机的发明，新一代媒体平台也陆续产生：短信、飞信、彩信、微博、微信、公民新闻等，进一步方便了人与人之间的交流，更加有利于社会的组织与控制，使社会运动成为可能，同时也将媒体传播的双向性发挥到极致。据第 42 次《中国互联网络发展状况统计报告》显示，截至 2018 年 6 月，中国网民数量达 8.02 亿人，手机网民规模达 7.88 亿人，占比达 98.3%。①

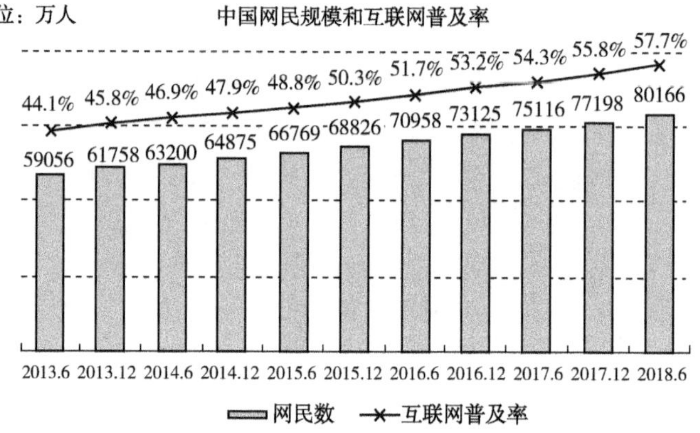

第 42 次《中国互联网络发展状况统计报告》（截图）②

①第 42 次《中国互联网络发展状况统计报告》（全文）［EB/OL］.http://www.cac.gov.cn/2018-08/20/c_1123296882.htm.

②第 42 次《中国互联网络发展状况统计报告》（全文）［EB/OL］.http://www.cac.gov.cn/2018-08/20/c_1123296882.htm.

第 42 次《中国互联网络发展状况统计报告》(截图)①

(八)互联网媒体传播——互联网,又称国际网络,英语为 Internet,音译为“因特网”。互联网始于 1969 年美国的阿帕网。在美国,大学生学习的一般不是新闻学,而是大众传播学(mass communication)。互联网就是一个能够相互交流沟通,相互参与互动的平台。从这个意义上说,“传播(communicate)”与宣传无关,而是与大家共同“参与”和“交流”紧密相关。因此,互联网就是传播媒体,在人类交流和传播中发挥着重要作用。互联网进入普通公众的生活不过十几年。最初,许多人只是把互联网视为一种通信或信息传输的手段,而没有把它视为一种新媒体。随着互联网功能和效用的不断拓展,互联网使用者成为创造者,互联网应用集成千上万网民的智慧,在传播领域的影响更是激增。人们终于意识到,信息传播的主导权已经转移,因而不得不承认互联网就是一种新媒体。②

第二节　新媒体的定义及发展

从口语传播时代到现在的新媒体时代,传播方式、传播信息的载体以及传播信息的数量和质量,都逐步提升到更高的层次。新媒体技术的迅猛发展,开创了人类交往和社会生活的新方式,也极大地改变了人们的生活方式,尤其是学习、工作交往和娱乐方式,使我们的世界得以前所未有的拓展。美国学者称新媒体

①第 42 次《中国互联网络发展状况统计报告》(全文)[EB/OL].http://www.cac.gov.cn/2018-08/20/c_1123296882.htm.

②陆小华.新媒体的史前史——新媒体变革取向漫谈之三[J].新闻记者,2007(3):13-15.

为“没有空间的地方”①“无疆界的世界”②。

一、新媒体相关研究

长期以来,欧美学者对新媒体的研究处于领先地位。1959 年 3 月 3 日,加拿大传播学家马歇尔·麦克卢汉在全美高等教育学会上发表了“电子革命:新媒体的革命影响”③的演讲,首先提及了“新媒体”。新媒体(New media)概念是在 1967 年,由美国哥伦比亚广播电视网(CBS)技术研究所所长戈尔德·马克(P.Goldmark)提出。欧美学者的研究主要涉及两个方面:一是新媒体的概念和类型。广义的新媒体是以比特(bit)和信息 DNA 为传播手段的多媒体。以互联网(Internet)为代表的新媒介出现之前的大众媒介时代为“第一媒介时代”(The First Media Age);以互联网为代表的新媒介时代为“第二媒介时代”(The Second Media Age),包括信息高速公路(Information Highway)、赛博空间(Cyberspace)、卫星技术、电脑等类型(Mark Poster,1995)。狭义的新媒体又称为新新媒体(New New Media)、互联网上的第二代媒体,比如 Facebook、Twitter、Youtube、Blogging、Myface、Second Life 等,代表成果有《数字化生存》(Nicholas Negroponte,1995)《第二媒介时代》(Mark Poster,1995)《新新媒介》(Paul Levinson,2013)等。二是新媒体对社会的影响。欧美学者认为新媒体无论从技术、经济层面,还是从政治、社会、文化层面,都对公共政策和私人生活产生了深远影响,代表成果有《网络社会——新媒体的社会层面》(Jan Van Dijk,2005)等。可惜的是,欧美学者并未对中国公众广泛使用的 QQ、微博(MicroBlog)、微信(WeChat)等新媒体工具进行论述。

国内学者对新媒体的研究是在 21 世纪之后,研究成果主要包括四个方面:一是新媒体的定义和特征。代表成果有《新媒体概论》,作者石磊除了定义新媒体,还分析出新媒体的主要特征:交互性与即时性、海量性与共享性、多媒体与超文本、个性化与社群性④。二是新媒体的形态。由于标准不一样,分类方式也不相同。有学者粗分为网络媒体、移动媒体和互动性电视媒体(宫承波,2012)。有学者细分为微电影、新媒体剧、公民视频新闻、网络节目、IPTV 与互动电视、手机电视、电子游戏、富媒体广告等 8 种形态(高红波,2013)。⑤ 三是新媒体研究

①[美]尼古拉·尼葛洛庞帝著,胡泳等译.数字化生存[M].海口:海南出版社,1997:194.

②[美]尼古拉·尼葛洛庞帝著,胡泳等译.数字化生存[M].海口:海南出版社,1997:278.

③[美]马歇尔·麦克卢汉.麦克卢汉如是说[M].北京:中国人民大学出版社,2006:3.

④石磊.新媒体概论[M].北京:中国传媒大学出版社,2009:15.

⑤高红波.新媒体节目形态[M].郑州:河南大学出版社,2013:1.

方式。运用理论模型和实证分析是比较重要的研究方式(匡文波,2014),代表成果有《新媒体舆论:模型、实证、热点及展望》(匡文波,2014)。四是新媒体的运用。从新媒体与传统媒体的融合(俞建红,2012)、新媒体理财(潘瑞芳,2014)、新媒体产业(翁立伟,2010;张晓梅,2014)等方面,论述了将新媒体应用到文化、艺术、商业、教育和管理领域的科学与艺术高度融合的产业形式,代表成果有《新媒体——主宰我世界》(俞建红,2012)《新媒体新说》(潘瑞芳,2014)《新媒体产业论》(翁立伟,2010)《新媒体与新媒体产业》(张晓梅,2014)。本书重点是放在"新媒体视角下的社会主义核心价值观的不同传播形态"的研究,对新媒体的定义、构成要素、发展、特征和传播形态的相关研究进行了分析梳理。

二、新媒体的定义

在我国,学者们对新媒体的理解是不一致的。有学者将新媒体的概念归纳为:"相对论""凡数字论""互联论""传承论""规模论""多维论""一言难尽论""媒体定义回归论"。

"相对论"认为,"新"是相对于"旧"而言,前文已有述及,较典型代表是清华大学的熊澄宇教授。从媒体的发展历史变革来看,"文字"传播媒体相对于"口语"传播媒体是新媒体,"印刷"媒体相对于"口语"媒体是新媒体,"电话"媒体相对于"电报"媒体是新媒体,"电视"媒体相对于"广播""电影"媒体是新媒体,"网络"媒体相对于"电视"媒体是新媒体。今天我们所说的新媒体,通常是指"在计算机信息处理技术基础之上出现和影响的媒体形态""在今天网络基础上又有延伸,无线移动的问题,还有出现其他新的媒体形态,跟计算机相关的。这都可以说是新媒体"。这其中有两个概念,一个是出现,是指以前没有过的;一个是影响,是指受计算机信息技术影响而产生变化的。这两种媒体形态就是我们现在所说的新媒体。当然,新媒体并不是终结在数字媒体和网络媒体这样一个平台上的。科学技术在发展,媒体形态也在发展,今天的我们需要去关注在数字媒体之后的新媒体形态。[①] 任何事务都是不断发展变化的,新媒体也不例外,"相对论"的新媒体概念,能经得住时间的考验。

"凡数字论"认为,凡是基于数字技术在传媒领域运用而产生的新媒体形态即新媒体。如有学者从广义和狭义两方面定义新媒体,认为广义的"新媒体"是以是否采用数字技术为标准划分,狭义的"新媒体"是以 IP 协议为标准划分,强

①石磊.新媒体概论[M].北京:中国传媒大学出版社,2009:2.

调与网络媒体融合、具有交互功能。因此,新媒体具有数字化、交互性的特点。①有学者将新媒体定义为“交互式数字化复合媒体”。② 此外,“互联论”认为,新媒体是在互联基础上实现多对多或点对点传播,具有与用户互动等交互功能的媒体形式;“传承论”认为,新媒体是基于传统媒体传承发展起来的新的媒体形式;“规模论”认为,当新的传播形态达到大众传播的规模,即是新媒体;“多维论”与“一言难尽论”认为,新媒体定义有广义上的、狭义上的,应该多角度、多层面综合定义……一言难尽,目前很难给新媒体下确切的定义,需要系统研究;“媒体定义回归论”认为,媒体应该是泛指从事大众传播的机构,所以新媒体应该定义为新的大众传播机构。③

学者们定义的“新媒体”各自侧重点不同,适合从不同角度研究新媒体。“相对论”的新媒体定义,适用于新媒体研究的现状和未来发展趋势;“凡数字论”的新媒体定义,适用于从数字技术的角度研究;“互联论”的新媒体定义,适用于从传播学的角度研究等。本书采用石磊在《新媒体概论》的定义,即“新媒体是相对于传统媒体而言,是报刊、广播、电视等传统媒体之后发展起来的新的媒体形态,是利用数字技术、网络技术、移动技术,通过互联网、无线通信网、卫星等渠道以及电脑、手机、数字电视机等终端,向用户提供信息和娱乐服务的传播形态和媒体形态。”④可以说,该定义中包含有“相对论”“凡数字论”“互联论”“多维论”和“一言难尽论”。“新媒体是相对于传统媒体而言,是继报刊、广播、电视等传统媒体以后发展起来的新的媒体形态”,涉及“相对论”;“新媒体是利用数字技术、网络技术、移动技术,通过互联网、无线通信网、卫星等渠道以及电脑、手机、数字电视机等终端”,涉及“凡数字论”;“新媒体是向用户提供信息和娱乐服务的传播形态和媒体形态”,涉及“互联论”和“一言难尽论”。

三、新媒体的发展

新媒体作为全新的现代化传播方式,在党和政府的高度重视和强大的资金支持下、仅用了不到10年的时间,就拥有了报纸、广播、电视等传统媒体用数十年,甚至上百年才拥有的受众量。

---

①高红波.2005—2007年中国传媒经济研究(一)新媒体经济研究综述[EB/OL].http://www.ccmedu.com/bbs14-71042.html.

②胡颖,周忱.新媒体与新媒体依存度分析[J].新闻传播,2007(5):4.

③杨继红.谁是新媒体[M].北京:清华大学出版社,2008:15-21.

④石磊.新媒体概论[M].北京:中国传媒大学出版社,2009:2.

(一)新媒体的快速发展

谈及新媒体的快速发展,绕不开我国新兴媒体发展史上的标志性事件——《一个馒头引发的血案》的迅速传播。2006 年,《一个馒头引发的血案》,在短短两三个月的时间内,几乎传遍中国的每一个角落。《一个馒头引发的血案》片长仅 20 分钟,是自由职业者胡戈,从电影《无极》中截取了一些画面,加上央视社会与法频道栏目《中国法治报道》和上海马戏城的表演视频资料,重新将对白改编的滑稽"无厘头",同时穿插搞笑另类广告的视频短片。其网上下载率甚至远远超过《无极》本身。网络视频短片《一个馒头引发的血案》的成功,让人们感受到了新媒体的巨大威力,胡戈也因此成为"2006 年网络第一红人"。《一个馒头引发的血案》穿插的广告,"满神牌"啫喱水、"逃命牌"跑步鞋也大获成功。紧接着,媒体报道了陈凯歌要告胡戈"侵权"的新闻,更是引起轩然大波,网络上支持者、反对者的声音此起彼伏,甚至许多名人也参与其中。2006 年 2 月 15 日,国家版权局版权司司长王自强也就"馒头"事件发表看法。3 月份的两会,"馒头"事件也是代表们谈及的话题之一。随后,《帝国时代》之馒头版、《吉祥三宝》之馒头版、《无极》之 Flash《大腕》版等纷纷跟风出炉,"胡戈"馒头、"胡戈"花卷、"胡戈"咖啡饮料等也纷纷出炉。胡戈从一个默默无闻的普通人到家喻户晓的网络红人,仅用了不到 100 天时间。

实际上,在 2005 年湖南卫视的《超级女声》中,新媒体翻手为云、覆手为雨,已经让人们领略了它的传播力量。被新媒体捧红的张靓颖,出道不久就被炒出绯闻,经网络、短信新媒体的传播,让当事人有口难辩,最后发展到一发不可收拾的地步。李宇春也是靠 190 万条短信投票,迅速扭转乾坤而力压群芳,成为"短信明星"。新媒体颠倒众生的传播效用,在《超女》中可见一斑。甚至有学者感叹,幸亏胡戈传播的是"馒头",倘若是"炸弹",那该怎么办?清华大学李希光认为,新媒体的出现将严重威胁到原有主流传播渠道的权威地位。①

据《2016 年中国网络新媒体行业发展现状及问题分析》数据显示,我国注册的网站数量达到 60 多万,整体网民规模接近 7 亿,移动网民规模 6.3 亿。②

任何媒体传播都没有今天新媒体传播的条件好,目前中国的计算机显示器、

---

①吴俊.新媒体"无机时代"!如何确立"风向标"?[EB/OL].http://news.xinhuanet.com/focus/2006-03/26/content_4334142.htm.

②2016 年中国网络新媒体行业发展现状及问题分析[EB/OL].http://www.chyxx.com/industry/201605/413453.html.

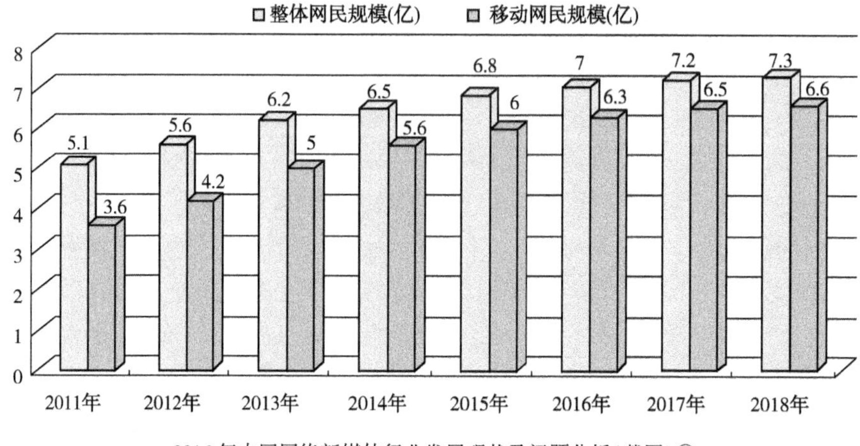

2016 年中国网络新媒体行业发展现状及问题分析(截图)①

阅读器有 1.3 亿,市场上流通的电子书有 30 多万,网络新媒体的终端设备已经相当普及。网络新媒体传播的内容正在日益丰富,传统媒体每天传播的信息量不及网络新媒体的 1/4。网络提供了丰富的内容,带来了精神享受。网络新媒体的市场达到了一定的规模,而且正逐年扩大,产业的规模也越来越大。2016 年,通信网络物理连接及保护设备市场规模达到 234.9 亿元。

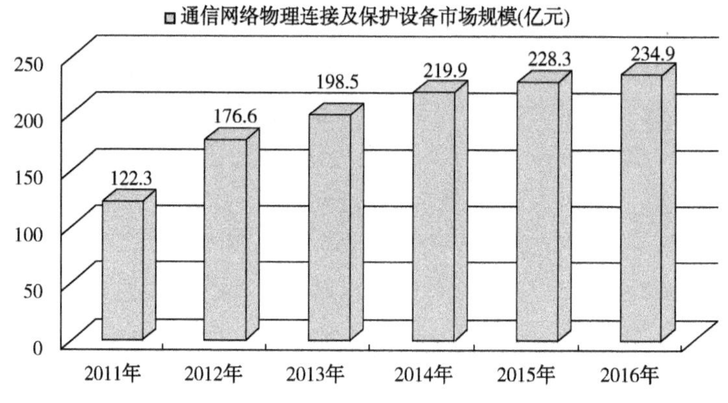

2016 年中国网络新媒体行业发展现状及问题分析(截图)②

①2016 年中国网络新媒体行业发展现状及问题分析[EB/OL].http://www.chyxx.com/industry/201605/413453.html.

②2016 年中国网络新媒体行业发展现状及问题分析[EB/OL].http://www.chyxx.com/industry/201605/413453.html.

2015 年,中国传媒产业增长 12.3%,整体市场 12750.3 亿元。其中,占比最大的是网络,占 27.5%。其次是移动增值占 24.3%。两者相加 51.8%,占传媒产业的半壁江山。电视占 15.7%(过去电视占 25%左右,下降明显),电视广告收入首次被网络游戏市场超越。报纸占 3.1%,报纸发行收入下降 40%,报纸广告收入下降 35.4%。① 一方面,新媒体产业迅速崛起,占据传播市场份额不断增加;另一方面,传统媒体日益淡出市场的趋势明显。

(二)新媒体与传统媒体的融合发展

一是新媒体的发展必须以传统媒体为基础。传统媒体在传播上虽然存在一些劣势,但其内容优势、品牌效应、受众对信息的信任,是新媒体在短时间内无法动摇的,未来是否能动摇还不得而知。而且,传统媒体在传播历史上曾经的主流地位也是新媒体无法取代的。因此,新媒体的发展必须以传统媒体为基础。

二是传统媒体需要依靠新媒体延续生命力。新媒体强大的生命力主要来源于新媒体传播的无限化、受众需求的个性化、传播时间的即时化和沟通交流的互动化。新媒体的这些特征,逐步渗透到传统媒体,使其生命力得以延续。当然,传统媒体借助新媒体不仅延续了生命力,也在融合中得到了发展。譬如,电视结合网络、手机,既可通过热线插播或专题制作实现新媒体所具有的互动性特点,又促使网络电视和手机电视的诞生;报纸开通官方微信、有奖热线新闻线索提供、读者评论栏目等,既可实现与新媒体的融合,实现与读者互动,又可促使手机报、网络报刊的诞生。

三是新媒体发展迅猛,正成为主流媒体。网络无疑是新媒体最主要的形式。据中国 2016 年五百富人榜数据,中国富豪榜 2015 年的前三甲,排名第二、第三的主要行业都是互联网综合服务巨头:腾讯马化腾和阿里巴巴马云。还有排名第五、第六、第七、第九、第十一、第十七,主要行业都是新媒体网络服务,百度的广告收入甚至超过中央电视台。② 在新媒体发展如此迅猛的现实背景下,一味地谈论“国民阅读率走低”“纸质出版物消亡”已不再具有任何意义,新媒体与传统媒体融合已是大势所趋。

四是虽然传统的电话、报纸、电视、广播等媒体,都有自己的核心技术,而且

---

①刘梦羽.2015 中国传媒产业总值 1.27 万亿:低于预期,未来在哪里[EB/OL].http://www.360doc.com/content/16/0507/08/6052364_556946783.shtml.

②中国 2016 年 500 富人榜:总额超 8 万亿　王健林登顶[EB/OL].http://money.163.com/16/0504/09/BM7C6UAQ00252G50.html.

这些技术之间还没有必然的联系,但是当数字技术出现后,所有传统传播技术都迅速融合成一种计算机可读的数字形式,使各媒体行业的技术壁垒越来越小,各媒体间的边界越来越模糊,甚至变得没有边界可言。譬如,越来越多的报社、出版社、杂志社建成自己的网站并推行在线出版、在线阅读,使印刷媒体变成数字世界的一部分;音乐、电影、电视剧等都可在网上数字化传输,实现了数字技术的进步,也促进了媒体的融合。

总之,新媒体与传统媒体之间不是取代与被取代的关系,而是互相融合发展的关系。新媒体以传统媒体为基础,是传统媒体的继承和发展;传统媒体借助数字技术可以成为新媒体,新媒体凭借技术和渠道的优势在传播中占据强者地位。二者之间你中有我、我中有你,相互依存、相互借鉴,是共同发展的互补关系。①

四、新媒体的构成要素

从人们对新媒体的理解可以看出,新媒体形态是不断发展延伸的。就现阶段而言,新媒体的核心是数字式信息符号传播技术的实现。② 因此,新媒体的概念一般应包含以下构成因素:

(一)新媒体以数字技术和网络技术为基础。新媒体是利用数字技术、网络技术、移动技术,通信技术,通过互联网、无线通信网、卫星等渠道以及电脑、手机、数字电视机为媒体形态的运作平台,向用户提供信息和娱乐服务的传播形态。严格来说,新媒体应该称为数字化媒体,它是一个不断变化的概念。

(二)新媒体以多媒体为信息呈现的方式。多媒体技术是指通过计算机对文字、数据、图形、图像、动画、声音等多种媒体信息进行综合处理和管理,使用户可以通过多种感官,与计算机进行实时信息交互的技术,又称为计算机多媒体技术。新媒体信息都是以多媒体复合形式呈现,能跨越时空进行信息传播,具有与传统媒体无法比拟的快速性、交互性、即时性、海量性、个性化等特征。

(三)新媒体能全天候和全覆盖。美国学者认为,新媒体是"没有空间的地方"③"无疆界的世界"④。只要愿意,受众可以在任何时间,在世界任何一个角落接收新媒体信息。

(四)新媒体具有边界不断变化、媒介不断融合的趋势。新媒体的种类包括新兴媒体和新型媒体,新兴媒体主要包括网络媒体、移动媒体、互动性电视媒体。

---

①赵文君.新媒体与传统媒体的变迁趋势[J].科学新闻,2007(10):13.

②石磊.新媒体概论[M].北京:中国传媒大学出版社,2009:4.

③[美]尼古拉·尼葛洛庞帝著,胡泳等译.数字化生存[M].海口:海南出版社,1997:194.

④[美]尼古拉·尼葛洛庞帝著,胡泳等译.数字化生存[M].海口:海南出版社,1997:278.

新型媒体主要包括户外媒体、楼宇电视和车载移动电视。① 新媒体具有数字化基础上的各种媒介形态融合和创新的特征，它与传统媒体不是截然分开的。传统媒体借助新的数字技术和网络技术，转变为新媒体。新媒体的边界模糊，且不断变化，相互重叠融合，如手机电视，就包括有传统的电视媒体、网络数字媒体；数字报纸，包括传统的报纸媒体、网络数字媒体等。

五、新媒体传播的特征

与传统媒体相比，新媒体的特征明显，如前文已谈到的石磊关于新媒体特征的研究。不过对新媒体传播的特征，学术界也是众说纷纭。

有学者认为：交互性和跨时空性是新媒体传播的特征，"相对于旧媒体，新媒体传播的第一个特点是它的消解力量——消解传统媒体（电视、广播、报纸、通信）之间的边界，消解国家与国家之间、社群之间、产业之间的边界，消解信息发送与接受者之间的边界等。"②还有研究者认为："新媒体与传统媒体最大的区别，在于传播状态的改变——由一点对多点变为多点对多点""从传播学的角度来分析，新媒体有四个特点——每个人都可以进行大众传播；'信息'与'意义'无关（所有的文本、声音和影像都只是 0 和 1 的组合）；受众的主动性大大增强；大众传播的'小众化'。"也有学者提出："新媒体近乎于零费用信息发布，对受众多为免费，这对传统媒体的新闻产品制作成本带来挑战。"以"'伦敦爆炸案'为例，市民威廉·达顿拍摄了手机照片，在朋友的博客上以近乎于图片直播的方式，'报道'了灾难现场情况。这些照片很快进入各大电视网的新闻头条。在这次'报道'中，手机、博客、互联网以及'播客'密切配合，将'第一时间、第一现场'权力牢牢抓在手中，新的媒体形式与媒体工具的结合，显示出巨大威力"。③

也有学者将新媒体传播的特征概括为：传播优势与内容优势互补、分众定制和互动及时。传统媒体传播信仰"内容为王、资源为后"，传播的内容信息具有一定质量上的优势，但传统传播方式普遍采用的是静态式、平面化的线性传播，不能满足受众日益增长的动态式、立体化的需求。新媒体传播在内容信息上从一开始就显示出稀缺的劣势，但由于互联网、手机媒体使用者所特有的自我繁殖和扩散能力，一定程度上弥补了新媒体传播内容上的不足，甚至创造了新媒体在内容传播优势上的竞争力。在网络和移动通信时代，知识固然重要，但信息能否及时、有效、方便、快速地传播在更大程度上决定了信息的绩效。比如汶川地震，

---

①宫承波.新媒体概论（第四版）[M].北京：中国广播电视出版社，2012：3-6.

②石磊.新媒体概论[M].北京：中国传媒大学出版社，2009：13.

③李小翠，唐俊.新媒体：在关注和热议中前行[J].新闻记者，2006(3)：6.

关于灾害的相关救助知识报道当然必不可少,但信息准确快速的传播直接关系到全国甚至全世界的关爱和救助,关系到怎样才能更及时地挽救更多的生命。因此,新媒体传播时代更多的是"传播为王"。分众定制,是指新媒体传播可以依据受众兴趣或受众对传播信息的需求,提供个性化服务。传统媒体一般是统一制作,统一向受众发放或播出信息。在信息大爆炸时代,新媒体传播可以根据受众对信息的需求,对受众人群进行细分,采用量身定做的方式,为不同受众提供信息定制服务。互动及时是提高受众黏着度和忠诚度,提高受众对新媒体信任度的可靠途径。虽然传统媒体在互动及时性上有所提高,如电视台滚动播出即时新闻和增加访谈节目、报纸加印特刊,但仍受制于传统媒体技术采编方式的约束。新媒体传播在互动即时性方面,具有很大的优势,比如网络、手机新闻可以全天候 24 小时发布,网络和手机交友软件可以深度参与、互动交流,都是传统媒体无法企及的优势。①

还有学者把新媒体传播方式的特征归纳为四个:(1)迎合人们休闲娱乐时间碎片化的需求。由于工作和生活节奏的加快,人们的休闲时间呈现出碎片化倾向,新媒体正是迎合了这种需求而生的。(2)满足随时随地互动性表达、娱乐与信息需要。以互联网为标志的第三代媒体在传播的诉求方面,走向个性表达与交流阶段。对于网络电视和手机电视而言,消费者同时也是生产者。(3)人们使用新媒体的目的性与选择的主动性更强。(4)媒体使用与内容选择更具个性化,导致市场细分更加充分。② 在学者们关于"新媒体传播"相关研究,尤其是"新媒体传播的特征"相关研究的基础上,笔者认为新媒体传播的特征主要有:交互性与即时性;数字化与多媒体;海量性与碎片化;共享性与个性化。因新媒体特征与新媒体传播特征有共通之处,因此此处不单独累述,而是将其与新媒体传播的特征一并论述。

第三节　新媒体传播的主要特征

拉斯韦尔"5W"传播模式的 5 个 W 分别是③:

谁(Who)?

说什么(Say What)?

通过什么渠道(In Which Channel)?

---

①赵文君.新媒体与传统媒体的变迁趋势[J].科学新闻,2007(10):13.

②白传之.新媒体发展模式初探[J].现代视听,2007(6):19.

③[美]哈罗德·拉斯韦尔著,何道宽译.社会传播的结构与功能[M].北京:中国传媒大学出版社,2015:35.

对谁说(To Whom)?

取得什么效果(With What Effect)?

即“谁对谁通过什么渠道说了什么?取得什么效果?”“谁对谁”,即传播过程中的“传者与受众”;“通过什么渠道”,即传播“媒介”;“说了什么”,即传播“内容”;“取得什么效果”即媒介对社会的影响,也就是传播的价值。

结合新媒体特征,将新媒体与传统媒体比较,笔者认为新媒体传播主要特征如下:

一、传者与受众的交互性

传者是受众,受众也是传者。在新媒体视角下,传者与受众的概念更为模糊,传者既是传者,同时又是受众;受众也既是受众,同时又是传者。从传播学状态的角度,传统媒体虽有一些互动,如热线电话、读者来信刊登、现场采访、来访等,但总体而言传统媒体还是“点对面”的单向性传播,互动性有限,传者传什么,受众即接受什么,几乎没有选择的余地,主动性受到禁锢。而新媒体的传播状态是“多点对多点”(或者叫“面对面”的传播),随时随地常态化进行。只要你愿意,任何人都可以通过QQ、微信、微博、BBS留言板、新闻评论等,发表自己的见解看法,话语权得到前所未有的尊重,每个人都可以进行大众传播,受众的主动性大大增强。新媒体传播不但便捷,而且成本低廉,和传统媒体的新闻产品制作成本相比,几乎就是零费用,这更是传统媒体无法比拟的。以“重庆万州‘公交坠桥’为例,市民拍摄了手机照片,在朋友的微信、微博上以近乎于图片直播的方式“报道”中,手机、互联网以及‘播客’密切配合,将‘第一时间、第一现场’权力牢牢抓在手中,新的媒体形式与媒体工具的结合,显示出了巨大威力”。①

新媒体中传者与受众的交互性体现在很多方面。比如聊天工具QQ,其中的腾讯新闻,每一则后面都有网友的精彩评论,只要点击就可以看到全世界各个国家和地区的热评,同时自己也可以参与评论,甚至还查看相关新闻(精彩评论后面附有链接)。如果是重要新闻,还可以在线提问交流。点击右上角的箭头符号,受众就可以分享给好友,分享到自己的QQ空间,分享给个人的微信朋友圈、QQ好友,还可以收藏、复制链接、查看账号资料、举报等。QQ社交群里的任何人都可以互动,可就任何事件、问题、图片等发表自己的看法。可以通过声音、视频、图片、现场照片、文字等方式,甚至直接使用几乎免费的QQ电话、视频聊

①李小翠,唐俊.新媒体:在关注和热议中前行[J].新闻记者,2006(3):6.

天、发送文件、送礼物等。每个人都可以发起群聊，组建自己的聊天群体，聊得高兴了还可以打赏、发红包。这都是传统媒体无法比拟的。

新媒体中传者与受众的交互性，不仅仅体现在二者之间交流的增强，还体现在信息形成过程的改变。在新媒体视角下，信息的形成不再是只由传者发出，而是传者与受众在双方交流互动的过程中逐渐形成。在传统媒体传播中，传者与受众是严格区分的。而新媒体中的受众既可以在最大范围内尽可能地选择自己所需要的信息，还可以参与信息的传播，甚至对信息进行"加工"。2016年8月30日，英国《每日邮报》报道称，一位注册名为"HMP facebook"的"推特"用户，发布了一组囚犯们自己在监狱中拍摄的照片，称此推文旨在让人们看看"有多少囚犯即使身在囹圄还可以上社交媒体"以及"监狱对这种行为的纵容让受害者心寒"①。

在英国，监狱中禁止使用手机、照相机，禁止拍照和上网，违反者将面临延长刑期等处罚。但在该用户，发布的这些照片中，囚犯们笑容灿烂，有的还是在公共区域拍的。囚犯们的明目张胆，充满了对受害者以及公众的冒犯，同时也是对英国司法系统的嘲笑。

发布该推文的用户既不是囚犯也不是监狱工作人员。他称自己在浏览"脸谱"以及Instagram时非常震惊，发现居然有如此多囚犯的社交网络账号。他们在自己的账号上炫耀监狱生活。于是，他决定发一条推文，使得这种猖獗的现象能引起人们的重视。之前，他发现这些照片后，曾发送链接给司法部，但是对方只是把这些页面清除了，并没有采取别的阻止措施。2名杀人犯在账号被删除后48小时内，又注册了新账号。他先前还读过一篇文章，声称没有充足的理由在监狱中安装信号屏蔽设备，因为囚犯中拥有手机的比例很低。他的这一举措也是为了证明，事实并非如此，希望可以督促相关部门安装必要的设备。随后，司法部做出回应称，这些囚犯的行为是不可容忍的，这些账号已被注销。司法部会加强监管力度和惩罚措施，加大力度找到这些漏网之鱼，切断上网渠道。②

纵观整个信息的形成过程，传者（监狱囚犯）在社交媒体发布在监狱中拍摄的图片信息，受众发布推文评论，最后引起司法部的关注并得到处理。信息是在传者（监狱囚犯）、受众（推文发布者、关注者）、监狱、司法部多方的交流互动中

①英网民发布大量囚犯监狱自拍照曝光监狱管理漏洞[EB/OL].http://digi.163.com/16/0901/15/BVSU4JVD001687H3.html.

②英网民发布大量囚犯监狱自拍照曝光监狱管理漏洞[EB/OL].http://digi.163.com/16/0901/15/BVSU4JVD001687H3.html.

形成,受众的主导性、自主性得到前所未有的增强,甚至有人认为新媒体中根本没有受众,受众总是让人联想到被动,所以说只有网众,没有受众。新媒体的交互性不仅体现在网站与网民间,还体现在网民与网民之间。新媒体传播不仅体现出新媒体的交互性特征,传者与受众间快速充分实现交流互动,也体现出新媒体的即时性特征。

二、媒介信息的数字化特征

伴随计算机和互联网用户的日益增加,无线通信的不断普及,人们获取数字化信息、传播数字化信息的途径越来越丰富便捷,数字化信息通过有线或无线的媒体,把整个地球上的所有居民紧密地联系在一起,成为"地球村"。人们普遍认为,地球村人们的生活已经发生了巨大的改变,并且这种改变还将持续下去。

数字化,就是将许多复杂多变的信息转变为可以度量的数字、数据,再以这些数字、数据建立起适当的数字化模型,把它们转变为一系列二进制代码,引入计算机内部,进行统一处理。① 比特是信息的最小单位,是数字化计算中的基本粒子。通常一串比特代表数字信息(numerical information)。比特就像人的DNA一样,没有尺寸或重量,能以光速传播。② 比特是一种存在的状态:开或关,真或假,上或下,进或出,黑或白,一般用二进制(逢二进一)表示。如果0表示开,那1就表示关;0表示真,1就表示假,以此类推。任何数字信息都可以简化为1和0的数字。如1、2、3、4、5、6、7、8、9、10……分别为1、10、11、100、101、110、111、1000、1001……现在越来越多的信息被数字化,如数字、文字、图像、声音、影像……可视世界的各种信息,无论现实还是虚拟,都被简化为二进制中的0和1来表示。

传者与受众如果有着共同的知识基础,其中一方噜噜嘴巴,眨眨眼睛,另一方就能明白对方想要表达的意思。我们把噜噜嘴巴,眨眨眼睛数字化为1个比特。如果双方没有共同的知识基础,就得花上万甚至百万千万比特,才能让对方明白所要表达的意思。打个比方,有一对夫妻把几百个笑话背得滚瓜烂熟,并给这些笑话编上编号,因此夫妻双方只要一方提到其中一个笑话的编号,另一方就能心领神会,大笑不止。简单的几个数字,就能唤醒他们对笑话的记忆。这个方法被用于电脑数据压缩,即把较长的、常用的词编上编号,然后传递编号而不是

①数字化[EB/OL].http://www.baike.com/wiki/%E6%95%B0%E5%AD%97%E5%8C%96.

②[美]尼古拉·尼葛洛庞帝著,胡泳等译.数字化生存[M].海口:海南出版社,1997:24.

通常的词，就是最平实、最简单的数字化。共享的知识越多，数字化技术就会越来越普遍。媒介信息的数字化，不仅节省了传递信息的成本，而且节约了我们的时间。

新媒体视角下，数字化带给信息传播的好处有：数字信号稳定；数字信息量大；具有纠错功能。首先，数字信号稳定。数字信号作为加工信号，具有稳定性好、可靠性高的优点。对于有杂波的电路条件和易产生失真的外部环境来说，具有较好的稳定性。其次，数字信息量大。到 1995 年，人们可以把每秒 4500 万比特的数字影像信息，压缩到每秒 120 万比特。经过压缩（compress）和解压（decompress），编码（encode）和解码（decode），不仅使信息传播成本低廉，而且品质良好。数字化大大提高了信息传播的信息量。最后，具有纠错功能。传统的模拟信号表示在时间和幅度上都是连续变化的，如电磁波、音频电压信号等。与模拟信号相对应的数字信号，表示在时间上不连续、幅度固定不变的信号，如电脉冲。数字化可以让你在传送信号（signal）的同时，附加上纠正错误（电话杂音、无线电干扰或电视雪花）的信息。只要在数字信号中加上几个额外的比特，并且采用日益成熟的、能因噪音和媒体的不同而相应发挥作用的纠错技术，就能去除这些干扰。① 这就是数字电视比模拟电视更清楚、画面更精美的原因。

三、传播内容的碎片化特征

传播技术的进步，带来了用户终端和应用的改善，使受众能获得更大的使用自由和权限，从而促成了受众娱乐化、非制度化、非正式的传播行为，这种传播行为，进一步形成了新媒体传播内容的碎片化特征。虽然传播内容的碎片化，一度被一些学者认为是网络传播的弊端，但是这已经成为新媒体时代传播的显著特征和不争的事实。存在即合理，如果站在传播形态或者传播模式变革的角度来审视传播内容碎片化的原因，可以看出：新媒体传播打破了传统的传播秩序，使传统的大众媒体传播的内容逐渐被稀释，从而导致传播内容的碎片化；受众的分众化趋势，正悄然改变受众接收传播内容的习惯，成为推动新媒体时代传播内容碎片化的催化剂；传播过程的碎片化，催生出传播内容的碎片化。

首先，新媒体传播打破了传统的传播秩序，使传统大众媒体传播的内容逐渐被稀释，从而导致传播内容的碎片化。传统的传播秩序是“内容为王”，传播者决定一切，他们传什么，受众就接受什么，几乎没有选择权。新媒体视角下，

---

①［美］尼古拉·尼葛洛庞帝著，胡泳等译.数字化生存［M］.海口：海南出版社，1997：28.

"'大众'传媒正演变为个人化的双向交流,传播内容不再被'推给'(push)消费者,人们(或他们的电脑)将把所需要的内容'拉出来'(pull),并参与到创造传播内容的活动中"。[①] 在新媒体时代,受众在接受内容的同时,也在创造内容。由于受众的微表达(微博、微信、微视频等)需求,采用的表达方式往往更口语化、娱乐化,而且随意性较强,取舍要素也常常由受众的个人兴趣爱好、知识层次、社会阅历等决定,杂糅了个人的意见性表达,因而受众在创造传播内容时,使传统的大众媒体传播的内容受到稀释,进而让传播内容表现出碎片化特征。

其次,受众的分众化趋势,正悄然改变着受众接收传播内容的习惯,成为推动新媒体时代传播内容碎片化的催化剂。新媒体时代分众化趋势越来越明显。由于受众设置的话题涉及社会生活的方方面面,甚至一些以前不会进入公共视野的"私人"话题也成为一些分众群体的话语主体,使得分众化后的群体越来越多,群体内再进一步分众进入不同的话题群体。其结果是话题的碎片化:话题群体越来越多,种类越来越广泛,舆论走向越来越多元,引入手段越来越多样,传播效果越来越显著。[②] 这种分众化趋势导致的分众群体话题的碎片化,催生出传播内容的碎片化。

最后,传播过程的碎片化,催生出传播内容的碎片化特征。新媒体时代,传播覆盖面广,速度快,以及传播主体的改变,都催生出传播内容的碎片化特征。新媒体时代,海量传播内容经受众间的关联传播(即受众间可以关注、点赞、转发、推荐、分享、评论、私信、打赏等),使传播的覆盖面进一步扩展。受众间简洁、快速的语言组织结构,使传播内容发布即时通达。由于受众对传播内容持续关注的诉求,受众发布的碎片化传播内容在"信息场"里相互碰撞、交织、解释,原有的信息链条很快发生断裂,快速重组而成的新的传播内容替代了原有信息。新的传播内容不断重组,替代性传播内容再次甚至多次断裂、重组,更进一步催生出传播内容的碎片化。新媒体时代,传播主体由传统媒体时代的精英阶层转变为草根阶层。大量草根受众的涌入,而且没有任何把关机制的审查,以致传播的权限、广度、深度都获得前所未有的扩大和加强。这是新媒体时代传播内容碎片化的原因。

四、价值效果的多元化

价值问题一直以来是学界研究的重要课题。在新媒体视角下,人与人之间

---

①[美]尼古拉·尼葛洛庞帝著,胡泳等译.数字化生存[M].海口:海南出版社,1997:4.

②赵文晶,刘军宏.碎片化:旨在分享与赋权的新型传播观[J].中国软科学,2013(3):159.

实现了海量信息的共享。每个个体在共享这些海量信息的同时,还在即时性地进行个性化传播。这种传播伴随的是大量新的个人价值观念的衍生。价值观的多元化早已是不争的事实。可以说,新媒体对价值观多元化的形成功不可没。价值观念的冲突,实质上是人们之间利益的冲突。价值观多元化的原因比较复杂。

(一)我国处在经济社会发展的转型期

通常而言,在社会发展的相对稳定期,价值观冲突往往处于潜在的量的累积阶段。只有到社会转型期,价值观念的冲突才会显现,表现为多元化特征。由于长期经济高速发展,处于人们思想层面的价值观来不及沉淀,媒体传播什么,人们就接受什么。人们不会也没有足够的时间、空间沉静下来认真思考。物质基础逐渐丰富,人们的利益关系发生了深刻甚至是根本性的变化。旧的价值观念已经不适用,而新的价值观念尚未形成,人们的价值观念处于空档时期或者是新旧观念冲突时期。这种新旧观念的冲突,被新媒体传播渲染,价值效果自然呈现多元化。

(二)西方价值观的影响甚至渗透

从传播的作用力来看,传播力决定影响力。在当今时代,谁的传播手段更先进、传播能力更强大,其思想文化和价值观念就能更广泛地流传,就能更有力地影响世界。[①] 我国经济总量已经排在世界第二,要有与经济总量相匹配的世界影响力,需要借助新媒体传播契机,传播思想文化和价值观念等文化软实力。

1.人们已经习惯于从新媒体获取信息

尽管人们已经习惯于从新媒体获取信息,我们对外宣传的主阵地却还是新华社、中国国际广播电台、中央电视台、《中国日报》等传统媒体。而在传统媒体传播力量格局中,西方媒体早已占据绝对优势,我国媒体处于劣势,导致的传播效果,就是价值观念的多元化。

2.西方价值观乘势传播渗透

在新旧价值观念冲突的社会转型时期,我国的思想文化和价值观念没有得到充分的传播,反而是西方价值观通过新媒体乘势传播渗透并影响人们(尤其是青年人)的价值观念。习近平总书记曾指出,当下我国,很多人(尤其是年轻人)基本不看主流媒体,大部分信息都从网上获取。[②] 以网络为主体的新媒体传

---

①田智辉.新媒体环境下的国际传播[M].北京:中国传媒大学出版社,2010:3.

②黄楚新,王丹,任芳言.论习近平的新媒体观[J].新闻与传播研究,2016(3):11.

播的价值观念,本身就具有多元化的特征。

同时我们也要看到,新媒体打破了世界价值观念传播的垄断局面。尽管我们的传播力与西方国家相比还显不足,尽管新媒体给我们价值观念的传播带来了危机,但是危机也是机遇。新媒体的出现,在一定程度上打破了原有的国际新闻市场的垄断局面,改变了价值观念传播的传受关系,消除了价值传播的空间障碍。问题的关键就变成了如何抓住新媒体发展契机,传播社会主义价值观,尤其是社会主义核心价值观。

第二章 社会主义核心价值观概述

社会主义核心价值观是由社会主义的本质决定的,是社会主义社会的主导价值观。我们正在建设的是具有中国特色的社会主义社会,社会主义核心价值观必然带有中国特色。习近平总书记在主持中共中央政治局第十二次集体学习时强调:“提高国家文化软实力,要努力传播当代中国价值观念。当代中国价值观念,就是中国特色社会主义价值观念,代表了中国先进文化的前进方向。”①因此,社会主义核心价值观是当代中国具有中国特色的社会主义核心价值观。

第一节　核心价值观的概念界定

一、价值

关于价值的本质,有多种观点。

“抽象说”认为,价值是抽象的信念、理想、规范、标准、关系、倾向、爱好、选择等,看不见,摸不着,但却时时处处起着作用,指导人的思想,支配人的行动。对某一事物的评价就是来源于并反映了抽象的理想价值。

“关系说”认为,价值是一种关系范畴,表示客体与主体之间的相互联系。文德尔班把价值当作是一种联系和关系,并认为是诸事物之间的联系和关系,而不是专指人类与客观世界的联系和关系,即任何有联系的事物之间都可能存在价值。这样一来,价值就成了联系和关系的代名词,从而混淆了主体与客体的本质区别。

“本性说”认为,我们赖以生活的价值是天生的。像包括真、善、美在内的人类的古老价值,以及后来的愉快、正义和欢乐等价值,都是人类本性固有的,是人的生物性质的一部分,是本能的而非后天获得的。

---

①习近平在中共中央政治局第十二次集体学习时强调　建设社会主义文化强国　着力提高国家文化软实力[N].人民日报,2014-01-01(01).

"情感说"认为,价值的源泉在于情感。当合理性遭遇它的限度,对开明的理性的求助不再有效时,那么思维的对位形式即情感可以提供帮助。情感是通过我们的感觉释放,帮助我们感知世界并辨认价值。这里提及的价值,是不能测量或计算的价值,只能通过感觉经验或感知领会,例如美的价值。

"意义说"或"需要说"认为,价值是一种关系范畴,表示客体对主体的意义,客体满足主体需要的关系。"价值即意义,某事情对人有意义,就是有价值;意义的大小也就是价值的大小。"①然而,这种观点并没有进一步解释"意义"或"需要"本身的内涵,因此实际上只是"关系说"的重复。

"属性说"或"效用说"认为,价值是指客观事物的一种有用属性。这种观点把价值等同于事物的功能属性,忽略了主体特性和介体特性对于价值的决定性作用。

以上这些关于"价值"本质的观点都具有片面性,都只是从不同角度、不同程度地反映出价值的某些外部或者内部特性,没有全面反映价值的哲学本质。而辩证唯物论的观点认为:人类的大脑及机体也是物质世界高度进化的产物,也是物质的特殊的、复杂的表现形式。人类社会的一切经济、政治与文化的运动,是一般物质运动特殊复杂表现形式,因此用以衡量人类一切社会运动的运动规模的统一客观尺度必然是能量。人类社会中的一切作用力(如管理能力、综合国力、战斗力、权力等)最终都是自然力量特殊复杂的表现形式。维持和推动人类社会生存与发展的动力源——价值,必然也是能量特殊、复杂的表现形式。

因此,本书认为"价值"属于关系范畴,从认识论上来说,是指客体能够满足主体需要的效益关系,是表示客体的属性和功能与主体需要间的一种效用、效益或效应关系的哲学范畴。

二、价值观

(一)价值观的含义

在现实实践活动中,人作为主体,会根据自己的需要,自觉地选择和利用客体的功能和属性,并逐渐掌握和占有客体,以实现主体的目的,并形成一定的价值判断和价值观念。人们对价值的观念在实践检验中进一步升华、集中,就会形成对于价值、价值关系的基本看法和根本观点,并在处理各种价值问题时表现出比较稳定的立场、观点和态度。这些稳定的立场、观点和态度的总和就是价值观。简单来说,价值观就是人们关于价值的观点、看法和态度,即人们关于某种

---

①袁贵仁.关于价值与文化问题[J].河北学刊,2005(7):5.

事物对人的作用、意义、价值的观点、看法和态度。价值观和价值比较，价值观更体现人的主观性。

(二)价值观的影响

价值观对人的行为有重要的影响。首先，对相同的事物，不同价值观的人会作出不同的评价。古语有云，仁者见仁，智者见智。莎士比亚曾说：一千个观众，就有一千个哈姆雷特。人们外在认知的差异，本质上是源自个体价值观的不同。其次，价值观对人认识世界和改造世界的实践活动有导向作用。只有个体认为某一事物有价值，才会以积极的态度去认识该事物，这就是价值观的导向作用。从改造活动看，哪些事物改造，哪些事物不改造，取决于这一活动是否有价值；有价值就做，没价值就不做。最后，价值观可以引导人生选择、人生道路。如果说，价值观对认识世界和改造世界的导向作用是第一重导向作用。那么，价值观对人生选择、人生道路的导向作用就是第二重导向作用。如果个人认为某种人生道路是有价值的，是“值得”的，就会选择这种人生道路。因此，价值观会决定个人的行为方向，对人生选择、人生道路具有重要的导向作用。积极健康的价值观对人有正面积极的影响，反之则容易把人导向歧途。

(三)价值观的特性①

第一，价值观的时代性。社会存在决定社会意识，价值观是属于形而上层面的社会意识范畴。有什么样的社会存在，就有什么内容和性质的价值观。社会存在是具体现实的，具有鲜明的时代特点，反映社会存在的价值观体现出时代要求的价值原则、价值规范，也具有鲜明的时代性。“随着每一次社会制度的巨大历史变革，人们的观点和观念也会发生变革。”②

第二，价值观的民族性。任何一个民族都有区别于其他民族的精神气质。这种精神气质是该民族成员在长期共同生活和实践中逐渐形成、检验、沉淀和升华而成的具有民族特色的价值原则、价值规范、价值理性，从而成为该民族传统文化的核心和灵魂。恩格斯说：“善恶观念从一个民族到另一个民族……变更得这样厉害，以致它们常常是互相直接矛盾的。”③

第三，价值观的阶级性。价值观是后天经社会化培养才形成的，本身就带有阶级的特性。价值观属于意识形态，是从作为社会存在的阶级地位所依据的实际关系中，从生产和交换的经济关系中获得个体的价值观念。因此，价值观总是

---

①本书编写组.社会主义核心价值观培训教材[M].北京：新华出版社，2014：65.

②马克思恩格斯全集(第7卷)[M].北京：人民出版社，1972：240.

③马克思恩格斯全集(第3卷)[M].北京：人民出版社，1995：433-434.

带有阶级性。不同的阶级因其阶级地位和经济利益不同，其价值原则、价值规范、价值理想也不同。而作为统治阶级的价值观，则必然代表统治阶级利益，为统治阶级服务。

三、核心价值观

（一）核心价值观的含义

价值观是一个系统，在这个系统中有层次和维度。从所处的层次来看，可以分为“终极（最高）价值观、核心（主导）价值观、一般（非主导、从属、边沿）价值观”[①]。核心价值观是一个社会中居统治地位、起支配作用的核心理念，也是一个社会必须长期普遍遵循的基本价值准则。[②] 一般价值观都是围绕核心价值形成的。改革开放以来，我国经济发展长期保持高位运行，社会结构发生了深刻变动，利益格局也做了深刻调整。这些发展变化，催生出价值观的多元化。多元价值观并存的格局，既是自主选择的机遇，又是何去何从的挑战。在这种情况下，更需要核心价值观来主导，引领整个社会的价值选择，让散居于核心价值观外围的一般价值观逐渐到达核心价值观层面，否则整个社会就会陷入价值观的混乱和困惑之中。

（二）核心价值观的阶级性

价值观具有阶级性。核心价值观是由统治阶级倡导，其优势地位是靠统治阶级的统治力量来保障，因此，核心价值观具有更鲜明的阶级性。社会存在决定社会意识，核心价值观就是一种社会意识。不同的社会必然存在不同类型的核心价值观。

中国古代社会的核心价值观是三纲五常。由于古代社会主要生产资料掌握在地主手中，经济结构是以土地为基础的农业和手工业相结合，家庭是古代社会的生产单位。而家庭具有自我封闭性和独立性的特点。这就是“地主剥削农民”的阶级关系形成的根本原因。天尊地卑，阳刚阴柔，世界万物，无论男女、夫妇、父子、兄弟、长幼、主仆、师徒等，在社会结构上有尊卑之别，在社会功能上有主从之别，在社会价值上有贵贱之别。

当今世界最鲜明的两种核心价值观，就是资本主义核心价值观和社会主义核心价值观。资本主义核心价值观是自由、民主、平等、人权，是资本主义的意识

---

①本书编写组.社会主义核心价值观［M］.北京：新华出版社，2014：66.

②本书编写组.社会主义核心价值观［M］.北京：新华出版社，2014：66.

形态，建立在资本主义经济基础和政治法律制度基础之上，是资本主义国家维护政治统治、整合多元价值、规范民众行为的重要工具。以“自由、民主、平等、人权”为口号的资本主义核心价值观，一方面，作为资产阶级反对封建主义和宗教神学的思想武器具有历史进步意义，是人类政治文明发展进程中的重要思想成果；另一方面，作为资产阶级进行政治统治和思想控制的工具，呈现出抽象人性论、价值绝对化和阶级欺骗性的特性，体现了资本主义意识形态的唯心性与虚伪性。资本主义核心价值观的形成过程，内嵌于资本主义的发展过程。500 年来，虽然资本主义在不断变化，在不同历史阶段资产阶级倡导和强调的价值观重点也有所不同，但资本主义核心价值观的基本内容和维护资本主义经济基础和政治上层建筑的本质，始终没有发生根本改变。

第二节　社会主义核心价值观的形成

（一）社会主义核心价值观的提出

刘云山在培育和践行社会主义核心价值观座谈会上说：“社会主义核心价值观是在社会主义核心价值体系基础上提出来的。”①因此，可以说，没有社会主义核心价值体系，就没有社会主义核心价值观。只有了解清楚社会主义核心价值体系的提出过程，才能全面深刻地理解社会主义核心价值观。对于社会主义核心价值观与社会主义核心价值体系之间的关系，刘云山也做了基本定位：“社会主义核心价值观是社会主义核心价值体系的内核，体现着社会主义核心价值体系的根本性质和基本特征，反映着社会主义价值体系的丰富内涵和实践要求，是社会主义价值体系的高度凝练和集中表达。”②

改革开放以来，我国经济长期保持持续快速发展，经济总量已跃居世界第二。但一个国家要强大，只有经济、科技、军事等硬实力方面的增强是远远不够的，还必须有全民认同并践行的价值体系来凝聚民心，维护国家和民族利益。经济发展迅速，人们的思想活跃、观念众多、文化交融，又没有时间静下心来沉淀，于是，社会矛盾凸显，出现了对价值观问题的担忧。尤其是广东佛山的小悦悦事件、天津的彭宇案……在新媒体报道下的碰瓷、电信诈骗、电影电视唯钱是图的价值理念等，更加剧了人们对信仰和价值观问题的担忧。“旧社会的解体往往以核心价值体系的崩溃为先声，新社会的诞生往往以核心价值体系的形成先导，

---

①刘云山.着力培育和践行社会主义核心价值观[J].理论学习，2014(3)：4.

②刘云山.着力培育和践行社会主义核心价值观[J].理论学习，2014(3)：4.

社会的稳定和发展也往往以核心价值体系的确立和完善为支撑。20 世纪末，人类历史上第一个最强大的社会主义国家苏联的解体，从根本上说，就是其社会主义文化特别是其社会主义核心价值体系被消解和抛弃的恶果。这个教训值得我们深刻记取。"①

如何凝聚全党全国人民的思想和力量？2003 年 10 月，党的十六届三中全会，提出了科学发展观。其第一要义是发展，核心是以人为本，基本要求是全面协调可持续，根本方法是统筹兼顾。要发展，但必须是科学地发展。以人为本的"人"，是指最广大人民群众。在当代中国，就是以工人、农民、知识分子等劳动者为主体，包括社会各阶层在内的最广大人民群众。以人为本的"本"，是根本，是出发点、落脚点，就是最广大人民的根本利益。以人为本，就是以最广大人民的根本利益为本。坚持以人为本，不断满足人的多方面需求和实现全面发展，是党第一次明确提出的思想观点，是发展理论上的创新发展，"使我们党对全面推进社会主义物质文明、政治文明、精神文明建设的认识达到了一个新境界，有力推动了建设社会主义核心价值体系的探索"。② 2006 年 3 月，胡锦涛总书记提出以"八荣八耻"为主要内容的社会主义荣辱观：坚持以热爱祖国为荣、以危害祖国为耻，以服务人民为荣、以背离人民为耻，以崇尚科学为荣、以愚昧无知为耻，以辛勤劳动为荣、以好逸恶劳为耻，以团结互助为荣、以损人利己为耻，以诚实守信为荣、以见利忘义为耻，以遵纪守法为荣、以违法乱纪为耻，以艰苦奋斗为荣、以骄奢淫逸为耻。③ 社会主义荣辱观的提出，解决的是人们行为规范的问题，是社会主义核心价值体系的基本内容之一，在理论和实践方面，为社会主义核心价值体系的提出，提供了必要条件。

马克思主义指导思想、中国特色社会主义共同理想、以爱国主义为核心的民族精神和以改革创新为核心的时代精神、社会主义荣辱观，构成了社会主义核心价值体系的基本内容。这些基本内容，都是社会主义意识形态最本质、最重要的部分。其中，马克思主义指导思想是灵魂，解决的是举什么旗的问题；中国特色社会主义共同理想是主题，解决的是走什么路、实现什么样的目标的问题；以爱国主义为核心的民族精神和以改革创新为核心的时代精神是精髓，解决的是应当具备什么样的精神状态和精神风貌的问题；以"八荣八耻"为重要内容的社会主义荣辱观是基础，解决的是人们行为规范的问题。④ 四个方面相辅相成，侧重

---

①石国亮.试析社会主义核心价值体系的意识形态功能[J].理论与改革，2007(9)：42.

②石国亮.社会主义核心价值观十讲：党员干部读本[M].北京：人民日报出版社，2014：2.

③张耀灿，曹清燕."八荣八耻"荣辱观的内涵和价值分析[J].思想理论教育，2016(9)：26.

④石国亮.社会主义核心价值观十讲：党员干部读本[M].北京：人民日报出版社，2014：3.

点不同,共同构成了逻辑严密的完整的社会主义核心价值体系。社会主义核心价值体系的提出,是党在思想文化建设方面的重大理论创新,表明我们党对执政规律、社会主义建设规律和人类社会发展规律的认识已从理论、制度层面上升到价值层面,上升到真理性认识与价值性认识相统一的高度。

党的十六届六中全会,首次明确提出了建设社会主义核心价值体系的重大命题,强调要建设社会主义核心价值体系,形成全民族奋发向上的精神力量和团结和睦的精神纽带。党的十七大进一步强调,建设社会主义核心价值体系是推进社会主义文化大发展大繁荣的首要任务。同时,明确提出全面建设小康社会奋斗目标的新要求——“社会主义核心价值体系深入人心”,明确提出社会主义核心价值体系引领社会思潮的探索任务。党的十七届六中全会通过了《中共中央关于深化文化体制改革推动社会主义文化大发展大繁荣若干重大问题的决定》,其中明确指出,社会主义核心价值体系是兴国之魂,是社会主义先进文化的精髓,决定着中国特色社会主义发展方向。这一重要论断,深刻揭示了社会主义核心价值体系在文化建设中的灵魂作用。①

(二)社会主义核心价值观的形成

首先,提炼社会主义核心价值观的必要性日益彰显。从历史看,古代社会总结出了适合古代社会制度形成和发展需要的“三纲五常”核心价值观,资本主义社会总结出了适合资本主义社会制度形成和发展需要的自由、民主、平等、人权的核心价值观。社会主义作为更高的社会形态,更应当总结出适合社会主义社会制度形成和发展需要的核心价值观。以马克思主义指导思想、中国特色社会主义共同理想、以爱国主义为核心的民族精神和以改革创新为核心的时代精神、社会主义荣辱观构成的社会主义核心价值体系,都包含有共同的核心价值观。其次,社会主义核心价值体系的生命力在于大众化。要实现社会主义核心价值体系的大众化,首先就是通俗化,就是要通俗易懂、言简意赅,适合一般人的水平,满足一般人的需要。简言之,大众化就是适合广大群众水平,满足广大群众需要。在多元价值观并存的格局下,原有道德标准、价值观念受到质疑,现有道德标准、价值观念又尚未建立,加上没有核心价值观引领,致使一些人的价值判断和行为表现出迷茫困惑,无所适从。因此,总结概括出全党全国人民普遍公认、催人奋进的社会主义核心价值观,是很有必要的。

党的十七届六中全会召开之后,全国各地进行了形式多样的核心价值观的讨论,概括和凝练了社会主义核心价值体系,这表明人们对社会主义核心价值观

---

①石国亮.社会主义核心价值观十讲:党员干部读本[M].北京:人民日报出版社,2014:4.

的热切期盼。李长春在《关于〈中共中央关于深化文化体制改革推动社会主义文化大发展大繁荣若干重大问题的决定〉的说明》中指出："在征求意见和起草调研过程中，一些同志建议对社会主义核心价值体系作概括，提出简明扼要、便于传播践行的社会主义核心价值观。文件起草组进行深入调研，多方听取意见，委托有关部门和单位进行专题研究，梳理关于社会主义核心价值观各种表述。从调研的情况看，概括出能够得到广泛认同的社会主义核心价值观，需要在实践中继续探索。"①

经过一年多的进一步探索和慎重考虑，党的十八大以倡导的形式，明确从国家、社会、个人层面，提出了 24 个字的社会主义核心价值观的内容——国家层面：倡导富强、民主、文明、和谐；社会层面，倡导自由、平等、公正、法治；个人层面，倡导爱国、敬业、诚信、友善。至此，社会主义核心价值观得以形成。

第三节　社会主义核心价值观的内容

党的十八大报告提出：倡导富强、民主、文明、和谐，倡导自由、平等、公正、法治，倡导爱国、敬业、诚信、友善，积极培育和践行社会主义核心价值观。② 随后，中共中央办公厅印发《关于培育和践行社会主义核心价值观的意见》明确指出："富强、民主、文明、和谐是国家层面的价值目标，自由、平等、公正、法治是社会层面的价值取向，爱国、敬业、诚信、友善是公民个人层面的价值准则，这 24 个字是社会主义核心价值观的基本内容。"③

社会主义核心价值观从三个层面倡导"24 个字"的内容，是新的历史条件下马克思主义社会意识形态理论的具体运用，是与中国特色社会主义的发展要求相契合，是中华民族优秀传统文化和人类文明优秀成果的传承和升华。社会主义核心价值观能有效主导社会价值取向，引领社会思潮，形成社会价值认同。在当前社会主义市场经济条件下，利益格局的多元化、社会环境的多样化，造成了社会主体价值观的多元化，这必然导致价值追求多样化，从而更离不开核心价值观的主导。在这个过程中，既要弘扬核心价值观，让核心价值观主导价值取向，引领整个社会，还要抑制落后腐朽的价值观，为落后腐朽的价值观提供价值判断

---

①李长春.关于〈中共中央关于深化文化体制改革推动社会主义文化大发展大繁荣若干重大问题的决定〉的说明[N].人民日报，2011-10-27(01).

②石国亮.社会主义核心价值观十讲：党员干部读本[M].北京：人民日报出版社，2014：6.

③中共中央办公厅印发〈关于培育和践行社会主义核心价值观的意见〉[N].人民日报，2013-12-24(01).

标准,在整个社会营造积极的、浓厚的文化氛围。让人们在这种氛围的感染下,从认知上理解社会主义核心价值观,从情感上认同核心价值观,在行为上自觉践行核心价值观。

一、富强、民主、文明、和谐是国家层面的价值目标

富强、民主、文明、和谐,是我国国家层面的价值目标,即建设社会主义现代化国家的目标。我国国家层面的价值目标,凝练了社会主义核心价值观的基本理念,是社会主义核心价值观中最高层次的价值观,也是统领其他层次的价值观。

富强是社会主义核心价值观的首要追求目标。富强,即民富国强。富强是社会主义现代化国家经济建设的价值目标,它既是中华民族梦寐以求的美好夙愿,又是国家繁荣昌盛、人民幸福安康的物质基础。中国在追求国家富强道路上可谓历尽艰辛。鸦片战争以来的旧中国社会积贫积弱,是西方列强争相欺凌的对象。一代代中国人在追求富强的道路上前赴后继,终因其软弱和不彻底而归于失败。中国共产党人领导全国人民在探索国家富强之路上,进行了艰苦卓绝的革命斗争,建立了新中国,才有了探索国家富强的更多的尝试。毛泽东主席曾指出:“我们的目标是要使我国比现在大为发展,大为富、大为强。”[①]邓小平同志说:“贫穷不是社会主义,更不是共产主义。”[②]胡锦涛总书记也曾说:“中国共产党人要坚持以兴国为己任、以富民为目标,走适合中国国情的社会主义发展道路。”[③]将富强作为社会主义核心价值观的首要观念,突出体现了我国仍处于并将长期处于社会主义初级阶段,发展是第一要务。

民主是社会主义核心价值观的有机构成部分。民主一词源于希腊文 demokratia,是由 demos 和 kratia 合成的。Demos 意为人民,kratia 意为权力或治理,demokratia 就是人民的权力或治理,即人民当家作主。民主的定义为:在一定的阶级范围内,按照平等和少数服从多数原则,来共同管理国家事务的国家制度。在民主体制下,人民拥有超越立法者和政府的最高主权。民主是西方世界的核心价值观,但它不是西方国家的专利。马克思着眼于比西方资本主义更高形态的民主,把推翻资本主义剥削制度,建立人民民主和每个人都能够得到自由全面发展的公平正义的社会为己任。[④] 恩格斯要“把‘民主’一词写在自己的旗帜

①毛泽东文集(第6卷)[M].北京:人民出版社,1999:495.

②邓小平文集(第3卷)[M].北京:人民出版社,1993:83-84.

③胡锦涛.在“三个代表”重要思想理论研讨会上的讲话[N].人民日报,2003-7-2(01).

④石国亮.社会主义核心价值观十讲:党员干部读本[M].北京:人民日报出版社,2014:63.

上”[①]高高地举起来。列宁说：“没有民主，就不可能有社会主义。”[②]因此，将民主作为社会主义核心价值观的基本内容，体现了马克思主义的核心价值追求，中国特色的社会主义，应当具有比资本主义民主更广泛、更进步的民主。[③]

文明是社会主义核心价值观的集中体现。文明一词来源于拉丁文 Civs，是指罗马的公民身份，意思是罗马的公民比当时的其他蛮族或外国人的生活状态更优越。可见，文明一词是野蛮的反义词，是社会进步和社会发展状况的重要标志。文明的含义具有层次性：国家层面而言，文明是指国家创造的物质财富和精神财富的总和，是国家在物质精神方面发展的状态；社会层面而言，文明是指社会文德彰显、文教昌达表现出民风淳朴、风调雨顺的和谐景象；个人层面而言，文明是谦恭有礼，是内在的德行开放出来的一支鲜花。因此，“文明是一个内涵十分丰富、结构十分复杂的总体评价性概念”[④]。中华民族创造了悠久的人类文明。“‘文明’既是我国优秀传统文化的基本理念，也是我国社会主义的本质属性。这说明优秀的民族文化是今天中国社会主义核心价值观的根基。”[⑤]中国特色的社会主义核心价值观中的文明，包括物质文明、政治文明、精神文明、社会文明和生态文明等构成要素，它们之间是辩证联系的统一整体，是社会主义核心价值观的集中体现。

和谐是社会主义核心价值观的重要特征。《古汉语词典》，其中有“音乐和谐，《老子》：‘音声相和。’引申为和顺，协调。宋代范仲淹《岳阳楼记》：‘政通人和，百废俱兴。’”的解释。[⑥] 有学者这样解释，“和谐”是对立事物之间在一定条件下，具体、动态、相对、辩证的统一，是不同事物之间相辅相成、互相合作、互惠互利、互促互补、共同发展的关系。[⑦] 在人类社会的发展历史中，安居乐业、幸福生活、人人平等的和谐社会，是人们梦寐以求的理想社会。孔子的“和为贵”思想，墨子的“‘兼相爱’‘爱无差’”思想，孟子“老吾老以及人之老，幼吾幼以及人之幼”的社会状态。还有“小康社会”“大同社会”等等，都是人们追求和谐社会的反映。当然，西方国家也追求社会和谐，毕达哥拉斯（古希腊哲学家）的“和谐最美”、康帕内拉的“太阳城”，柏拉图的“公正即和谐”、赫拉克利特的“对立和

①马克思恩格斯全集（第 2 卷）[M].北京：人民出版社，1957：664.

②列宁选集（第 2 卷）[M].北京：人民出版社，1995：782.

③本书编写组.社会主义核心价值观[M].北京：新华出版社，2014：118.

④唐凯麟.培育践行社会主义文明观[N].光明日报，2013-4-6.

⑤张岂之.略说社会主义核心价值观的文化源流[N].北京日报，2009-6-3.

⑥张为之等.古代汉语词典[M].上海：上海辞书出版社，2002：248.

⑦本书编写组.社会主义核心价值观[M].北京：新华出版社，2014：121.

谐观”等,都蕴含有和谐社会的思想。我们党的一系列重要论断中都有关于和谐的思想,从毛泽东的《关于正确处理人民内部矛盾的问题》《论十大关系》,邓小平的“统筹兼顾原则”“安定团结的政治环境”,到胡锦涛的“构建社会主义和谐社会”,都有和谐思想。因此,构建社会主义和谐社会,是中国特色社会主义本质规定的充分体现,也是中国特色社会主义的内在要求和价值取向,更是中国特色社会主义制度的优势彰显。

富强、民主、文明、和谐,是从国家层面揭示我国社会主义核心价值观的追求目标和价值取向。经济建设是基础,在社会主义现代化建设初期,我国的主要任务是经济建设。现在,我国的经济总量已经达到世界第二的水平,经济上越富强,政治上就应该越民主,文化上也应当越文明,社会和生态上也要越和谐。经济富有,国力强大,政治上有社会主义的高度民主,文化上有社会主义精神的文明追求,社会上有和谐的价值追求,这样一个四维模式的理想价值目标,凝聚着我国各民族人民的伟大价值凝聚力,是社会和谐、民族团结的精神支柱,也是我国在当今世界软实力竞争中的实力展现。因此,富强、民主、文明、和谐,是中国特色社会主义现代化国家的价值目标和价值取向,是全体中国人民追求民族复兴的共同愿景。富强、民主、文明、和谐,是鼓舞士气、振奋精神、激发活力、凝聚人心的社会主义核心价值观的价值目标和价值追求。

二、自由、平等、公正、法治是社会层面的价值取向

自由是社会主义社会的基本价值追求。自由一词源于拉丁文 Libertas,意思是“从被束缚中解放出来”。现代汉语词典从三方面对“自由”进行解释:①在法律规定的范围内,随自己意志活动的权利。②哲学上把人认识了事物发展的规律性,自觉地运用到事件中去,叫做自由。③不受拘束;不受限制。马克思恩格斯科学概括了自由的概念和本质。恩格斯说:“自由不在于幻想中摆脱自然规律而独立,而在于认识这些规律,从而能够有计划地使自然规律为一定的目的服务。”①毛泽东更简练地提出:“自由是对必然的认识和对客观世界的改造。”②自由作为社会主义核心价值观的基本内容,不只是哲学意义上的抽象概念,其实质是社会主义社会的现实追求,表达着社会自由的内涵,追求的是“人在社会生活中,在法律和道德允许的范围内,在从事各种社会活动和处理各种社会关系时,能够按照自己的需要、利益以及价值观念等所形成的意志,决定自己做什么和不

①马克思恩格斯选集(第3卷)[M].北京:人民出版社,1995:455.

②毛泽东著作选读[M].北京:人民出版社,1986:833.

做什么,即独立自主地决定自己的行动。”①社会主义社会是资本主义社会向共产主义社会转变的过渡阶段,即是必然王国向自由王国转变的过渡阶段。社会主义社会是对资本主义制度下奴役、剥削、压迫等不自由现象的反抗,其本身就是追求自由的事业。社会主义社会比资本主义社会实现的自由更多,但还没有达到全面自由的共产主义社会。社会主义社会的中心任务是创造各种条件,为达到自由王国的共产主义社会奠定基础。

平等是社会主义本质的基本标志。“平等”是指人们在社会、政治、经济、法律等方面享有相等待遇,泛指地位相等。② 在社会领域中,平等是指“人与人之间在经济、政治、文化等方面处于同等地位,享有同等权力”③,反映了人与人相互关系的对比状况。在当代社会,平等作为价值目标和价值理念,主要是指权利平等、机会平等和结果平等,④一直是各国社会民众所期望的。马克思指出:“一切人,或至少是一个国家的一切公民,或一个社会的一切成员,都应当有平等的政治地位和社会地位。”⑤西方社会在公元前 1 世纪就有“太阳国”平等思想。资产阶级以自由、平等、民主为旗帜,推翻了封建制度。在我国,北宋王小波、李顺在四川发动农民起义时曾说:“吾疾贫富不均,今为汝均之。”清末的太平天国运动提出的是“有田同耕,有饭同食,有衣同穿,有钱同使,无处不均匀,无人不饱暖”的社会思想。中国近代,孙中山提出的:“民权两个字,是我们革命党的第二个口号,同法国的革命口号的平等是相对应的。”⑥平等已经成为人类社会千百年来的基本价值追求,必然也是社会主义追求的核心价值目标。1927 年秋收起义后的三湾改编确立了官兵平等制度。新中国成立后,“男女平等”“各民族一律平等”“中华人民共和国公民在法律上一律平等”等平等价值理念,一直为国家、社会、民众所追求。《妇女儿童保护法》《残疾人保护法》《社会保障法》《社会救助法》等法律的出台,是国家、社会对弱势群体的关怀和照顾,这些都是我国追求平等价值理念的最直接体现。把平等作为社会主义核心价值观,就要求我们要大力弘扬平等理念,营造平等氛围,把平等真正内化于心、固化于制、外化于行。

公正是社会主义社会的内在价值准则,最早出现在公元前 30 世纪的古埃

---

①陈志尚.人学原理[M].北京:北京出版社,2005:331.

②中国社会科学院语言研究所词典编辑室.现代汉语词典[M].北京:商务印书馆,1991:879.

③夏征农,陈至立.辞海[M].上海:上海辞书出版社,2010:2999.

④本书编写组.社会主义核心价值观[M].北京:新华出版社,2014:135.

⑤本书编写组.社会主义核心价值观[M].北京:新华出版社,2014:136.

⑥孙中山.三民主义[M].北京:中国长安出版社,2011:96.

及，包含公平、正义两方面的含义。公平通常是指一种基于一定标准或原则而对待人和事的不偏不倚的态度。正义则是指制度和行为结果中应然体现的原则。[①] 作为社会主义核心价值观社会层面的理念，是指社会公正地回报个人所作出的牺牲和奉献，恰当地分配社会成员之间的权利和义务。[②] 人类在历史上始终不断地追求公正，形成许多有影响的思想。我国最早在《礼记》中就有“大道之行也，天下为公”的思想；老子的“以正治国”思想；孔子的“不患寡而患不均”，教育上主张“有教无类”的思想；韩非子也明确提出“均贫富”思想；墨子的“兼爱”思想，提倡利益共享，惠及人人；宋代朱熹也有“惟公然后能正”的思想；明代吕坤认为“公正二字是撑持世界底，没了这二字，便塌了天”的思想；太平天国运动领袖洪秀全的“务使天下共享”；康有为在《大同书》论及“人人相亲，人人平等，天下为公”的大同社会。西方也有很多关于公正思想的论述：古犹太教先知阿摩司的“持公平如静静湖水，主正义如滔滔江河”；亚里士多德的“公正是最主要的，它比星辰更加光辉”等。公正是中国特色社会主义的内在要求。社会主义制度是以人类社会文明发展为基础的，继承或借鉴了人类物质、精神和政治文明成果，特别是资本主义创造的文明成果。当然，社会主义社会的公正与资本主义社会的公正有相似之处，更有本质区别。这种区别体现在社会主义社会的公正，是建立在以公有制为主体、多种所有制并存的基本经济制度基础上；是以按劳分配为主体、多种分配方式并存的分配制度；是建立在尊重全体人民的主体地位和为人民谋福祉之上；经济上追求共同富裕，政治上实现人民当家作主。在中国特色社会主义发展的各个阶段，都坚持了社会主义的公正观。邓小平强调避免两极分化，把社会公正纳入社会主义的本质规定。还有“三个代表”中的“执政为民”思想；党的十六届六中全会报告提出的“在经济发展的基础上，更加注重社会公平”；十八大报告提出的“必须坚持走共同富裕道路”“使发展成果更多更公平惠及全体人民”；十八届三中全会特别强调：“促进社会公平正义、深化社会体制改革”“让一切创造社会财富的源泉充分涌流，让发展成果更多更公平惠及全体人民。”[③]

法治是社会主义社会的基本价值内涵。《古汉语词典》解释“法”为：“法令，制度，法律。《吕氏春秋·察今》：‘故治国无法则乱，守法而弗变则悖。’”[④]《现代汉语词典》解释“法治”是“先秦时期法家的政治思想，主张以法为准则，统治

①本书编写组.社会主义核心价值观[M].北京：新华出版社，2014：138.

②本书编写组.社会主义核心价值观[M].北京：新华出版社，2014：138.

③中共中央关于全面深化改革若干重大问题的决定[N].人民日报，2013-11-16(1).

④张为之等.古代汉语词典[M].上海：上海辞书出版社，2002：151.

人民,处理国事”;另一解释是“指依据法律治理国家”。[①] 在中国历史上,春秋战国时期的商鞅、韩非为代表的法家学者提出过法治政见,实现过短暂的“法治”,但在2000多年的古代历史中,中国是一个由“人治”文化主导的社会,法律实际上是统治者实施“人治”的工具。我国现代“法治”思想起源于西方。罗马帝国时代,亚里士多德就从内涵上,对法治作了最早而且被后世奉为经典的界定:“一是已成立的法律获得普遍的服从;二是大家所服从的法律又应该本身是制定的良好的法律。”[②]近代英国法学家戴雪、美国法学家韦伯都对“法治”做过“法律统治”的概括。中国共产党也一直在探索和推进社会主义法治建设。从1931年11月通过的《中华苏维埃共和国宪法大纲》、到延安时期的“三三制”、再到开创中国法治事业的“五四宪法”、法律面前人人平等的“八二宪法”等都体现出社会主义国家的法治精神。1978年的十一届三中全会,党中央提出“健全社会主义民主,加强社会主义法制”的目标;1999年,将“依法治国,建设社会主义法治国家”正式写入宪法;2012年,党的十八大报告明确提出,要“全面推进依法治国”。法治作为中国特色社会主义的核心价值理念,符合我国基本国情。我国还处于并将长期处于社会主义初级阶段,社会主义市场经济是法治经济。社会主义市场经济的主体确认、运行规则、责任追究,都需要依赖法律制度及其实施。社会主义先进文化需要依赖法治进行制度保障,社会主义先进文化为法治提供伦理和精神基础,法治与先进文化价值同向,互相促进。社会和谐与生态文明建设,也需要依赖法治才能得以保障。

马克思主义追求的终极目标,是人的自由而全面的发展。自由、平等、公正、法治是马克思主义的基本要求,是立足社会层面概括出的社会主义核心价值观,是对社会主义核心价值观基本理念的凝练,是对美好社会的描述。它反映了中国特色社会主义的基本属性,是我们党矢志不渝、长期实践的核心价值观念。自由是指人的意志自由、存在和发展的自由,是人类社会的美好向往,也是马克思主义追求的社会价值目标。平等指的是在法律面前一律平等,其价值取向是不断实现实质平等。它要求尊重和保障人权,人人依法享有平等参与、平等发展的权利。公正,即社会公平和正义,它以人的解放、人的自由平等权利的获得为前提,是国家、社会的根本价值理念。法治是治国理政的基本方式,依法治国是社会主义民主政治的基本要求。它通过法制建设来维护和保障公民的根本权利,从而实现人的自由全面发展,实现社会的公平正义的制度保障。

---

①中国社会科学院语言研究所词典编辑室.现代汉语词典[M].北京:商务印书馆,1991:297.

②本书编写组.社会主义核心价值观[M].北京:新华出版社,2014:142.

三、爱国、敬业、诚信、友善是公民个人层面的价值准则

爱国是社会主义国家公民的基本价值准则。“爱国”最早出自《汉纪·惠帝纪》，是“指个人或集体对祖国的一种积极和支持的态度，是一个民族赖以生存和发展的精神支柱，是千百年来巩固起来的对自己祖国的一种最深厚的感情。”[①]简单地说，爱国就是热爱自己的祖国，体现了人们对自己祖国的深厚感情，反映了个人对祖国的依存关系，是人们对自己的家园、民族和文化的归属感、认同感、尊严感与荣誉感的统一。国家好，自己才会好；国家有尊严，公民活得才有尊严。国家是属于每一个公民的，具体的爱国就是爱自己、爱父母、爱家人、爱生活、爱劳动……一个连自己都不爱的人，何谈爱国。爱国是中华民族的优良传统，是公民应有的道德情操，中华民族几千年漫长悠久的历史长河中，不乏典型案例。从 1840 年鸦片战争开始，我国遭受西方列强的侵略，一步步沦为半殖民地半封建社会，中华民族爱国的突出表现是：反对帝国主义的侵略，维护民族独立和国家主权完整；反对专制统治，推翻腐朽的专制制度。从三元里人民英勇抗英、台湾人民不屈抗日，到“五四”运动；从坚决禁烟的林则徐到战死炮台的关天培、率舰撞击日舰的邓世昌；还有洋务运动、辛亥革命，都是爱国传统的绵延发展。中国共产党成立后，更是带领中国人民前赴后继，演绎出以爱国为核心的“井冈山精神”“长征精神”“延安精神”“抗美援朝精神”“雷锋精神”“北大荒精神”“两弹一星精神”“抗洪精神”“自强不息、顽强拼搏，万众一心、同舟共济，自力更生、艰苦奋斗的抗震救灾精神”等，都是社会主义先进文化建设的重要历程。[②]

敬业是公民个人行为的重要价值要求。敬业是对待生产劳动和人类生存的一种根本价值态度，敬重并且珍惜自己从事的事业，小到个人职业，大到社会主义事业，都能专心致志，尽心尽力。[③] 敬业精神反映了个人对自己从事的职业的认知、情感、态度和信念等，主要包括个人对自己所从事职业的价值、意义的理解，是职业道德的集中体现。敬业是中华民族的优良传统。孔子的《礼记·学记》中就说到“三年视敬业乐群”，此处的“敬业”是指对学业专心致志。在论语中，孔子认为：“敬事而信”“行己也恭，事上也敬”“敬其事而后其食”，可见，孔子把“敬事”看作是为人处事最基本的道德要求，君子要“事思敬”，对待大事小

---

①本书编写组.社会主义核心价值观[M].北京：新华出版社，2014：150.

②顾海良，沈壮海.深刻把握弘扬和培育民族精神的理论基础[N].中国教育报，2003-05-07.

③本书编写组.社会主义核心价值观[M].北京：新华出版社，2014：153.

情要有恭敬之心。唐代诗人杜甫有“为人性僻耽佳句,语不惊人死不休”;宋代理学大师把“敬业”解释为“专心致志以事其业”;毛泽东的“全心全意为人民服务”更是把敬业精神推到最高境界,成为中国共产党的根本宗旨。新中国成立后涌现出无数敬业典范:雷锋、李素丽、杨善洲、王进喜、焦裕禄、任长霞……都是中华民族实现伟大复兴的宝贵财富。“空谈误国,实干兴邦”,敬业是从个人做起,从小事做起,其根基是个人责任的担当。只有把责任落实到个人,才能约束不负责任的行为,否则,就会出现权力滥用、失职渎职和不作为等行为。

诚信是对中华民族传统价值观的正确弘扬。“诚信”中“诚”是“真实的”“实在的”意思,①“信”是“确实”“信用”“相信”的意思。② 可以看出“诚信”是由“诚”和“信”互文合成。《中庸》中“诚”是一个最高范畴,是“天之道”,又叫“至诚之道”,是天赋予人的本性与道理。③《说文解字》中说:“信,诚也”;“诚,信也。”二者都有诚实不欺的意思。二者的区别是:“诚”强调自身的人性反省,“信”更侧重于个人处理人际关系的方面。诚信是中华民族的优良传统:最早记述诚信的文字出自《尚书·康王》“信用昭昭明于天下”,《周书》中有“允哉允哉,以言非信则百事不满也”。儒家对诚信也非常重视,仅《论语》中“信”就出现38 次之多。子曰:“人而无信,不知其可也。”人如果不讲信用,在社会上就没有立足之地,什么事情也做不成。在今天,我们把诚信作为社会主义核心价值观,实际上是把诚信看成“一个道德范畴,是公民的第二个‘身份证’,是日常行为的诚实和正式交流的信用的合称。即待人处事真诚、老实、讲信誉,一诺千金”。社会主义市场经济发展到今天,我们的经济发展取得了举世瞩目的成绩,社会也出现了一些诚信缺失之痛,“小悦悦”事件、“老人摔倒该不该扶”的社会大讨论、“碰瓷”、电信诈骗、钓鱼执法、地沟油、毒奶粉等等,反映出社会各层面诚信出现的问题,把诚信作为社会主义核心价值观,以加强对社会主体的多维规范、保证诚信制度的建构和加强社会诚信的监督。

友善是践行社会主义核心价值观的重要表现。友善是指“人与人之间亲近和睦”,④是处理人际关系的基本准则,是公民的基本道德规范。“友善”包括善待亲人朋友、他人、社会、自然。善待亲人朋友能让家庭关系和谐;善待他人能使个人人际关系和谐,友善的另一种表现是:帮助他人,减少争执矛盾;善待社会能使社会关系和谐;善待自然能使生态关系和谐。是否能以友善的态度为人处事,

---

①中国社会科学院语言研究所词典编辑室.现代汉语词典[M].北京:商务印书馆,1991:137.

②中国社会科学院语言研究所词典编辑室.现代汉语词典[M].北京:商务印书馆,1991:1284.

③本书编写组.社会主义核心价值观[M].北京:新华出版社,2014:156.

④中国社会科学院语言研究所词典编辑室.现代汉语词典[M].北京:商务印书馆,1991:1404.

既是一个人道德水平的体现,又是社会和谐程度的体现。中华民族是一个友善的民族,是一个以礼仪之邦、以爱好和平闻名于世界的民族。把友善作为社会主义核心价值观,是中国人民倡导人与人、人与社会、人与自然和谐友善共处的关系,营造共同富裕的良好社会氛围,最终实现全面小康,实现中华民族之"梦"——"中国梦"的表现。人是一切社会关系的总和,"现实的人不可能只处于单一的社会关系之中,而总是要结成各种各样的社会关系。"①个人的友善能影响国家和社会的和谐发展。这就是友善的另一种表现:帮助他人,减少争执矛盾。个人的友善汇集成社会的友善,社会的友善会反过来促进个人的友善,二者相辅相成,互相促进。在社会主义市场经济条件下,社会利益格局、思想观念的快速调整,难免会带来个人情绪的波动和社会不良心态的出现,体现出来浮躁、喧嚣、忽悠、炒作、炫富、攀比、暴戾、冷漠、仇官仇富等现象。"友善"作为社会主义核心价值观,能鼓励人们相互间理解、包容、团结,增进公民情感,发挥社会凝聚作用,及时纠正个人或团体的不良行为,调整不良社会心态,进而关注社会公共利益,消解社会心理矛盾。近朱者赤,近墨者黑,友善的社会环境氛围,也会反过来影响个人行为心态。这种影响是潜移默化的,就如同一个准备扔垃圾的人,在干净整洁的环境中,会主动将自己产生的垃圾带走。

"爱国、敬业、诚信、友善"体现了社会主义国家公民的基本价值追求和道德准则要求,是立足于公民个人层面的社会主义核心价值观。爱国敬业诚信友善覆盖了社会主义道德生活的各个领域,是公民必须恪守的基本道德准则,也是评价公民道德行为选择的基本价值标准。爱国是每个公民对自己祖国依赖关系的深刻情感,也是调节个人与祖国关系的行为准则。爱国同社会主义紧密结合,要求人们以振兴中华为己任,促进民族团结,维护祖国统一,自觉报效祖国。敬业是对公民职业行为准则的价值评价,要求公民忠于职守,克己奉公,服务人民,服务社会,充分体现了社会主义职业精神。诚信即诚实守信,是人类社会千百年传承下来的道德传统,也是社会主义道德建设的重点内容,它强调诚实劳动、信守承诺、诚恳待人。友善则强调公民之间应该相互尊重、互相关心、互相帮助,友好和睦,努力形成社会主义新型的人际关系。加强对全体公民的价值观、道德观教育,是一项长期而紧迫的任务,尤其是面对当前社会经济利益和分配方式多样化的趋势,面对全面建成小康社会和人民群众精神文化需求的不断增长,面对世界范围各种思想文化的相互激荡,如何形成社会的主流价值观、如何把公民价值观道德观教育提高到一个新水平,成为摆在全党和全国人民面前的一个重要课题。

---

①何怀远,周碧晴,崔秋锁.马克思主义哲学原理[M].北京:国防大学出版社,1999:237.

第四节　社会主义核心价值观的本质特征

社会主义核心价值观与其他价值观相比，有其本质特征。

一、普遍性

核心价值观是一个国家和民族整个价值体系中最本质、最核心、最具有决定性作用的部分，它既支撑着其他价值判断，同时又影响着其他价值判断。社会主义的核心价值观，是社会主义最永恒的精神要素，建立在时代和人民大众最普遍最现实的需求基础之上。时代和人民大众最普遍最现实的需求，是对现实的理性判断和对未来的价值沉淀，是核心价值观形成的现实基础。如果没有时代和人民大众最普遍最现实的需求，构建核心价值观就缺失现实的根基与动力。没有现实的根基与动力，核心价值观就会是无本之木，无源之水，无法有效地弘扬和践行。因此，核心价值观的产生和核心价值观作用的发挥，一定要与时代相结合，与广大人民大众最普遍最现实的需求相结合。社会主义核心价值观是社会主义精神和社会主义核心价值体系中最根本、最集中、最重要的价值内核，最终将深入人们的思想深处，成为广大人民大众共同遵循和维护的行为准则，成为社会主义的价值传统和文化精神，代代相传发挥价值传递效用。

二、民族性

核心价值观建立在民族优秀传统文化之上。中华民族是一个历史源远流长的伟大民族，是全世界惟一一个文化代代相传未曾中断的民族。今天的中国社会已发生深刻变化，由过去的封闭走向了开放，由原来的农业文明走向了工业文明，必须构建新的核心价值观，以适应新的社会发展形势。任何一个民族，无论是过去、现在，还是将来，其核心价值观都只能是在历史文化传承积淀基础之上，结合新的社会发展形势和时代发展要求，予以创新性的发展。这种创新性的发展，不能割断中华民族的历史文化血脉和价值传统。

三、崇高性

崇高性是指核心价值观反映社会和人类的长远利益和未来发展方向，具有激励人心和鼓舞人们不断前进的作用，而且这种价值观包含着非常高尚和值得人们前赴后继为之献身的内在合理性。核心价值观必须拥有崇高的精神基因。历史告诉我们，社会主义核心价值观作为中华民族的精神支撑，应当具有强大的号召力和凝聚力，有了这种号召力和凝聚力，才能凝聚民心、维护国家和民族利益。这种号召力和凝聚力，只有建立在崇高之上才能具备。社会主义核心价值观的构建，是在弘扬民族精神和建设社会主义先进文化基础上提出的，本质上既是社会主义先进文化建设的有机组成部分，又是社会主义先进文化建设伟大工程的价值目标。

第五节　提出社会主义核心价值观的重要意义

党的十八大提出社会主义核心价值观，对于帮助全党和全国人民树立和践行社会主义核心价值观，进一步推进社会主义核心价值体系建设，具有十分重要的理论和现实意义。

一、社会主义核心价值观的提出，是对马克思主义价值理论的丰富和发展

马克思主义既是科学的世界观和方法论，又是科学的人生观、价值观，它不仅帮助我们认识和改造客观世界，而且也指导我们改造主观世界。无论是在马克思主义创始人的鸿篇巨制，还是在马克思主义中国化的理论成果中，不难发现其中蕴含的丰富的马克思主义价值观理论。党的十八大提出的以“三个倡导”为主要内容的社会主义核心价值观，是对马克思主义价值理论的进一步丰富和发展，是中国共产党人认识社会主义核心价值理论的新境界和新开拓。

二、社会主义核心价值观为我们更加有效地应对西方错误价值观的冲击提供了强大理论武器

自由、民主、平等确实是资本主义的价值观，但不是资本主义的“专利品”。一些西方国家也利用它们来攻击我们的社会主义意识形态，攻击我们的社会主义先进文化。实际上，迄今为止，社会主义制度是人类社会最先进的社会制度，它脱胎于资本主义但又与资本主义有着本质区别。社会主义先进文化是在继承和发展人类社会一切文明精华的基础上发展起来的。因此，只有社会主义的自由、民主、平等才是迄今为止真正科学意义上的自由、民主、平等，是真实可靠的。资本主义制度下的所谓自由、民主、平等是虚伪不可靠的，以其人之道还治其人之身，为我们更加有效地应对西方错误价值观的冲击，提供了强大思想武器。

三、社会主义核心价值观能整合多元价值观，引领价值秩序，促进全国人民凝聚思想共识

自改革开放以来，伴随社会主义市场经济的建立和发展，带来了社会的急剧转型、利益格局的深刻调整和生活方式的深刻变化，人们的价值观念也随之发生了改变，出现了多元、多样、多变、矛盾的特点，带来了价值观的冲突，表现在不同社会阶层、社会群体在利益与道义、效率与公平、自由与平等一系列重要价值问题上，呈现出不同甚至相反的看法与选择。甚至同一主体在不同方面、不同领域的价值取向，也呈现出多变、矛盾的特点。在这种思想多样、价值多元的条件下，需要大力倡导社会主义核心价值观，以此凝聚全国人民的思想共识、整合社会多元价值观，才能真正在全社会形成巨大的价值共识和思想共鸣，从而引领社会价值秩序，保证中国特色社会主义发展的正确方向。

四、社会主义核心价值观的提出，彰显了社会主义的价值维度

建设中国特色社会主义，首先要回答的无疑是“什么是社会主义”。但是，在改革开放前的社会主义建设实践中，我们没有恰当把握“什么是社会主义”。社会主义的目的是什么？怎样实现社会主义的目的？忽略了社会主义的价值维度，没能形成适合社会主义的价值观，导致社会主义价值的多元、多样、多变。改革开放以后，邓小平反复指出，贫穷不是社会主义，平均主义不是社会主义，两极分化不是社会主义，没有民主就没有社会主义，没有法制也没有社会主义等等。最后，他提出：“社会主义的本质是解放生产力、发展生产力，消灭剥削，消除两极分化，最终达到共同富裕。”①共同富裕是社会主义的根本目的，江泽民提出人的全面发展是社会主义的本质要求，胡锦涛提出公平和正义是社会主义制度的本质要求等。所有这些，都表明我们对社会主义价值的认识在不断深化。而“社会主义核心价值体系”和“社会主义核心价值观”概念的提出，则充分反映了我们对社会主义价值，以及社会主义价值与社会主义本质的关系的认识，达到了一种理性自觉的高度。

五、提升中华文化的影响力，增强国家文化软实力

任何一个民族和国家都有自己的文化。任何一个国家的崛起，不仅有经济的强盛，更有文化的昌盛和影响力的提升。当今时代，越来越多的国家把文化软

---

①阎志民.社会主义本质与社会主义制度[J].党校论坛.1992(12)：33.

实力作为其战略发展的重要内容,谁占据文化发展的制高点,谁就拥有了强大的文化软实力,谁就能在激烈的国际竞争中赢得主动。文化的核心是价值观,文化的力量实际上是其核心价值观的影响力和吸引力。因此,文化软实力的竞争,本质上是代表不同文化的核心价值观的竞争。社会主义核心价值观,既是中华文化的核心,又是中国文化的标识,对外能展示国家和民族的文化形象,构成国际文化对话、交流、互动的基础,对内作为当代中国对人类文明的独特贡献,有着独特的价值。只有具有这样的价值观自信,中国特色社会主义才会有道路自信、理论自信和制度自信。

第三章 新媒体视角下的社会主义核心价值观传播概述

拉斯韦尔著名的“5W”传播模式是:[①]

谁(Who)?

说什么(Say What)?

通过什么渠道(In Which Channel)?

对谁说(To Whom)?

取得什么效果(With What Effect)?

尽管有批评说:“5W”模式是政治传播的宣传模式,含有传者中心论的控制观念;是单向的,缺乏反馈;是线性的,缺乏对传播环境的注意。但是,拉斯韦尔的“5W”传播模式不完全等同于拉斯韦尔传播观念,他在《社会传播》中曾明确指出:“还有一个重要的类比是关于传播的线路问题,即单向或双向传播。单还是双,取决于传者和受众的交互程度。换句话说,当两人或多人参与的传送与接收频率相等时,便形成双向传播。通常认为谈话是双向传播(虽然我们也注意到存在独白现象)。现代的大众传播工具,使印刷厂、广播设备和其他形式的固定资产与专门资产的控制者享有巨大的优势。”[②]这里即体现出拉斯韦尔传播观念中的反馈与双向交流的观点。新媒体视角下的社会主义核心价值观传播,最典型的特征就是反馈与双向交流。拉斯韦尔在传播效果的阻碍因素中,有关于传播环境的论述:“无知意味着在传播过程的某个环节,缺乏来自社会其他部分的认识。如果没有经过适当训练,搜集或散播消息的人会不断地曲解和忽视事实……”[③]拉斯韦尔认为传播只有在认清传播环境,适应传播环境,适应受众的

---

①[美]哈罗德·拉斯韦尔著,何道宽译.社会传播的结构与功能[M].北京:中国传媒大学出版社,2015:35.

②[美]哈罗德·拉斯韦尔著,何道宽译.社会传播的结构与功能[M].北京:中国传媒大学出版社,2015:18.

③[美]哈罗德·拉斯韦尔著,何道宽译.社会传播的结构与功能[M].北京:中国传媒大学出版社,2015:19.

心理和文化的情况下，才能取得较理想的效果，这正符合新媒体视角下的社会主义核心价值观传播必须适应新媒体传播形态、传播特征、受众心理状态、文化基础等环境特征。他还在“有限效果论”中提出：传播的主要效果是强化而不是改变。

借鉴拉斯韦尔著名的“5W”传播模式，新媒体视角下的社会主义核心价值观传播模式中，首先要回答的是“谁对谁说”的问题，即“传者对受众说，受众也对传者说”，二者交流互动达成传播目的（第一章新媒体传播的特征已做相关论述）。第二要回答的是“说了什么”的问题（即第二章专门论述的社会主义核心价值观传播内容）。第三要回答的是“通过什么渠道”（即传播形态的问题，第二章也有论述，主要有新媒体电影、新媒体剧、公民视频新闻等形态）。最后要回答的是“传播效果（或现状）”存在的问题。新媒体视角下社会主义核心价值观传播效果，存在着价值理想与现实感知落差大，价值导向与利益导向有分岔，价值共识达成难度增大等问题。

第一节　新媒体给社会主义核心价值观传播带来的机遇和挑战

内化社会主义核心价值观为全国人民的共同价值信念和目标，绝非一朝一夕之事。新媒体环境下，民众的民主意识日渐增强，空洞的口号式宣传只会适得其反，只有找寻适合的载体，在尊重传播学规律的前提下，顺应新媒体格局的深刻变化，构建民众喜闻乐见的社会主义核心价值观传播体系，才能取得理想的传播效果。新媒体不仅为社会主义核心价值观传播提供了前所未有的广阔平台，而且丰富了其传播形态，增强了社会主义核心价值观的传播力和感染力。

一、新媒体给社会主义核心价值观传播带来的机遇

（一）新媒体的出现为社会主义核心价值观传播提供了前所未有的广阔平台

在新媒体传播系统中，载体有网络、手机、电视、电影等，这些载体具有通讯、学习、娱乐、拍照等强大功能，接收和发送信息均不受时间、地点的限制，受众可以随时随地根据自身意愿，利用博客、SNS、微信、微博、APP、弹幕等形式，传播社会主义核心价值观，而且传播速度快、范围广、交互性强，受众能通过新媒体平台，及时了解到社会主义核心价值观的相关热点、难点、分析等等。这种开放式、参与式、互惠式的双向互动沟通交流，能让受众充分开阔视野，增强获取社会主义核心价值观的主动性和自主性，既降低了社会主义核心价值观的传播成本，又

增强了受众的自主鉴别能力和对社会主义核心价值观的认同感,给社会主义核心价值观传播的主客体,提供了一个前所未有的沟通交流平台。

(二)新媒体传播为社会主义核心价值观提供了更广泛的传播空间和受众喜闻乐见的传播方式

传统的社会主义核心价值观传播,是点对点或者点对面的直线式传播,传播范围有限,影响力不够。新媒体是所有人对所有人的传播,采用的是多点对多点的互动式传播,能将个人传播、组织传播和大众传播整合起来,人人都能通过新媒体传播信息,接收信息,使传播空间更加广泛,人际传播得以延伸。传统的社会主义核心价值观传播,采取灌输式说教式的传播方式,受众在严肃紧张的氛围中被动接受,自然不喜欢甚至反感抵触,传播效果也就不理想。新媒体写作没有语法规则的限制,技术门槛低,可拼凑、粘贴、转发、链接、分享等,不断有新鲜词汇出现,语言风格简洁明快,风趣幽默,还可发布微视频、图片等,这正是受众所喜欢的,能弥补传统社会主义核心价值观过于严肃紧张的传播氛围,是受众喜闻乐见的传播方式。

(三)新媒体的互动性传播增强了社会主义核心价值观传播的感染力

传统媒体传播的受众只能被动接受,无法主动交流,这样的传播往往带有灌输说教的性质,容易让受众产生逆反心理。而新媒体则具有交互性特点,社会主义核心价值观传播可以随时通过邮件、QQ、MSN、微信、微博、APP等工具与受众进行实时互动交流,这种交流方式更直接、更具有针对性,实现了社会主义核心价值观传播由单向向双向的转化,能让受众在电影观看中、在新媒体剧分享中,或是在社交媒体的交流中……找寻志趣相投的群体,互相分享、共同讨论社会主义核心价值观。受众的每一次分享与讨论,都是对社会主义核心价值观的再次传播与肯定。这种分享与讨论,也能让受众进行情感宣泄,传播者通过受众的情感宣泄,能深入了解受众所思、所想、所求,从而有针对性地进行疏导、沟通交流。通过发送语音、照片、视频等,还能增强交流的真实性,让受众有身临其境的感受,在潜移默化中传播社会主义核心价值观的内涵和精神实质,增强社会主义核心价值观传播的感染力。

(四)新媒体丰富了社会主义核心价值观的传播形态

新媒体传播形态的研究,目前才刚刚起步,能借鉴的现成分类标准较少。本书认为,新媒体传播形态既可以按播出平台划分,也可以按技术应用划分,还可以按内容创新来划分。按播出平台划分,与传统媒体传播形态相比,新媒体传播形态有以博客、播客、维客为主的社交媒体,以网络电视、网络广播、网络报刊为主的网络媒体，以手机报、手机电视为主的手机新媒体，还有以数字电视、IPTV、移动电视、户外新媒体为主的电视新媒体。多样化的传播形态，能声影兼备、图文并茂，使社会主义核心价值观传播达到生动活泼、寓教于乐的目的。新媒体视角下社会主义核心价值观的传播环境发生了巨大变化，拉斯韦尔认为，传播只有适应受众的心理和文化，才能取得较理想的效果。

（五）新媒体带来社会主义核心价值观传播实效的加倍性

俗话说：感人心者，莫先乎情。社会主义核心价值观本身理论性较强、意识形态色彩较重，传统的说教式灌输式传播，有一定效果，但由于重灌输轻启发，让受众有被迫接受的感觉，是在受教育，致使受众积极性不高，削减了受众在传播过程中的主体作用，其结果是尽管我们在社会主义核心价值观传播上花费了不少力气，但收效还有待进一步提高。社会主义核心价值观传播借助新媒体，在党和政府的引导监督下，让受众在轻松愉悦的视觉与听觉的盛宴中，有选择地、自由、自主地浏览信息，发布信息。这不仅能提高受众的自主地位，而且“接地气”，让受众从情感上主动探索寻求、思考国家、社会及个人的价值意义，实现了理论与实践的结合，也以受众喜闻乐见的方式在潜移默化中传播社会主义核心价值观，达到了事半功倍的传播效果。

二、新媒体给社会主义核心价值观传播带来的挑战

任何事物的存在，都有其双面性，新媒体给社会主义核心价值观传播带来机遇的同时，也带来挑战。

（一）传播内容的碎片化，增加社会主义核心价值观传播主控度的难度

新媒体视角下，“裂变循环式”的传播途径，传播内容发布后被迅速复制、粘贴、转发、收藏、评论、点赞等，每一条传播内容都呈多维态势再传播，受众畅所欲言、各抒己见，传播主体遍布世界各地，传播速度快、范围广。而且无论传者还是受众，由于地域、文化背景、教育程度、年龄层次、价值观念等的影响，对同一信息的理解有所差别，原始内容在一遍遍传播过程中变得七零八落，甚至面目全非。所有这些，都增加了社会主义核心价值观传播主控度的难度。

（二）价值效果的多元化，冲击社会主义核心价值观的认同度

新媒体视角下，由于信息传播把关人的缺失，给信息传播的监测带来挑战。在新媒体视角下，人人皆是麦克风，各种社会思潮和价值观念大量散布，甚至暴力色情、腐朽颓废的信息也趁机传播，加上西方敌对势力的煽动，拜金主义、个人主义、享乐主义等价值观得到传播。如果受众不了解事实真相，又缺失把关人，

再加上受众缺乏鉴别能力,就会人云亦云,盲目跟风、起哄、围观,价值观念和社会认知可能会出现偏离。加上我们处于社会转型时期,各种矛盾凸显,可能会影响到受众的社会主义核心价值观的认同度,进而产生价值迷茫。

(三)新媒体视角下的社会主义核心价值观传播效果难以预测

传播活动的最终目的是传播效果。在新媒体视角下,社会主义核心价值观传播效果变得难以预测。新媒体视角下虚拟的网络平台,大面积的反复传播,多技术支撑、多终端、低门槛的多媒体呈现方式和受众主体性的回归、主动性传播意愿的增强,既扩大了传播的深度广度,更使传播向着更多的可能性延展。所有这些,最终带来的是传播的无序性和不确定性,甚至扰乱受众鉴别能力,使社会主义核心价值观传播效果,变得难以预测。

第二节　新媒体视角下的社会主义核心价值观传播效果

传播社会主义核心价值观,是推进中国特色社会主义伟大事业、实现中华民族伟大复兴中国梦的战略任务,与中国特色社会主义发展要求相契合,与中华优秀传统文化和人类优秀文明成果相承接,是我们党凝聚全党全社会共识作出的重要论断。① 但是,我们也应看到,新媒体视角下社会主义核心价值观传播效果不够理想,还存在一些问题,有待继续改进。

一、价值理想与现实感知有落差

新媒体视角下的社会主义核心价值观传播,存在价值理想与现实感知的落差。社会主义核心价值观所建构的美好价值追求与人民大众的现实感知是否契合,决定着人民大众对社会主义核心价值观的认同度与接受程度。如果社会主义核心价值观所建构的美好价值追求与人民大众的现实感知落差大,人民大众就会质疑社会主义核心价值观,使社会主义核心价值观走向被边缘化甚至危险境地。社会主义核心价值观是社会主义社会的美好蓝图,是对现实的超越,是我们努力奋斗的目标。我们只有面对现实,才能看清不足,找准努力的方向,逐步让社会主义核心价值观深入人心,得到广大人民群众的认同,主动践行社会主义核心价值观,才能实现社会主义核心价值观的价值目标。

(1)价值理想与现实感知的落差,来自贫困和部分官员的腐败。改革开放

①本书编写组.社会主义核心价值观培训教材[M].北京:新华出版社,2014:12.

以来,我国经济长期保持高位运行,经济总量跃居世界第二,一方面,人民群众深切感受到社会主义核心价值观引领下国家向富强、民主、文明、和谐方向发展的积极变化;另一方面,也深切感受到部分地区的贫困、少数政府官员腐败和不公正现象带来的消极影响。俗话说,好事不出门坏事传千里,尤其在新媒体视角下,信息传播的目的是吸睛,引起人的注意力,即我们所说的"眼球经济","坏事"更是瞬间即可传播到世界的每一个角落,根本不再是传统媒体下的"日行千里"。这种价值理想与现实感知间的落差,带给受众的消极影响不言而喻。

(2)价值理想与现实感知的落差,来自机会和个人发展空间的不均衡。社会主义核心价值观倡导自由、平等、公正、法治,广大人民群众也确实感知到改革开放和经济发展带来的社会治理和建设的良性进步,民生的极大改善,以及医疗、教育、职业自由的长足进展。但整体的进步无法避免部分的滞后,局部的不足让人感知到相对剥夺心理,无法体会社会进步带来的光辉与幸福。"二代现象"就是最典型的证明,"官二代""富二代""穷二代""京二代"……人民群众称呼"×二代",实际上是机会和个人发展空间不均衡的反应。社会主义核心价值观的美好价值追求,是给予广大人民群众通过自身努力竞争,获取个人较充裕发展空间的承诺。这种承诺让广大人民群众产生更迫切的期待,更关心教育、就业、机会均等等问题,现实却是这种承诺目前无法全部兑现,如果没有原因解读并传播,人民群众只看到短期现实,没有深入思考,价值理想与现实感知的落差就会油然而生。

(3)价值理想与现实感知的落差,来自传播主体纵向思维与传播客体横向思维间的差距。国家政权和执政党合法性确认的最好路径,往往是纵向比较和纵向思维。作为执政党的中国共产党,执政的合法性来自革命中的实际成就,来源于中国人民长期实践做出的历史选择。① 社会主义核心价值观传播既是中国共产党执政合法性的意识形态体现,又是巩固和扩大中国共产党执政合法性意识形态的建设路径,其主导方式必然采取纵向比较和纵向思维。然而,亚当斯的公平理论认为:人们总是首先把自身的努力程度与收入报酬,与周围人进行横向比较,并对公平与否做出判断。这种横向比较常常是个人根据自我认知选择参照物,因此参照物不同,感知就不同。尤其是改革开放以后,人们走出国门的机会增加,视野更开阔,也增长了见识,常常把西方发达国家作为参照物,与社会主义核心价值观指导下的中国发展进行比较。于是,西方国家的经济繁荣、环境保

①石国亮.社会主义核心价值观十讲:党员干部读本[M].北京:人民日报出版社,2014:139.

护、社会保障、生活水平，还有新媒体传播下的西方自由、享乐、安逸的生活方式，引发国人对社会主义核心价值观倡导下的中国发展的更多反思，认识到其间的差距，思想上产生困惑，自然就影响到社会主义核心价值观的接受和认同。

“价值共识危机根源于社会的高度分化，根源于进行物质再生产的‘系统世界’和进行文化再生产的‘生活世界’的分离。”①由于我国正处于并将长期处于社会主义初级阶段、经济结构处于转型调整的关键期，表现出就业难、住房难、看病难、腐败、环境污染等问题。这些问题困扰和制约着社会主义核心价值观的社会蓝图，解决起来任重道远，但解决这些问题正是实现社会蓝图的阶段性目标，是社会主义核心价值观传播的实践活动，能真正实现社会主义核心价值观落地到人民群众的日常生活，下沉到人民群众的思维方式和深层信仰层面。“空谈误国，实干兴邦”，只有“实干”才能解决社会主义核心价值观社会蓝图的落实问题。2014 年春节前夕，习近平总书记在内蒙古考察时指出，我们党员干部要有这样一个意识：只要还有一家一户乃至一个人没有解决基本生活问题，我们就不能安之若素；只要群众对幸福生活的憧憬还没有变成现实，我们就要毫不懈怠团结带领群众一起奋斗。要把人民放在心中最高位置，全力为群众排忧解难。②

二、价值取向与利益导向存分岔

社会主义核心价值观的传播传者倡导和遵循的是价值取向，受众接收的原则却是利益导向。社会主义核心价值观是由社会主义的本质决定的，是社会主义社会处于核心地位的主导价值观，其传播是以精神引领为价值准则，属于精神文化生产的范畴，是一种精神文化的生产、加工、传播的过程，具有社会精神生产和再生产的价值。③ 尽管在政治、经济、文化、社会、生态等不同领域，都有其处于主导性或支配性地位的价值观念，但这些价值观念只能在本领域发挥主导或支配作用，不能跨界、跨领域，各不同领域的价值观都受社会主义核心价值观的主导和统领。

（1）社会主义核心价值观传播的价值取向，是个体价值和社会价值相统一。从个体价值来看，社会主义核心价值观传播是为实现塑造人、激励人的价值目的，是以提升个体思想认识水平、改造个体人生观、世界观为价值目标的精神生

---

①王虎学.多元社会的价值重建[J].北京师范大学学报（社会科学版），2011（9）：101.

②习近平春节前夕赴内蒙古调研看望慰问各族干部群众　向全国各族人民致以新春祝福[N].人民日报：2014-01-30（01）.

③石国亮.社会主义核心价值观十讲：党员干部读本[M].北京：人民日报出版社，2014：141.

产活动;从社会价值来看,社会主义核心价值观传播是为主导社会意识形态、引领社会精神文化活动、提升社会风气良俗和社会道德水平,增强社会凝聚力和向心力。改革开放以前,马克思主义意识形态主导的价值取向是精神文化生活的主导原则,当然也是政治、经济、社会、文化等领域的主导原则,价值取向是衡量一切行为,包括政治、经济、社会、文化、精神行为的主要标准。改革开放以后,伴随社会主义市场经济的建立,社会分层的核心要素逐渐由政治分层向经济分层转化,政治地位被经济地位取代,政治面貌被经济收入取代,市场经济的等价交换原则和利益原则,逐步从经济领域渗透到政治、社会、精神、文化等领域。市场经济的等价交换原则和利益原则侵蚀或挤占了这些领域的主导价值原则,导致整个社会占主导地位的价值取向让位于利益导向。

(2)利益导向只能限定在特定领域之内,受价值取向的指导和约束。马克思指出:“人们为之奋斗的一切,都同他们的利益有关。”①恩格斯也指出:“每一既定社会的经济关系首先表现为利益。”②探讨社会发展的动因离不开人的利益问题。物质利益是人最基本的利益,是其他利益的基础。利益导向的合理性由利益的正当性和必然性决定,利益的正当性和必然性必须在科学的理论和精神文化的指导、约束、保障下,才能发挥正面效应,这种科学的理论和精神文化,即是社会主义核心价值观。恩格斯指出:“总的说来,经济运动会为自己开辟道路,但是它也必定要经受它自己所确立的并具有相对独立性的政治运动的反作用,即国家权力的以及和它同时产生的反对派的运动的反作用。”③利益导向只能限定在经济领域发挥作用,不能侵蚀或挤占政治生活领域的公平公正、道德领域的伦理价值取向。而且,经济领域的利益导向,必须受马克思主义意识形态和政治路线的指导和约束,以限制其负面效应,这是社会主义核心价值观传播的必然选择。

三、“两个舆论场”分歧多于吻合

“两个舆论场”即官方和民间两大“舆论场”。官方舆论场(又称体制内舆论场)反映官方意志,由报刊、电台、电视台等主流媒体和新闻发布机构组成,目的是宣传和解释国家大政方针以及社会主义核心价值观的舆论场。民间舆论场由民众口耳相传,尤其是新媒体的传播,民众从自身利益、情感和意愿出发,进行民

---

①马克思恩格斯选集(第1卷)[M].北京:人民出版社,1995:187.

②马克思恩格斯选集(第3卷)[M].北京:人民出版社,1995:209.

③马克思恩格斯选集(第4卷)[M].北京:人民出版社,1995:209.

意表达,参与公众事物讨论而形成的舆论场。"官方舆论场"关注的是宏观层面的社会效应,传递的是主流文化和核心价值观,服务的是最广大的人民,议程设置和舆论偏向都由"把关人"控制,传播模式是单向的,受众几乎没有反馈发声的机会,给公众的印象往往是乏味的、不接地气的。"民间舆论场"是以互联网新媒体为代表,传播模式是双向的,是"所有人对所有人的传播",传者与受众互为主客体且参与能力强大,能把分散的人群聚集起来,哪怕是日常生活中的某一个小问题,也可能会被不断放大,形成超出预期的舆论影响力。

两个舆论场的这些特点,导致二者重叠难度大。实际上,两个舆论场重叠的部分越大,舆论引导的针对性和有效性越强;两个舆论场重叠的部分越小,舆论引导的针对性和有效性就越弱。如果两个舆论场根本不能重叠,主流媒体就有丧失舆论影响力的危险。

两个舆论场也有重叠的时候,汶川救灾就是官方与民间舆论场互动重叠,形成了良好的舆论氛围和价值共识。但这种重叠的情形非常少见,两个舆论场多数情况是自顾自说,发展趋势是民间舆论的声音在加大,官方舆论的影响在减弱。造成这种趋势的原因主要有:

第一,错误理解新媒体视野下的"以正面宣传为主"。传统媒体时代,主流媒体是"传者",广大人民群众是"受众",我们党倡导"坚持团结稳定鼓劲、正面宣传为主"的方针,是符合中国国情、符合传播学传授关系的。新媒体时代,传播学中传统的"传者"与"受众"关系消弭,"受众"早已变为"传者"。但是,一些地区、一些媒体,甚至一些领导错误地把"以正面宣传为主"理解为"只能一片歌舞升平",甚至认为互联网很复杂、很难治理,不如一封了之、一关了之。实际上,官方舆论与民间舆论结合起来,才是一个真实的中国。习近平总书记曾指出,舆论监督与正面宣传是统一的。新闻媒体要直面工作中存在的问题,直面社会丑恶现象,激浊扬清、针砭时弊。"古人说'知屋漏者在宇下,知政失者在草野'。很多网民称自己为'草根',那网络就是现在的一个'草野'。网民来自老百姓,老百姓上了网,民意也就上了网""不论是和风细雨的还是忠言逆耳的,我们不仅要欢迎,而且要认真研究和吸取。"①通过新媒体才能真正了解民心民意,真正提升社会主义核心价值观的传播实效。

第二,长期的"报喜不报忧"心态。"打铁还需自身硬","丑"靠遮是遮不住的,不报"忧","忧"依然存在。这种"忧"经网民利用新媒体"创造",甚至可能

①习近平:在网络安全和信息化工作座谈会上的讲话[N].人民日报,2016-04-26(02).

发展到无法收拾的地步。Forrester 研究机构比较中美网民在线行为后发现,创造内容的中国网民比例(44%)明显高于美国(24%)。[①] 尤其是在新媒体时代,我国网民有近六亿人,手机网民有四亿六千多万,其中微博用户达到三亿多人。很多人特别是年轻人基本不看主流媒体,大部分信息都从网上获取。必须正视这个事实,加大力量投入,尽快掌握这个舆论战场上的主动权,不能被边缘化了。很多人已经不看主流媒体,我们却还只在主流媒体上"报喜",采取护短、遮丑的"举措"。而民间舆论场又是一片"公说公有理,婆说婆有理",无"人"主持"公道"的"热闹"景象,传播效果可想而知。例如,2015 年 8 月 12 日的天津滨海新区的爆炸事故,主流媒体不仅没有掌握舆论主动权,反而放弃了舆论阵地。事故发生在 8 月 12 日 23 时 30 分,天津市人民政府新闻办公室官方微博发布第一条与事故相关的消息是在 13 日凌晨 3:52。[②] 在此期间,天津相关媒体几乎没有对此进行报道。对事故处理进展情况的披露更是严重不足,网民发布的与该事件相关的帖子遭到了相关部门一定程度的信息管制。[③] 新闻发布会上,官员回应关键词多为"不知道""不掌握"……[④],致使"天津,依然是一座没有新闻的城市"在微信朋友圈刷屏,一些网站随后即编发谣言在微博、微信里传播。官方舆论场的集体失声和信息控制,不但没能遏止住谣言的传播,反而滋生次生舆情,导致恐慌情绪产生,使新媒体成为谣言的集散地,造成了恶劣的社会影响,更影响了党媒在人民心中的威望和公信力,社会主义核心价值观传播就更加谈不上了。

四、社会价值共识达成难度增大

社会主义核心价值观传播的实效,是看其内化为政治信仰和理想追求的程度。内化得越迅速、越彻底、越自觉,社会主义核心价值观传播的实效就越明显,就越能凝魂聚气、强基固本,达成社会价值共识,引领社会思潮。由于国际政治、经济、文化、价值,甚至技术领域环境的新态势,尤其是在新媒体视角下,传播社会主义核心价值观,形成社会价值共识的难度有所增大。

---

①Forrester Research's Consumer Technographics data,2009.

②媒体五问天津爆炸:留言在散布官微在沉睡?[EB/OL].http://news.sohu.com/20150813/n418747767.shtml.

③王宇琦,陈昌凤.社会化媒体时代政府的危机传播与形象塑造:以天津港"8.12"特别重大火灾爆炸事故为例[J].新闻与传播研究,2016(7):53.

④王宇琦,陈昌凤.社会化媒体时代政府的危机传播与形象塑造:以天津港"8.12"特别重大火灾爆炸事故为例[J].新闻与传播研究,2016(7):54.

从国际看，政治领域，西方资本主义国家借助外交攻势，干涉我国内政，甚至通过资助一些发展中国家的非政府组织来施加影响。经济领域，常常将“人权”“人道主义”同经济活动捆绑，利用新媒体等手段，传播资产阶级的人生观、价值观、世界观，企图遏制中国发展，阻挠我国经济腾飞。大众文化领域，利用新媒体进行西方的意识形态、价值观念、生活方式的传播与渗透，使我们的民众效仿并接受西方文化。

从国内看，由于经济社会成分、就业分配方式的多样化，带来人们思想观念、价值追求的多元化，这虽然给党的价值观传播带来了丰富而新鲜的内容，但也使原有价值观念和原则受到严峻挑战。

无论从国际形势还是国内形势看（尤其是国际形势），都有一个不可否认的客观事实：传播社会主义核心价值观，让社会主义核心价值观内化于心，外化于行，形成社会价值共识，其难度都大大增加了。虽然“难”，但我们要迎难而上，知难而进。其一，只有自觉地抵制错误的价值观念，传播社会主义核心价值观，用社会主义核心价值观引领新媒体传播、引领社会思潮，新媒体发展才不会迷失方向；其二，在新媒体迅猛发展态势下，庞大的网民规模和日渐增强的民间舆论场，使社会主义核心价值观传播只有融入新媒体，才能真正提高影响力，形成社会价值共识、实现价值导向。

第三节　新媒体视角下的社会主义核心价值观传播形态

在第二节中，我们讨论了新媒体视角下社会主义核心价值观传播效果不理想的问题，对此我们要迎难而上，知难而进，通过将社会主义核心价值观融入新媒体传播形态的研究，回答拉斯韦尔5W模式中“通过什么渠道（In Which Channel）”的问题，实现社会主义核心价值观在新媒体中的潜移默化传播，提升其传播效果。同时，新媒体视角下社会主义核心价值观传播也有很多成功的典型案例，为社会主义核心价值观在新媒体中的传播指明了方向，通过研究这些典型案例，更进一步提升社会主义核心价值观的传播效果，真正实现将社会主义核心价值观“融入社会生活，与人们日常生活紧密联系起来，让人们在实践中感知它、领悟它，让它成为人民日常工作生活的基本遵循”。

新媒体传播的目的：一方面是娱乐服务，另一方面是信息提供。因此，新媒体视野下的社会主义核心价值观传播，既要以受众容易接受的喜闻乐见的形态，把社会主义核心价值观生动、活泼地体现出来，满足受众娱乐方面的需求；更要在娱乐服务的同时“潜移默化地传播国家、社会、个人层面的社会主义核心价值观,书写和记录人民的伟大实践、时代进步,彰显信仰之美、崇高之美,弘扬中国精神、凝聚中国力量,鼓舞全国各族人民朝气蓬勃迈向未来。”

一、新媒体传播形态

根据石磊在《新媒体概论》的“新媒体”的定义,即“新媒体是相对于传统媒体而言,是报刊、广播、电视等传统媒体以后发展起来的新的媒体形态,是利用数字技术、网络技术、移动技术,通过互联网、无线通信网、卫星等渠道以及电脑、手机、数字电视机等终端,向用户提供信息和娱乐服务的传播形态和媒体形态”。[①] 新媒体载体主要有网络、手机、电视三大平台,每一平台对应不同的新媒体传播形态,三大新媒体平台对应的传播形态,相互间有一定程度的交叉。网络新媒体平台上有网络电视、网络广播、网络期刊、博客播客等传播形态;手机新媒体平台上有手机报、手机电视、交友软件等传播形态;电视新媒体平台上有数字电视、IPTV、移动电视、户外新媒体等传播形态。综合考量三大新媒体载体,结合高红波的《新媒体节目形态》中微电影、新媒体剧、公民视频新闻、网络节目、IPTV 与互动电视、手机电视、电子游戏、富媒体广告的划分[②]和王松、李志坚、赵磊的《信息传播大变局》中从“信息传播应用”角度划分的网络新媒体、网络游戏、数字出版、数字电影和电视新形态[③],可以看出:划分标准不同,新媒体形态就不同,新媒体的传播形态也随之不同。本书从信息提供和娱乐服务的角度划分新媒体传播形态,研究典型新媒体传播形态,主要有:新媒体电影传播形态(包括数字电影和微电影)、新媒体剧传播形态、公民视频新闻传播形态、社交媒体传播形态、网络游戏传播形态、数字出版传播形态和新媒体广告传播形态,这七大传播形态既能在手机新媒体平台播放,也能在数字电视新媒体平台和网络新媒体平台播放。

二、新媒体视角下的社会主义核心价值观传播形态

习近平总书记指出,宣传思想阵地,我们不去占领,人家就会去占领。我国网民有 8 亿多人,随着新媒体的发展,数量还会进一步增加,很多人尤其是年轻人基本不看主流媒体,都是从新媒体中获取信息。因此,新媒体理应成为而且必须成为弘扬主旋律、传播正能量的阵地,必须姓党,必须抓在党的手里,必须成为党和人民的喉舌。我们要力求做到有年轻人的地方,就一定有社会主义核心价

①石磊.新媒体概论[M].北京:中国传媒大学出版社,2009:2.

②高红波.新媒体节目形态[M].开封:河南大学出版社,2013:1.

③王松,李志坚,赵磊.信息传播大变局[M].上海:上海交通大学出版社,2013:19-74.

值观的传播。

新媒体视角下的社会主义核心价值观传播,实际上就是“严肃的娱乐”,既要肩负传播社会主义核心价值观的职责和使命,又要满足新媒体视角下受众的娱乐需求。因此,新媒体视角下的社会主义核心价值观传播形态,需从传播社会主义核心价值观的职责使命和新媒体娱乐服务的双重角度进行划分。新媒体视角下的社会主义核心价值观传播形态,不但要能担负起传播社会主义核心价值观的职责和使命,即不仅仅是为搞笑而搞笑,为博无知者一笑而让智慧者痛心的肤浅传播,而是有血有肉,有思想有灵魂,能引起受众深刻思考的传播,要让受众喜闻乐见,新媒体视角下的受众是在“我想要就能得到的媒体收视态度中长大”①,他们只选择个人感到有意义的传播内容和传播方式,具有广泛的互动性和参与性,我们不可能地强迫新媒体视角下的受众选择某种传媒方式或某种传播形态。

综上所述,受众喜闻乐见的新媒体传播形态主要有:新媒体电影传播(包括数字电影和微电影)、新媒体电视剧(简称新媒体剧)传播、公民视频新闻传播、网络综艺节目传播、网络小说传播、新媒体广告传播。结合新媒体带给社会主义核心价值观传播的机遇与挑战、社会主义核心价值观的传播实效和传播需求(信息传播应用角度进行划分②),以及新媒体视角下受众的特征等,笔者认为,能担负社会主义核心价值观传播职责和使命的新媒体传播形态应该有:新媒体电影中的社会主义核心价值观传播(包括数字电影和微电影)、新媒体剧中的社会主义核心价值观传播、公民视频新闻中的社会主义核心价值观新闻传播、网络综艺节目中的社会主义核心价值观传播、网络小说中的社会主义核心价值观传播和新媒体广告中的社会主义核心价值观传播。

①[美]亨利·詹金斯著,杜永明译.融合文化新媒体与旧媒体的冲突地带[M].北京:商务印书馆,2015:354.

②王松,李志坚,赵磊.信息传播大变局[M].上海:上海交通大学出版社,2013:19-74.

第四章
新媒体电影中的社会主义核心价值观传播

电影是 19 世纪科学与技术结合的产物。电影自诞生以来,经历了从无声到有声,从黑白到彩色,从窄荧幕到宽荧幕的发展历程。一直以来,电影受到人们的普遍喜爱,属于最大众化的艺术,能借助影像阐释,将现实生活中的善恶美丑、价值观念、公序良俗等传播得淋漓尽致,是社会主义核心价值观传播的重要形态之一,也极大地丰富了人们的精神文化生活。自 20 世纪 90 年代,我国电影制作中开始引用数字技术,伴随科技的发展,“数字技术不可思议地提高了电影的表现能力,拓展了电影的想象空间。”①

第一节　新媒体电影概述

新媒体电影包括数字电影(Digital Film)和微电影。数字电影是新媒体电影的重要形态。它是指以数字技术和设备摄制、制作、存储,并通过卫星、光纤、磁盘、光盘等物理媒体传送,将数字信号还原成符合电影技术标准的影像与声音,放映在银幕上的影视作品。也有学者认为数字电影是电影的全面数字化。② 电影的数字化是一个过程,由部分数字化逐渐发展成全面数字化。本书的重心是社会主义核心价值观的传播,因此对数字电影的发展历程只进行概述。通过对《勇士》《湄公河行动》等数字电影的分析,探究数字电影中社会主义核心价值观传播的成功案例和不足。微电影是新媒体电影的又一形态,它是指专门运用于各种新媒体平台播放、适合在移动状态和短时休闲状态下观看、具有完整策划和系统制作体系支持的,具有完整故事情节的“微(超短)时”(8—15 分钟)放映、“微(超短)周期制作(1—7 天或数周)”和“微(超小)规模投资(几千/万元每部)”的视频(“类”电影)短片,内容融合了幽默搞怪、时尚潮流、公益教育、商业

①袁智忠.影视传播概论[M].重庆:西南师范大学出版社,2007:20.

②王松,李志坚,赵磊.信息传播大变局[M].上海:上海交通大学出版社,2013:62.

定制等主题，可以单独成篇，也可系列成剧。它具备电影的所有要素：时间、地点、人物、主题和故事情节。通过对《温情停顿》《等待陌生人》《母亲河》《吴天祥》《诚信》等微电影的具体研究，分析微电影如何用精彩的故事情节、鲜活的镜头语言、丰满的银幕人物，生动形象地传播社会主义核心价值观。

一、数字电影概述

从卢米埃尔兄弟发明电影以来，胶片在很长一段时间内都是电影图像和声音的唯一载体，电影展现出来的色彩斑斓、声情并茂的影像，让亿万电影观众如醉如痴。伴随计算机技术的迅猛发展，一些传统电影制作做不出的特技镜头、动画，能够借助电脑技术完成，而且使影片更加完美。很快，数字技术被引入传统电影中，数字影院迅速崛起，延续了一个世纪唯一的电影发行媒介——胶片模式被取代。① 数字技术引入传统电影后，创作人员最初只是单纯地运用数字技术制作一些特效镜头或动画，后来逐渐发展成将数字技术与传统特技、传统摄制融为一体的表现手法。现在，数字技术已成为当今世界领先的技术。数字电影最终全面取代了胶片电影，成为电影产业的主流。

（一）数字电影的特征

数字电影与传统的胶片电影相比，具有如下特征：

1.制作成本低，制作手段丰富

传统的胶片电影，由于胶片昂贵使制作成本高昂，数字电影不需要胶片就能实时监看拍摄效果，如果拍摄效果不满意，可以删除重拍，不仅保证了影片质量，而且提高了拍摄效率，降低了制作成本。数字技术和电脑技术的普及，降低了电影制作的门槛，也使传统胶片电影无法制作的影像，可以通过电脑完成，丰富了电影的制作手段。

2.发行成本低，放映效果稳定

数字电影的发行不需要胶片拷贝，直接用移动盘，甚至网络发送即可实现数字电影的发行，不仅大大降低了其发行成本，而且绿色环保，易于储存，保证了电影的质量。传统的胶片电影因需要拷贝洗印、存储、运输，不仅提高了发行成本，而且因磨损、老化等容易影响放映效果。数字电影可以无限次重复播放，其分辨率、亮度、色彩、动态范围等都大大改善，放映效果远远超过传统的胶片电影。

3.版权保护更容易

数字电影的放映，版权方可以设置放映密码，甚至可以根据合同约定设置放

---

①袁智忠.影视传播概论[M].重庆：西南师范大学出版社，2007：61.

映日期、放映时间段、放映场次和具体的放映机器型号等,在一定程度上更能保护电影的版权,保证版权方的利益不受侵害。

(二)数字电影的发展历程

1.国外数字电影的发展历程

数字电影是高科技发展的产物,其迅猛发展始于20世纪80年代。早期数字技术多用于动画片或电影特效,如Toy Story(《玩具总动员》)。数字技术首次用于故事片是1987年的Julia and Julia(《朱丽叶和朱丽叶》),全部使用数字设备拍摄和编辑的达到故事片长度的视频是1998年的The Last Broadcast(《最后广播》)。2002年5月,Star Wars Episode Ⅱ:Attack of the Clones(《星球大战2:克隆人的进攻》)获得票房和口碑双重成功。《星球大战》是世界电影开始全新数字时代的标志。同期的还有Vidocq(《夺面解码》)、Russian Ark(《俄罗斯方舟》)、Once Upon a Time in Mexico(《墨西哥往事》)等。

伴随数字摄影技术的成熟,数字放映技术也在快速发展。1987年,美国休斯公司发明了用于显示影像和高分辨率图形的液晶光电子管。1988年,美国德州仪器公司研制出第一个数字电影微镜设备(DMD)。DMD是后来的数字光处理DLP(Digital Light Procession)的基础。1990年,德国首先发布"关于开发激光数字放映机的可行性报告",并于1992年2月制造出世界上第一台稳定的激光影像放映机。1992年初,美国休斯公司与日本JVC合作,研制出了基于放大成像(ILA)技术的放映机系统。1999年6月,DLP CINEMA投影技术第一次在北美公开试验,播放的是Star Wars Episode Ⅰ:The Phantom Menace(《星球大战前传1:魅影危机》)。2000年2月,在法国巴黎,使用DLP CINEMA数字投影技术放映了Toy Story Ⅱ(《玩具总动员Ⅱ》)。到2011年,世界最负盛名的美国潘纳维申、法国阿通、德国阿莱3家摄影机厂,已不再大规模生产胶片摄影机。与此同时,美国大多数摄影机租赁收入中95%是数字摄影机租赁收入。随后,电影的拍摄、制作和放映,逐渐远离以往的胶片模式,开始进入全面数字化时代,并在全球快速发展普及。

2.我国数字电影的发展历程

数字电影的发展分电影拍摄数字化、制作数字化、影院数字化。

我国电影拍摄的数字化是从广告拍摄的数字化开始起步的。① 实际上,20世纪90年代初,一些电影中有"难度"的镜头已经开始运用数字技术,如:《秦颂》中"血染长河"的画面,《登基大典》中阿房宫的背景,都采用了电脑进行数字

---

①中国电影数字化的现状与发展趋势[EB/OL].http://www.xzbu.com/1/view-6557559.htm.

化制作。我国数字电影真正起步,是 1996 年在长沙召开的全国电影工作会议。这次会议把“数字电影制作”确定为中国电影技术今后的发展方向。随后,在国务院的高度重视和国家广电总局的具体组织和推动下,大量的资金和先进的技术设备开始投入到数字电影的发展中。1999 年,国家广电总局的“电影数字制作产品示范工程”获批。在中国电影的数字化进程中占有重要地位的两部影片都是在这一年投拍的,一部是创北影厂投资纪录、反映中国第一颗原子弹诞生过程的影片《横空出世》,一部是上海电影制片厂斥资 2000 万元人民币投拍的《紧急迫降》。《横空出世》为加强感染力,总共制作了 12 分钟的数字特效镜头。为了《紧急迫降》的制作,上影厂筹资 250 万美元,引进了当时世界最先进的数字影像处理系统,后来组建了上影数码公司。① 这个阶段还有《肝胆相照》《大战宁沪杭》《春天的狂想》《可可的魔伞》等电影,都尝试应用了数字技术。2000 年,电影频道节目中心和北影厂联合出品了一部电脑动画镜头长达 45 分钟的大型科教电影——《宇宙与人》,是当时数字技术含量最高的中国影片。与此同时,香港地区的电影业也步入了数字时代。周星驰的《少林足球》、徐克导演的三维动画片《小倩》,还有当时数字特效运用最多的电影《蜀山传》都是当时港片的代表作。

2001 年至今,是中国电影的数字化制作的发展期。先是李安的《卧虎藏龙》,开启了独具中国特色的了武侠与数字化结合的道路。然后是张艺谋的《英雄》和《十面埋伏》,其中《英雄》的海外票房超过 11 亿。后来是冯小刚的《天下无贼》和陈凯歌的《无极》,均刷新了票房纪录,再一次证明了数字技术强大的市场号召力。香港陆续推出的《千机变》《童梦奇缘》《情癫大圣》等影片,都是专门瞄准数字技术而制作的商业大片。2004 年,周星驰的《功夫》将中国传统功夫与小人物融合,开创了无厘头喜剧风格的新纪元。以上这些影片,不管是投资、特技比重,还是制作质量,都比以前大有进步。2002 年初,我国第一个数字化影院建成。2004 年,国家广电总局电影数字节目管理中心(以下简称电影数字中心)在北京成立。电影数字中心主要是为数字电影的存储和监管服务,同时为主管部门、版权方、院线等提供运营状况数据,实现政府对数字电影发行放映的监管,同时实施电影档案影片的数字化修复工程。2008 年,“国家中影数字制作基地”在北京怀柔建成并投入使用,耗资近 20 亿元,是亚洲最大的电影数字制作基地,主要为影视拍摄、设备租赁、动漫生产、数字制作等提供服务。

---

①中国电影数字化的现状与发展趋势[EB/OL].http://www.xzbu.com/1/view-6557559.htm.

2014 年,中国电影发行放映学会会长杨步亭在电影科技论坛上称:“中国的数字电影应用技术已经走在了世界前列。从 2013 年起,我们基本上不再洗印胶片,电影全都采用数字化发行。”①截至 2015 年底,全国影院总数超过 6000 家,数字银幕总数达 31627 块,与全球最大的北美市场只差约 7000 块。2015 年,我国新增影院 1200 余家,新增银幕 8035 块,日均增长超过 22 块。全国共有县级影院 3241 家,县级影院银幕 12777 块。② 可以看出,我国电影已全面实现数字化转换,数字电影已经成为我国电影发展的新的增长点。

二、微电影概述

新媒体时代共享、交互、传播的特征和信息“碎片化”,催生了这种参与式倾诉、快捷又高效的影像方式。微电影形式简单,短小精悍,恰好在“体型”上契合了新媒体时代受众即时消费的诉求,它既能满足受众时间上“碎片化”的需要,又能满足传播内容上的“碎片化”需求。受众可以充分利用各种“碎片”时间,比如坐车、排队、等人的闲暇时间,用手机或 iPad 即可看完一部“微电影”。

(一)微电影特征

微电影是一种短时长、低投入,可依托多元媒介平台进行制作及播放的影像艺术。③ 这其中涵盖有:第一,短时长。与主流电影时长通常为几个小时不同,微电影时长一般为几十秒到半小时不等,能满足受众在相对“碎片化”的时间内集中观看浏览,快速获知情节,完成影像娱乐。第二,低投入。微电影一般剧情简单,对外景和特效要求不高,加上大量草根群众积极参与创作、表演甚至执导(当然,也吸引一些专业人士参与其中),制作费用比主流电影更低。第三,多元媒介平台播放。新媒体时代微电影的播放媒介平台较多,受众可任意选择。比如:可在手机、电脑和其他一切具有兼容无线移动功能的视频设备上播放,可在线观看,也可下载存储,以备随时随地观看。微电影的多元媒介平台播放,打破了时间空间的限制,播放观赏和评论的自由程度空前提高。第四,制作周期短。微电影的制作周期一般在几周之内即可完成,有相对成型的故事梗概,其叙事动力可能来自悬念、惊悚、记录等各种手段,这种剧情化的特征和一般意义上的

---

①中国率先完成电影放映数字化[EB/OL].http://finance.ifeng.com/a/20140121/11514379_0.shtml.

②2015 全国票房 441 亿银幕数增至近 3.2 万直追北美[EB/OL].http://yule.sohu.com/20160101/n433223812.shtml.

③高洪波.新媒体节目形态[M].开封:河南大学出版社,2013:4.

“网络视频”不同。①

微电影不是一个自我封闭的僵化的体系，与主流电影也不是截然不同的。首先，微电影具有电影艺术的丰富内涵。罗伯特·考克尔曾说：“从照相式影像电影的演变，实际上就是从照相式影像演变成讲故事的影像。”②电影的本质属性就是“讲故事的影像”，微电影以精炼的方式讲述故事、铺陈悬念、营造气氛，丝毫没有因为“微”损伤电影艺术的丰富内涵和电影“讲故事的影像”的本质属性，也正因为此，没人怀疑微电影的“电影”属性，尽管其制作水准相对主流电影可能会显得粗糙。微电影与主流电影之间只有一字之差——“微”，如果在时长和制作成本上逾越“微”的特性，就面临自我消解，走向主流电影的行列。其次，微电影呈现出符合新媒体时代大众狂欢与业界积极参与的态势。微电影蓬勃发展的技术背景，是新媒体时代网络和信息技术的迅猛发展，网络极大的包容性为微电影制作和传播提供了土壤空间。反过来，微电影独具特色的“微”特性，更有针对性，与新媒体时代和我国社会转型期大众狂欢的文化背景相契合，催生出适合时代发展，能满足人们娱乐需求、情感交流、情绪宣泄等生活和心理需求的便利，进一步推动了微电影的蓬勃发展。

（二）微电影发展历程

早期的微电影，实际上就是人们常说的电影短片，因其时长短、花费少、制作相对简单，可以纳入微电影的范畴，如由英国制作公司斥资上亿元人民币，邀请全球 15 位大师级导演拍摄制作的《十分钟，年华老去》，就是以“时间、生命、生活”等为线索，拍摄的 15 部由 10 分钟的影像系列组合而成的一部 150 分钟的电影。还有 2007 年，纪念戛纳电影节 60 周年上映的《每个人都有自己的电影》，更是由全球 35 位知名导演分别从各自独特的视角，参与制作的 3 分钟的电影短片，以表现主题——“每个人都有自己的电影”。这些作品都已经上传网络，供受众共享、交互、传播，这恰恰符合新媒体时代微电影参与式倾诉、快捷高效的影像方式。

我国微电影的发展历程，可以从《一个馒头引发的血案》说起。2011 年 8 月，《人民日报》刊载题为《微博之后流行微电影？》的专题文章，把《一个馒头引发的血案》作为微电影发生发展的里程碑式作品。《一个馒头引发的血案》是自由职业者胡戈创作的片长只有 20 分钟的网络短片，其内容重新剪辑了电影《无极》和中央电视台社会与法栏目的《中国法治报道》，加上上海马戏城表演的滑

①高洪波.新媒体节目形态[M].开封：河南大学出版社，2013：18.

②[美]罗伯特·考克尔，郭青春译.电影的形式与文化[M].北京：北京大学出版社，2004：25.

稽视频片段，对白是重新改编的无厘头广告。在网络新媒体上，《一个馒头引发的血案》的下载率远远超过《无极》本身，受众的点击率迅速超过百万，成为微电影发展道路上的一个节点。微电影发展史上的另一个节点，是2010年中国电影集团和优酷联合推出的《11度青春系列电影》。这是一部汇集了11位新锐年轻导演执导的系列新媒体微电影，题材涉及都市爱情、青春记忆、创业励志等，从多角度展现出70后、80后，甚至90后的心路历程和蓬勃生机。尽管《11度青春系列电影》存在语言表达、剪辑水平不一等问题，但丝毫未影响到其依托网络新媒体平台逐日累积的超高人气和良好口碑。其中，《老男孩》上传当日点击率就突破30万次，后面的单日点击率增长均是几十万次。随《老男孩》《拳击手的秘密》《泡芙小姐的金鱼缸》等一起进入公众视野的，还有微电影艺术和雪夫兰品牌的广告，因此，《11度青春系列电影》也是影视业界和广告商介入微电影生产和制作的标志，为微电影的进一步发展找到了出路。

第二节 数字电影传播社会主义核心价值观的典型案例

数字电影是电影，同样具有电影的两重属性，一是文化属性，二是商品属性。文化属性决定数字电影的意识形态功能，决定数字电影必须具有传播价值观的职能，这也是文化产品的灵魂。2017年3月1日，《中华人民共和国电影产业促进法》（以下简称《电影产业促进法》）正式实施。《电影产业促进法》明确规定：演员、导演等电影从业人员应坚持德艺双馨，遵守法律法规、尊重社会公德、恪守职业道德、加强自律，从而树立良好社会形象。① 在新媒体传播时代，数字电影如果只追求意识形态和价值观功能，只靠单纯的“说教”，宣传社会主义核心价值观，势必有悖于市场规律，也有悖于电影的文化大众化走向，最终将失去市场，失去回报，走向消亡。数字电影的商品属性，决定数字电影必须具有商业价值。数字电影的商业价值，决定数字电影的娱乐性，即数字电影必须适应时代特点，紧跟潮流，寻找“卖点”，以迎合大众的口味和嗜好，满足大众的娱乐消费需求，为大众所青睐。但是，数字电影如果为赢得市场就一味迁就大众而削弱其意识形态和社会主义核心价值观传播功能，也一样会失去灵魂，失去主心骨和方向，最终被世界发展的历史潮流所裹挟甚至走向消亡，其商业价值同样会大打折扣。因此，数字电影既具有特殊的意识形态属性，必须负载起“说教”、传播社会主义

---

①孔令强.电影产业促进法实施，《金刚狼3》成首部“带提示”电影.[N].重庆晨报，2017-3-2(7).

核心价值观的职能,这是数字电影的“德”;同时又必然带有商品属性去愉悦人们的身心,即数字电影的“艺”。数字电影的意识形态属性和商品属性二者相互融合,共同促进,才能真正实现“德艺双馨”,担当起树立良好社会形象的责任。

一、数字电影《勇士》中的社会主义核心价值观传播

主旋律战争动作电影《勇士》是为纪念长征胜利80周年而创作,于2016年10月14日上映,以排片不足10%获得超过2700万元的票房,赢得了观众的认可,可以说实现了其商品属性的特性,是一部较成功的主旋律数字电影。作为史诗级的战争大片《勇士》,以红军长征途中强渡大渡河、飞夺泸定桥的英雄史实为原型,用极具冲击力的画面,展现出红军在敌人围追堵截中的大智大勇、挑战生死的艰难经历,真实地诠释出红军无所畏惧的“勇士精神”,同时实现了数字电影的意识形态属性。

这部电影用黑白胶片的质感,全新的创作理念和拍摄技术,全部“国字头”的特效班底,以超过1000个特效镜头,创造了我国数字电影新的里程碑。剧组采取实景拍摄+电脑特效的手段,一比一还原了一座泸定桥,并高度还原出80年前红军长征途中、飞夺泸定桥的经典战例,重构出“大渡桥横铁索寒”的画面,将受众拉回到红军为民族独立和人民解放而奋斗的历史记忆中,重温波澜壮阔的光辉历史,激励他们继承和弘扬伟大的长征精神,在新的时代条件下走好新的长征路,不断开创我国社会主义现代化建设的新局面。

数字电影《勇士》截屏①

①电影《勇士》:重现飞夺泸定桥磅礴气势[EB/OL].http://www.chinaxwcb.com/2016-10/26/content_346783.htm.

(一)影片《勇士》传播了社会主义核心价值观国家层面的价值准则,为追求富强、民主、文明、和谐的社会主义国家而奋斗

数字电影《勇士》传播的理念,是革命战争无所畏惧,中华富强无可阻挡!“在一个半殖民地的、半封建的、分裂的中国里,要想发展工业,建设国防,福利人民,求得国家的富强,多少年来多少人做过这种梦,但是一概幻灭了。”①从1840年鸦片战争到1949年新中国成立,中华民族经历了100多年的屈辱,国家内部贫弱交织,军阀混战,民不聊生,对外任人欺凌、宰割。救亡图存、发奋图强成为时代最强音,实现国家富强、民族振兴,成为中华儿女的坚强信念。

(1)数字电影《勇士》用数字技术和艺术的和谐统一,传播革命战争一定胜利,富强、民主、文明、和谐的社会主义新中国一定建成的坚定信念。在国人无不知晓强渡大渡河、飞夺泸定桥的红军英雄史实的现实背景下,影片很容易陷入技术主义的泥潭,为技术而技术,为扮酷而扮酷,观众看完后留下的印象只有视觉冲击,情感苍白到丝毫没有人文关怀。《勇士》用数字技术再现的历史场景,使电影在艺术展现上更具有真实感。

安顺场大渡河的宏大场面,是用数字技术再现当年的真实场景,同时配有红军首长强渡大渡河军情分析:“现在我们左边是敌人,右边还是敌人,敌人的意图非常明确,他们要尽快完成对我们的合围,尽管我们的佯攻部队,目前还把老蒋的主力死死地牵制在玉林地区,但是就凭一条小船,要把两万多人全部渡过河去,即便是昼夜兼程,也需要一个月的时间,一旦整个部队不能安全渡河,会是个什么结果,我想你们都清楚。”当谈到“当年太平天国翼王石达开,率领着大军也是在这一地区河谷地带……”影片植入数字化影像——“太平天国军遭到清军的围剿,因为没有成功渡河,最后招致灭顶之灾,全军覆没的惨景。”用数字化技术把逻辑、思想转化为观众直观的视觉影像,充分考虑影片的娱乐价值,照顾了观众的欣赏需求和娱乐口味,成功地实现了数字技术和艺术的和谐统一,表达了大渡河必须渡过,否则就是石达开第二的思想内容,也传播了更深刻的思想内容:革命战争只有胜利,才能建成富强、民主、文明、和谐的社会主义国家。

(2)影片用故事情节传播革命战争虽然艰苦卓绝,却依然阻挡不了富强、民主、文明、和谐的社会主义国家建成。主旋律电影也是电影,电影是一种艺术。作为艺术的电影,既要尊重史实,但又不能一味地只是回顾历史,还原历史而忽略电影的娱乐性和艺术性。《勇士》跌宕起伏的故事情节贯穿整部电影:“军情

---

①毛泽东选集(第3卷)[M].北京:人民出版社,1991:1080.

紧急，后面中央军都追上来了，十几万人全都压上来了，皎平，七条船送了七天七夜，才过了金沙江，照这样的话，十个七天七夜咱也过不去。”随后镜头转向国民党会议场，国民党军官军事部署：“一条船能渡几个人啦，让他们放马过河，过到一半也要几天几夜的时间，到那个时候，中央军从南边围拢，我们从北边下手，叫他首尾难顾。”从安顺场到泸定 320 里，红军在天上有飞机轰炸，地上有敌人围追堵截的情况下，前两天只跑了 80 里。三天时间能不能完成任务，关乎红军的生死存亡。

时间：1935 年 5 月 28 日晨 6 时。

营长下达命令：“明天早上天亮前，我们必须要赶到泸定桥。”

团长进一步解读：“就是说，一天一夜跑完 240 里，当然也包括我（团长脚负重伤），我们是生死兄弟。”

中央军俘虏兵说：“240，要不得要不得，那是要跑死人的。”

红军队伍中其他同志说：“团长，陆军史上没有跑这么快的队伍。”

随后团长进一步解读并下达命令：“对岸的红一团，也在同一时间接到了命令，我们两个团，将夹江而行，必须准时到达泸定桥，如果敌人先于我们到达，明天——将不属于我们。”

营长下达命令：“现在听我命令，所有人，不惜一切代价，向前进，敌人的拦截、袭击、骚扰，一律置之不理，咬死前方一条路，冲过去，我们唯一的目标：跑完两百四，拿下泸定桥！”

第三天依然是在敌人的袭击、骚扰下，一天一夜跑完了 240 里，连吃饭也在行军过程中。这些故事情节传播的主题是：无论什么样的艰难险阻，甚至知道不可为而依然为之，依然奋勇向前。这种精神，这种力量，靠什么支撑——没有革命战争一定胜利，富强、民主、文明、和谐的社会主义国家一定建成的信念，精神就会垮了。精神一垮，遇到艰苦环境，人也就倒了。正是因为有了理想信念，革命战争才有方向，有目标，才有了担当，有了干劲，也才有了不朽的长征、坚强的意志、英勇的气概。

（二）影片《勇士》传播了社会主义核心价值观社会层面的价值准则，为追求自由、平等、公正、法治社会主义国家而奋斗

自由平等是人类的永恒追求，是人之所以为人的基本权利。千百年来，人们讴歌自由平等，向往自由平等，为自由平等而斗争，为自由平等而创造。中国共产党成立之初就高举“争自由，争人权”的旗帜。党领导人民进行的争取民族独立、人民解放、社会主义国家的建设和改革开放的伟大实践，本身就是争取人们自由平等权利的实践。

(1)电影《勇士》用镜头语言传播自由、平等、公正、法治的社会主义核心价值观。在长途奔袭中,余震中对中央军俘虏有这样一段语言对白:“我老余给孙中山当过警卫,在川军、滇军、北伐军里都干过,红军的队伍不拿军饷,但是我为啥还愿意呆着——穷人的队伍,官兵平等,舒坦,白军靠武器,红军靠两条腿,毛委员早就晓得这个道理,所以遵义会议以后红军一直在打胜仗……”余震中用自己个人的深切体会,不用华丽辞藻修饰,朴实地道出为什么红军不拿军饷,依然有这么多人愿意跟,自由、平等、公正、法治社会主义核心价值观跃满荧屏。240 里的长途奔袭中,团长脚上有伤,却依然坚持自己走,团长的镜头语言:“别扶我,跟上,快跟上!”而好手好脚的中央军俘虏,却让一个 17 岁的孩子背着跑,这一段镜头交替展现。

中央俘虏兵:“我跑不动了,我腰杆子不好,我跑不动了,你们饶了我吧!”

小战士王冬宇:“你跑不动了,你跑不动我背你,我把你背到泸定桥,只要你教我打炮,我干什么都行,我求你了,只要你教我打炮,我把你背到泸定桥行吗?”

国民党军队却是当官的骑马,战士用双腿跑步跟上。

红军没有炮弹,一个炮手还是从中央军俘虏来的;而国民党军队,机枪连、迫击炮连、警卫连等样样齐全,装备一流。

这些镜头中语言对白的比较,增加了内容的生动性,衬托出红军队伍里官兵平等,公正、自由、法治的核心价值观念,让观众动容,产生强烈的感染力,引发观众价值观念的共鸣。

(2)电影《勇士》用细节刻画传播自由、平等、公正、法治的社会主义核心价值观。情暖众生,善用细节,工于以小见大,无疑是《勇士》的又一大亮点,通过一个又一个小细节、小情节的设置,让人物性格灵动尽显,引发观众共鸣,达成自由、平等、公正、法治的社会主义核心价值观共识。

影片战士背上背的挡子弹的木牌写的是:生命、信念、理想、决心、困难、坚持、无畏……被战争夺去家人,衣衫破烂、无家可归的孩子;红军部队中无论首长、团长、营长、战士穿的是打有补丁的衣服的细节,都刻画出红军战士:不拿军饷,专为老百姓打仗,为自由、平等、公正而战的形象。国民党军队团长的喊话是:“兄弟们,堵住红军,大烟炮、袁大头,全部都有!”飞夺泸定桥的时候,国民党士兵看到战友倒下,立即后退自保的细节刻画;国民党士兵脚上穿的是皮鞋,红军脚上穿的是草鞋的细节刻画;“逃跑”之后又回到红军的国民党“俘虏”田生才的细节刻画:“报告,战士田冬宇请求参战,炮、炮弹都有了!”

"我是王冬宇，我欠你们一条人命，欠你们一个好汉，今天，你们就让我也当一回不拿军饷，专为老百姓打仗的战士！"

时间定格在1935年5月28日下午傍晚，当大渡河东岸的红一团和西岸的红四团在拼命赶往泸定桥时，国民党军正在拆除泸定桥，国民党团长与战士对话的细节刻画。

国民党战士："耗费了十八省银子造的桥，团长，这个桥可是咱川西的命脉啊！这么拆了可惜了！"

团长："等一下，把这些桥板子放到桥东头，到时候我自有用处。"

国民党战士："团长，你不是要毁了这桥吧！"

国民党战士："团长，你要是这样做的话，我们就成千古罪人了。"

团长："千古罪人，如果让红军过了这座桥，我们就成了上峰的罪人了！"

在千古罪人与上峰罪人之间，国民党团长选择做千古罪人不做上峰的罪人，弃百姓利益于不顾，用细节刻画调动观众情感。

1935年5月29日凌晨2点，离泸定桥还有30里，时间只剩下4小时。在红军战士们极度疲惫的时候，这是最后的30里，也是最艰难的30里……廖营长拄着拐、背着枪，一步一瘸地跟上来的细节刻画，一个红军战士在长途奔袭中倒下，有的战士在"到了，泸定桥到了，我看到了"的喃喃自语中倒下的细节刻画……

情暖众生，影片这些细节刻画营造的传播环境：中国共产党的军队是"为劳苦大众求解放"而战，为革命理想而战。混乱的新媒体传播时代，主流价值与核心价值观的传播，显得更加不可或缺。可以说，数字电影《勇士》的细节刻画是其一个"卖点"——既顺应了市场规律，照顾了观众的娱乐消费，又确保了电影的鲜明的政治性、思想性。

（三）影片《勇士》传播了社会主义核心价值观公民层面的价值准则——爱国、敬业、诚信、友善

爱国、敬业、诚信、友善传承着中华民族的优良道德，反映着社会主义道德的基本要求，是公民社会活动的价值准则。没有国便没有家。爱国是公民道德的第一要求，也是一种情怀，是一种责任，更是一种行动。[①] 自古以来，爱国就是激励中华儿女自强不息、不断拼搏进取的精神力量。"当一个富有生命力的民族受外国侵略者压迫的时候，它就必须把自己的全部力量、自己的全部心血、自己的全部精力用来反对外来的敌人；当它的内部生活因此陷于瘫痪的时候，它是不

---

①中共中央宣传部宣教处，中央电视台《国魂》摄制组. 国魂[M]. 北京：中国民主法制出版社，2015：186.

能为争取社会解放而斗争的。”①

（1）电影《勇士》用宏大历史事件的真实再现，弘扬爱国、敬业、诚信、友善的核心价值观。新媒体数字电影《勇士》是历史作品的创作，既要尊重历史，传播历史，又要在史书之外的历史逻辑里，构建历史人物的真情实感和今天人们的历史观。

数字电影《勇士》的编辑赵宁宇用“半生读史”的功夫，才换来《勇士》剧本的创作。在剧本创作阶段，赵宁宇查阅了超过千万字的历史资料，撰写了《“勇士”史事备览》《“勇士”参考书目》《中央红军省籍考》《“飞夺泸定桥”战斗进程时间表》等参考文章数万字，搜集到的历史照片数百幅，大到指挥所位置，小到手榴弹形制，都绘制了场景平面图和战役进程图，甚至红军长征出发时各军团人数、武器配备，细到扁担、绑腿、水壶的配备、战士的习惯用语、战斗姿态的特点、差异空间的呈现等等，都做了认真精心的设计，片中每一个人物、每一个动作，甚至道具军械等，都经过了多番考证，都有历史依据。与长征相比，创作的艰辛虽不值一提，但正是这种专业严谨的剧本创作，体现出了社会主义核心价值观个人层面的爱国、敬业精神。《勇士》的拍摄过程，也是一次艰苦卓绝的长征。剧组辗转四川的康定、泸定、石棉、宜宾和北京的王佐等 40 多个外景拍摄点，平均每天工作近 14 小时，连续奋战 80 多天。这样一丝不苟、实事求是的敬业精神，给予观众以力量和鼓舞，正是今天的年轻人所需要的。《勇士》让年轻一代看到了当年革命先辈是如何抛头颅、洒热血，才换回今天的美好生活，进而反思今天的长征精神是什么，一代代中国人如何将长征精神传承下去。“中华民族的昨天，可以说是‘雄关漫道真如铁’；中华民族的今天，正可谓‘人间正道是沧桑’；中华民族的明天，可以说是‘长风破浪会有时’……国家好，民族好，大家才会好。”②有国才有家，没有爱国情怀，不可能有这种坚忍不拔、迎难直上的拼搏进取精神。因为有祖国，无论身在何方，我们都不会感到孤独；因为爱祖国，无论在什么岗位，我们都充满力量。③

（2）电影《勇士》环环相扣的叙事悬念和新媒体技术的融合刺激，让观众理解爱国、敬业、诚信、友善的核心价值观并达成共识。新媒体数字电影《勇士》要传播的，不仅是一个宏大、耳熟能详的历史故事，更是一代人的良知和自觉的历

---

①恩格斯.马克思恩格斯全集（第 18 卷）[M].北京：人民出版社，1964：630.

②中共中央宣传部宣教处，中央电视台《国魂》摄制组.国魂[M].北京：中国民主法制出版社，2015：177.

③中共中央宣传部宣教处，中央电视台《国魂》摄制组.国魂[M].北京：中国民主法制出版社，2015：186.

史使命。如何实现这样的传播效果，身临其境的历史代入感是最大的考量，这就需要以人为本的叙事悬念和新媒体技术的助力来共同融合，让观众感受到强大的精神力量和强烈的使命召唤，激励每一代人走好每一代人的长征路。

影片随即植入背着中央军俘虏的小战士王冬宇累晕后数字化影像：模糊摇晃的战友、周围的景色、太阳出现日晕……最后，红军小战士累死了。俘虏兵大呼："兄弟，你没事吧，你别吓我，兄弟，停一下，停一下，王冬宇出事喽！出事喽！"

与中央军俘虏在听到一天一夜跑完 240 里的任务后所说"两百四，要不得要不得，那是要跑死人的"，叙事悬念环环相扣，植入的数字化影像更引领观众身入其境，让观众在叙事悬念和新媒体技术的融合刺激中，理解爱国、敬业、诚信、友善的历史使命和艰苦卓绝，在震撼中达成爱国、敬业、诚信、友善核心价值观共识。

数字电影《勇士》截屏①

二、数字电影《湄公河行动》中的社会主义核心价值观传播

无穷的远方，无尽的人们，都与我有关。"远方"是指每一寸土地，"人们"是指所有的中国人，"我"是指身后的祖国。2016 年 9 月 30 日上映的数字电影《湄公河行动》，取材于 2011 年 10 月 5 日发生的湄公河惨案（以下简称"'10 · 5'案件"），以厚重的主题、宏大的视角、最高水准的制作，以及优秀主创团队的精诚

①电影《勇士》：重现飞夺泸定桥磅礴气势[EB/OL].http://www.chinaxwcb.com/2016-10/26/content_346783.htm.

合作和精湛演出，成为当之无愧的佳作。2011 年 10 月 5 日上午，“玉兴 8 号”和“华平号”2 艘商船在湄公河金三角水域遭遇袭击。“玉兴 8 号”上的 7 名中国船员和“华平号”上的 6 名中国船员全部遇难，其中 1 人失踪。2011 年 10 月 28 日下午，泰国方面表示，嫌犯是隶属于泰国第三军区“帕莽”军营的 9 名士兵。2012 年 4 月 25 日，“10 · 5”案件联合专案组在老挝波桥省抓获案件主犯糯康。2013 年 3 月 1 日，案件主犯糯康、桑康 · 乍萨、依莱、扎西卡在云南昆明被执行死刑。

2016 年上映的数字电影《湄公河行动》，从口碑、票房、满意度、观赏性、传播度、新鲜度等数据看，均创下巅峰数值。它是由林超贤执导，张涵予、彭于晏、陈宝国、冯文娟联袂主演的主旋律警匪动作巨制。《湄公河行动》从 9 月 30 日上映，凭借自身优良品质和良好口碑，观影人次成功突破 3000 万，在 2016 年国产影片中观影人次排名第三。从 10 月 4 日起，连续 17 天蝉联单日票房冠军、上座率冠军及观影人次冠军，在国庆档成功夺魁。此外，《湄公河行动》上映后口碑指数 9.3 分，排 2016 年上映影片的第一位，于北京时间 2016 年 11 月 3 日（美国时间 11 月 2 日）获第十二届中美电影节“金天使奖”、最佳电影、最佳男主角、最佳制片人（于冬）三项大奖，再次证明业界对数字电影《湄公河行动》的高度认可。

（一）数字电影《湄公河行动》传播了社会主义核心价值观国家层面的价值准则——富强、民主、文明、和谐

主旋律电影《湄公河行动》是 2016 年国庆档期口碑最好的电影。其票房先是落后于同期的《从你的全世界路过》《爵迹》等，后慢慢逆袭，以强大的后劲超越同期的其他影片，实现了国庆档票房冠军和口碑冠军的双丰收。① 数字电影《湄公河行动》可与吴京的《战狼》相提并论，二者的卖点都是意识形态价值观的传播。《战狼》说的是“人若犯我，我必犯人”，《湄公河行动》说的是“犯强汉者，虽远必诛”。② 相较而言，《湄公河行动》在维护富强、民主、文明、和谐的社会主义国家方面态度表现得更加积极主动。

按照拉斯韦尔的 5W 传播模式中的五个问题，第一个问题是谁（Who）？——《湄公河行动》的回答是中国，一个富强、民主、文明、和谐的社会主义国家；第二个问题是说什么（What）？——《湄公河行动》取材于 2011 年发生的真实事件“湄公河惨案”，13 名中国船员惨死在金三角附近水域，中国警方

---

①徐蕾.《湄公河行动》缘何叫好又叫座[N].南昌日报，2016-10-16(04).

②Magasa.谁是最懂观众的导演[J].中国企业家.2016(10)：102.

特派缉毒行动小组以查明冤情、打击毒品犯罪、缉拿幕后真凶的故事。我国有14亿人口,在海外工作、经商的中国人不计其数,还有散布于全球的几千万华裔,他们的利益谁来保障?——只有富强、民主、文明、和谐的社会主义中国才能保障。中国在近代以来的中国,积贫积弱,受尽欺凌。经过改革开放40年的积累,国家的综合国力、国际影响力在加强,对外贸易日益增长,是时候彰显中国作为大国的责任担当。《湄公河行动》展示新中国成立以来第一次境外追捕,真实新闻信息的传播震惊了全世界。第三个问题是通过什么渠道(In Which Channel)?——数字电影《湄公河行动》;第四个问题是对谁说(To Whom)?——对一切"犯我中华者"。《湄公河行动》不仅仅是对亿万观影受众,更是对糯康、贩毒分子、犯罪分子,以及一切"犯我中华者"说。第五个问题是取得什么效果(With What Effect)?

(1)《湄公河行动》打破了主旋律电影市场低迷的态势。纵观2016年的国产电影市场,主旋律电影不仅数量少,而且反响平平。《湄公河行动》从2016年9月30日上映,到10月31日止,观影人次超过3700万,票房达11.5亿元,创下了主旋律电影票房成绩的历史新高。①

(2)成功地宣传了中国崛起之后,有能力保护旅居海外的每一个中国公民,让在海外的中国人更有安全感、归属感,增强了民族自信心。这正是社会主义核心价值观国家层面富强、民主、文明、和谐的价值体现,成功地传播出"国为人民"的中国精神、中国力量。"国为人民"中的"国"只有富强之国才能为人民,国家好,人民才会好,"犯我中华者虽远必诛",而弱国的国民只能挨打受欺凌。

(3)实现了电影的主旋律与商业化的真正融合。主旋律与商业化二者并不矛盾,《湄公河行动》证明了这一点。之前的主旋律电影由于受单向度传播思维的主导,长期深受诟病。主要原因是故事简单,人物性格单一(几乎都是高大全形象),采取的传播方式通常是简单的说教。因此,受众才会给主旋律电影贴上了"无聊""不好看""直白灌输""说教"的标签。《湄公河行动》摒弃了通过教化性语言传播价值观的方式,成功地通过剧情冲突,塑造出丰富立体的人物性格,将主旋律所倡导的价值观、爱国情怀、民族意识同观众喜欢的商业类型融合在了一起,证明了主旋律电影一样可以拍得非常好看,一样能深受观众喜欢。

(4)实现了寓教于乐、雅俗共赏的效果。长期以来,主旋律电影呈现出的美学形态,大多都滞后于大众的审美形态,无法实现寓教于乐、雅俗共赏的目标。正因为此,大众才会当然地认为主旋律就是"说教",就是"灌输",进而产生抵

---

①王刚.国产主流商业电影的新标杆[J].当代电影,2016(12):179.

触，甚至反感的情绪。《湄公河行动》紧张威严的视觉基调，红色与黑色的视觉反差，将视听奇观与阳刚气质进行了很好的融合，充分调动起观众的审美情绪和情感张力，使电影的娱乐性得以充分体现。同时，也有机而不生硬地视觉化表达出了我国的国家形象与国家尊严，传播出中国国家主权与国家尊严神圣不可侵犯，实现了寓教于乐、雅俗共赏的目标，一个富强、民主、文明、和谐的社会主义国家悉数展现。

（二）数字电影《湄公河行动》传播了社会主义核心价值观社会层面的价值准则——自由、平等、公正、法治

没有自由、平等、公正、法治的国际环境，社会主义核心价值观社会层面——自由、平等、公正、法治的价值准则的传播无法取得理想的效果。拉斯韦尔认为国家的传播过程中有三类人才：第一类人守望国家总体的政治环境，第二类人协调全国对环境的回应，第三类人将回应模式从老一代向新一代传承。① 在传统媒体时代，国外的传播信息经过一连串的程序形成传播链，其上有无数的中继站，信息在中继站经过把关人的修正筛查，才会最后送达我国受众。但在新媒体视角下，由于把关人的缺失，国外传播的信息未经任何修正筛查，就源源不断地传播给我国受众。受众千差万别，信息泥沙俱下，守望国家总体政治环境、传播社会主义核心价值观，自然就更需要我们以不同的文化形式，融社会主义国家主流意识形态传播于其中。在我国改革开放越来越向纵深推进之时，国家总体政治环境的守望，需要分内外环境进行。湄公河惨案中的缉毒干警，就是国家总体政治环境中外环境的守望者，他们不顾生死的默默付出，拼死搏杀的经历，需要我们以多样的文化形式传播给我们的人民群众，我们的人民大众才能真正知晓"你之所以看不见黑暗，是因为有无数勇敢的人把黑暗挡在了你看不见的地方""有一群伟大的人在守护着我们"……从而更加珍惜来之不易的自由、平等、公正、法治的社会内环境。

(1)数字电影《湄公河行动》用鲜活的镜头语言，有效传播了自由、平等、公正、法治的社会主义核心价值观。人类社会和其他生命体在传播结构和功能上有不同之处，我们不能对老鼠、猴子或其他动物提问，只能用一些办法去刺激，然后推断它们的感知和需求，从而传播信息、获知信息，实现信息传播功能。而人是"会说话的动物"，可直接用语言传播出想要传播的信息。按照符号学理论，

①[美]哈罗德·拉斯韦尔著，何道宽译.社会传播的结构与功能[M].北京：中国传媒大学出版社，2015：41.

人类使用的传播符号可分为语言符号和非语言符号,[①]语言符号是人类传播信息使用最多最有效的符号。

数字电影《湄公河行动》开场语言独白:“滥药的问题就像一场瘟疫,不断在我国扩散,荼毒生灵。”随后的独白做了进一步的介绍,毒品从哪儿来的?——“毒品,金三角的代名词,这个位于泰国、缅甸、老挝的三不管地带,一直是罪犯和毒贩的天堂。”这段开场独白用语言,直接传播出“金三角是罪犯和毒贩的天堂”,隐喻传播出“金三角是老百姓的地狱”。在金三角,自由只是罪犯和毒贩的,对老百姓而言,自由平等无从谈起。电影第 6 分 57 秒,案发码头现场,借旁观群众的语言直接传播出金三角呼唤公正、法治的治安环境:“真没天理,太残忍啦!”“看他们的样子分明就是谋杀,又绑手又蒙眼的。”电影第 7 分 56 秒,借缉毒特警高刚的分析,揭示泰方自由、平等、公正、法治的缺失:“泰方报称,军方曾与船民发生枪战,根据当天湄公河的流速,假如双方真的遭遇了枪战,而两艘商船都是毒贩的话,那他们应该是一边开枪射击,一边加速逃跑才对。但是在案发现场,我们根据弹孔的分布、弹道定位的集中,可以确定,所有弹孔都是定位射击形成,这个结论推翻了之前泰方公布的结果。更为明显的是,我们在其中一个船舱的铁板上,找到了多个疑似弹痕的痕迹,从弹痕的集中和角度来推断,射击的方向不可能是从岸上射过来,而是在船舱里射击的。另外根据死亡船员尸体上的弹孔角度来分析,可以肯定是遭到行刑式的四十五度射击……。”泰方可以不顾事实捏造案情,何谈公正法治,没有公正法治,自由平等也无从谈起。自由、平等、公正、法治的社会主义核心价值观,不仅仅要在国内传播,更要在国人所到之处传播,这样我们国民才能拥有一个自由、平等、公正、法治的生活、生存、工作和发展的外部环境。《湄公河行动》第 13 分 10 秒,我国公安部部长及其他工作人员的案情对白介绍:“糯康本人吸毒,行动狂妄自大,他的手下大部分都有吸毒习惯,糯康欺压弱小的部落,又会抓走小孩做娃娃兵,更用毒品控制他们,当地部落也被迫加入他们的集团。”这段对白介绍用语言传播出糯康欺压弱小,连孩子都不放过,毫无自由、平等而言,公正、法治更是遥不可及。紧接着进一步用独白讲述传播信息:“我们一直想跟老缅泰三国共同改善湄公河的治安情况,但一直没有能够达成共识,这次的血雨腥风,手段如此残忍,(停顿)这正好是一个机会,我们再度要求三国联合巡逻,还 13 位中国船员清白,给全国老百姓一个交代。”字字铿锵,强烈传播出我国维护自由、平等、公正、法治的外部环境的信心和决心。

①王楠.电视新闻出镜记者现场报道的有效传播[J].艺术科技,2014(3):95.

(2)数字电影《湄公河行动》以环境呈现的方式,传播自由、平等、公正、法治的社会主义核心价值观。社会主义核心价值观传播不可能在真空中进行,它总是处于一定的环境中。环境是社会主义核心价值观传播中不得不涉及的一个重要范畴,它贯穿于社会主义核心价值观传播的整个过程,对社会主义核心价值观传播效果的发挥,有着不可估量的影响。这种影响常常是自发的、潜移默化的。数字电影《湄公河行动》呈现的环境,包含了丰富的自由、平等、公正、法治的社会主义核心价值观信息,这些信息作用于受众,并对受众产生直接或间接的影响。

影片18分20秒,高刚与方新武初次碰面,随后与方新武深入金三角的茶山。环境呈现给观众的,一面是满目苍翠的茶山、绿意盎然的茶树和自由劳作于山间的茶农,还有茶农带着乡音的一声声朴实的问候、热情灿烂的笑容,传播给观众的自由、平等、公正、法治的社会环境对老百姓的可贵与必需。而恬淡生活的背面,却与之形成鲜明对比,曾经是罂粟种植田,因不愿为贩毒团伙种植罂粟而被毒枭残害得缺肢少臂的小部落的原居民。这样的对照,传播出毒枭伤天害理、无情残忍,老百姓毫无自由、平等可言,更反衬出公正、法治的社会环境的稀缺和重要。此外,孩子们的成长环境尤其需要自由、平等、公正、法治社会环境。孩子是一张白纸,在什么样的环境成长,受什么样的价值观念影响,就会成就为什么样的人。影片54分03秒,在毒枭老巢——金三角特区耶达勒山区,镜头指向自幼被毒枭掳来的孩子,整个环境传播出的信息更是残忍混沌:对生死义利毫无概念的孩子,正是天真烂漫、无忧无虑的年纪,却在毒枭以发放毒品为手段,用残忍、变态的价值观诱导他们用手枪对着自己的头颅,赌手枪里是否有子弹的游戏中寻求快意,而在一旁的毒枭头目——糯康(他们的直接领导),竟然对这种"游戏"置若罔闻、习以为常,当其中一个孩子不幸丧命后,旁边围观的其他孩子竟麻木到嬉笑、欢呼、雀跃,糯康更是押上了自己的金制手枪,为孩子们助兴。孩子成了毒枭用来骗取警方信任,对付警方软肋的工具,毒枭视孩子们的生命如草芥。让人无法想象的是:电影第69分21秒,用机枪朝缉毒特警"大师"扫射,导致其失去双腿的是孩子;第70分24秒,穷凶极恶的毒枭被追得走投无路之时,竟然用婴儿车里的孩子砸向方新武;麻木到舍弃自己生命,充当人肉炸弹炸毁四国行动基地的还是孩子……通过原本天真无邪的孩子与毒枭控制下双手沾满鲜血、视罪恶如常理的孩子做对照,传播出孩子们需要一个自由、平等、公正、法治的成长环境的信息。

（三）数字电影《湄公河行动》以丰富的影像，传播了社会主义核心价值观公民个人层面的价值准则——爱国、敬业、诚信、友善

“影像”是影视品中最重要、最基本的形式元素，是影视的故事、题材的直观表现形式。① “影像”是“真实”的代名词，《现代汉语词典》将“影像”解释为：“物体通过光学装置、电子装置等呈现出来的形象。”②《电影电视词典》对“影像”做了较为专业的解释：“由透镜或镜子所构成的物体的形象，这是光的汇聚或反射作用。”③在现代汉语视角文化中，影像包括两层含义：狭义的理解是以电影、电视、录像为媒介的活动画面；广义上则还包括静止图像和一切以视听语言为基础的各种媒介相互组合的画面，比如网络艺术、电脑动画、flash 等数字虚拟成像技术生成的影像。④ 本书此处所指的影像主要为后者，包括用电脑动画和数字技术等虚拟成像的影像，影像可以分解为画面、镜头、声音和视听语言四要素。数字电影《湄公河行动》用影像阐释社会主义核心价值观爱国、敬业、诚信、友善的价值观念。

（1）数字电影《湄公河行动》对社会主义核心价值观爱国主义价值准则的影像传播。爱国主义，是千百年来人们发展巩固起来的对自己祖国的领土、河山、人民、文化、语言、民族历史的深厚情感，以及对祖国热爱和忠诚的思想和坚定的信念。⑤ 爱国主义是中华民族精神的核心，是中华民族生存发展的精神源泉，是几千年来民族团结和睦、生生不息，推动社会历史前进的巨大动力。

第一，数字电影《湄公河行动》用画面阐释出的爱国价值准则。画面是指银幕和屏幕的单个图像，是一种瞬间的空间呈现。⑥ 画面是电影艺术构图的基础，它能传播给观众具体、鲜明、生动的视觉形象，进而打动观众，修正个人认识，以满足自身需求，达到传播价值观念的目的。电影第 14 分 17 秒的画面，是天安门长安街，威严的天安门城楼，高高飘扬的五星红旗，“中华人民共和国万岁，世界人民大团结万岁”19 个大字的呈现，再配以字幕“还十三位中国船员一个清白”，给人以强大的震撼力，清晰地传递出“坚决捍卫中国公民海外利益，国家主权与尊严神圣不可侵犯”的爱国价值准则。银幕中央部位通常留给最重要的视

①袁智忠.影视传播概论[M].重庆：西南师范大学出版社，2007：149.
②本书编写组.现代汉语词典[M].北京：商务印书馆，1991：1388.
③朱玛.电影电视词典[M].成都：四川科学技术出版社，1988：56.
④袁智忠.影视传播概论[M].重庆：西南师范大学出版社，2007：149.
⑤黄蓉生.思想道德修养[M].北京：中国人民大学出版社，2003：113.
⑥袁智忠.影视传播概论[M].重庆：西南师范大学出版社，2007：152.

觉形象。[①] 影片中反复出现的大大小小的五星红旗,几乎都放在银幕中央部位,烘托渲染出社会主义核心价值观爱国价值准则。14 分 41 秒,中国国家公安部门前,高高飘扬的五星红旗;14 分 57 秒,国家公安部四国会议会场,画面以公安部部长为银幕中心,笔挺的坐姿、坚毅的眼神,两旁配以五星红旗,传播给观众的是"威望和实力,中国有决心、有信心、有能力打击金三角的犯罪势力,给全国老百姓一个交代——当国民安全受到威胁的时候,国家不会坐视不理"的强烈视觉冲击。缉毒特警所向披靡端掉毒枭的制毒窝点——泰国程逸、老挝琅南塔和缅甸大其力后,画面定格在 16 分 56 秒——PEOPLE' S REPUBLIC OF CHINA POLICE 的坚强后背,传播出"中华人民共和国警察是中国老百姓的坚强依靠""祖国的强大是每个人最真实的依靠"的视觉影像。当然,影片中还有很多传播社会主义核心价值观中爱国价值准则的画面,在此不一一列举。

第二,数字电影《湄公河行动》用鲜活的镜头语言,传播爱国价值准则。镜头是摄影机或摄像机从开拍到停止所拍下的全部影像,[②]一个完整的镜头包括它的长度、动作记录、摄影机或摄像机至主体的距离、角度、摄影机或摄像机移动与否以及移动的方向。按照摄影机或摄像机至主体的距离,镜头可分为大远景、远景、全景、中景、近景和特写。影片开场第 4 分钟 59 秒的镜头一:全景拍摄中国北京国家公安部;镜头二:远景拍摄身着警服的公安部部长与下属依次出现,办公室会谈场景中,镜头左侧鲜艳的五星红旗静静伫立;影片第 14 分 16 秒,远景运动镜头:天安门长安街,配音是公安局局长铿锵有力的任务部署:"还中国船员一个清白,给全国老百姓一个交代。"第 14 分 40 秒,全景镜头起伏由上往下拍摄高高飘扬的五星红旗,随后中景摇向公安部部长及其他公安部人员,并给公安部部长一个特写镜头,后续镜头为中景拍摄门前站岗门卫敬礼和国家公安部大门。画面由远景运动镜头拍摄长安街,到全景镜头拍摄五星红旗,由中景人物到全景大门,长安街和五星红旗景致镜头的切换,给观众带来了强烈的视觉反差,巍巍中华,气势磅礴,国旗和国家的尊严神圣不容侵犯;14 分 55 秒,远景镜头切换到四国会议会场,随后特写镜头对准公安部部长掷地有声向四国,也是向全世界传播信息:"我们要给金三角的犯罪势力一个强烈的信息:当国民安全受到威胁的时候,国家不会坐视不理。我们会以武治武,出动最精锐的缉毒人员,全力维护湄公河流域的安全通航。"无论是远景营造的气势、气氛,还是特写镜头里公安部部长的神态、动作、语言,都渲染出中国铁骨铮铮的怒吼:"犯我国民

---

①袁智忠.影视传播概论[M].重庆:西南师范大学出版社,2007:153.

②袁智忠.影视传播概论[M].重庆:西南师范大学出版社,2007:154.

者,虽远必诛。”电影从头至尾,用镜头极大地激发出观众的爱国情怀,我们在享受诗和远方的时候,还有这样一群人为我们守候,为我们负重前行。

(2)数字电影《湄公河行动》对社会主义核心价值观敬业精神传播。敬业是公民最基本的道德操守。马克思曾说:“如果我们选择了最能为人类幸福而劳动的职业,那么,重担就不能把我们压倒,因为这是为人类而献身。”①《湄公河行动》从最初的资料收集、取景拍摄、拍摄过程,到最后呈现给观众的电影本身,无不传播出社会主义核心价值观的敬业精神。

第一,收集、整理资料,取景拍摄过程中的敬业精神传播。《湄公河行动》筹备过程就用了 3 年时间,电影剧本一共写了 20 多稿,其中有 6-7 稿是完全不同的版本,经过反反复复的修改、创作,再修改、再创造……在细节上精心打磨,才形成最终的定稿。为了使电影能最大程度地贴近案件事实,主创团队在电影的真实性和细节上狠下功夫,采访了参与“10·5”案件侦破的缉毒警察,收集、整理了几十万字的资料,最后呈现给观众的电影,其中 90%的细节都是来自缉毒警察的真实介绍。导演、监制和编剧团队为了还原“10·5”案件的办案现场,深入到湄公河流域老挝、缅甸、泰国的村落,甚至毒贩糯康、岩多帕、朴扎等生活的村庄、藏匿场所、毒品的交易地,通过实地走访和亲身体验观察,深入挖掘“10·5”案件发生的过程和环境。影片情节设计紧凑流畅,激烈的动作戏、枪战戏、追车戏、丛林野战、船艇追击等极富冲击力的大场面拍摄,让受众直呼过瘾。所有这些,无不渗透着主创团队的敬业精神。缉毒特警本身就是高危行业,对职业的要求更高,更需要从业人员的这份职业的热爱,不怕困难、不怕吃苦,全身心地坚守在缉毒岗位,为国家、为人民,甚至为人类做出不平凡的业绩。电影 39 分 44 秒,在缉毒特战队行动小组自我介绍中,有武器专家“哪吒”——谢文峰、执行任务时句句铿锵的爆破专家——江星、精通各国语言的翻译——“快译通”、无人机专家“通天眼”——傅保卫、专业缉毒犬哮天,以及各种高科技侦察探测装备,无不显现出缉毒特警队的精干。用方新武的话说就是:“你们这个队满天神佛。”团队的敬业乐业精神、默默奉献的牺牲精神、英勇对敌的责任担当,淋漓尽致地传播给受众。

第二,电影在人物形象的细节刻画中敬业精神的传播。小事成就大事,细节成就完美,成功的背后,永远是艰辛的努力。《湄公河行动》人物形象的细节刻画,本身就是敬业精神的表达,电影中缉毒特警们的敬业,也近乎完美地得以传播。影片 10 分 12 秒,在观众对人物形象设定、剧情架构都还不甚清晰时,卧底

①马克思恩格斯全集(第 1 卷)[M].北京:人民出版社,1995:459.

方新武在银幕出现。抓捕贩毒组织接头马仔时有勇有谋,审问时一口流利的泰语,扮相无不透露着痞气的方新武,当对方不愿透露丝毫信息时,用刀划开了他的血管,对方立即求饶,并将自己头目的所作所为全盘托出。方新武见状,立即动作迅速地转身到旁侧的桌子上拿起绷带,救他于命悬一线之间。由此,方新武身手不凡、心性善良、敬业精业的形象,透过这个细节便淋漓尽致地呈现于观众眼前。电影第 5 分钟,公安部部长与下属的谈话,在公安部副部长办公室实景拍摄,在国内警匪电影中前所未有;电影 14 分 06 秒,公安部部长在听取随行人员对“10・5”案情的介绍后所说“……这次的血雨腥风,手段如此残忍,这正好是一个机会……”,在“这次的血雨腥风,手段如此残忍”和“这正好是一个机会”间有几秒钟的停顿。停顿细节刻画出公安部部长不忍、不想把“10・5”惨案当作“要求三国联合巡逻,维护湄公河流域的安全通航”的机会;电影 69 分 21 秒,与毒贩枪战中对突然出现的孩子,“大师”瞬间的停顿,眼睁睁看着孩子掏枪、举枪扫射,传播出的是“大师”——郭旭不相信、不愿意相信孩子会作出如此残忍的举动;为了完成活抓糯康以及参与案件的同谋的任务,电影 95 分 9 秒,当生命受到威胁的时候,高刚依然勇往直前并且高喊:“小心,别打中他”;95 分 34 秒,缉毒特警身负重伤,依然使出最后的力气按动炸弹的按钮;95 分 52 秒,郭冰的“要抓活的”等等,这些细节的刻画处理,无不彰显出缉毒特警“苟利国家生死以,岂因祸福避趋之”的敬业精神和责任担当。

(3)数字电影《湄公河行动》对社会主义核心价值观友善价值信条的影像传播。友善是一种美德,是社会主义道德的基本要求,也是良好人际关系的基础,是整个社会良性运行的润滑剂。人与人之间要友善,国内社会需要友善,国际社会一样需要友善。《湄公河行动》向世界传播的主题:“我们不是到国外耀武扬威。中国警察洒血异域,是为中国 13 名无辜冤魂昭雪,是为了金三角的贫弱者、因毒致残者和本应纯真的儿童们。”实际上就是大国友善的核心价值观——发展起来的中国绝不欺凌弱小,不惹事,但也不怕事,“犯我中华者,虽远必诛”。

第一,故事情节中友善核心价值观的合理融入。“在动物社会里,凡是有助于生存的或有助于满足群体某一具体需求的传播,都是有效的传播。”①《湄公河行动》的主题是“坚决捍卫中国公民海外利益,国家主权与尊严不容侵犯”,就实现了有效传播。同时,传播的价值能否实现,取决于观众的理解和共识的达成。

---

①[美]哈罗德・拉斯韦尔著,何道宽译.社会传播的结构与功能[M].北京:中国传媒大学出版社,2015:50.

传播学理论认为:“传导过程的关键点是中继站。”①新媒体时代,由于信息把关人缺失,加上人们无意识和娱乐化的表达,为回避严肃问题,喜欢把严肃的问题娱乐化,信息流到达中继站之后分道扬镳的可能性就更大,有效传播的价值更难实现。《湄公河行动》没有为娱乐而娱乐,而是合理地将主题融入故事情节,让观众从不同的视角看问题,并产生不同的心理感受,不知不觉中理解电影所呈现的友善价值观并达成共识。电影 10 分 12 秒,负隅顽抗的毒贩接头马仔被一身痞气的方新武被割开血管后,全盘托出事情真相并求饶,方新武快速转身找绷带为其包扎……尽管肩上有千斤的责任重担要担当,依然表现出善良友好的一面,令观众动容并理解而且达成共识;18 分 42 秒,方新武平静地叙述以前的茶山都是罂粟田,友善地用流利的泰语与瘸腿断臂辛勤劳作于茶山的茶农家长里短,硬汉形象与善良柔情淋漓彰显,引起观众强烈的情感共鸣;68 分 47 秒,缉毒特警与毒贩在人流密集的商场中枪战,方新武一声声的“蹲下! 蹲下!”;69 分 21 秒,“大师”郭旭面对孩子眼中表现出来的诧异,不忍心对这一孩子开枪,以至于小孩从容掏枪射击郭旭,导致截肢的故事情节等等,都合理自然地将友善这一核心价值观融入缉毒警察刚强、勇往直前的英雄人物形象中。

第二,特警与毒贩价值对立中,衬托出友善核心价值观。《现代汉语词典》中“衬托”的意思是:为了使事物的特色突出,用另一些事物放在一起来陪衬或对照。② 观众都是有思想的独立个体,既是价值观传播的观察者,更是价值观传播的参与者,《湄公河行动》通过反派人物的刻画,衬托出缉毒特警友善核心价值观,引发观众共鸣,从而接受并达成价值共识。电影 19 分 03 秒,表面宁静的茶山与原本是罂粟田对照;辛勤劳作的茶农与被毒枭逼迫种植罂粟,不听话就缺胳膊断腿对照;毒枭的凶狠残暴与方新武友好地同茶农家长里短形成鲜明对照,衬托出缉毒特警们的友善核心价值观;17 分 49 秒,为了向上级交代,糯康掏出手枪随手枪杀 1 位无辜站岗人员,凶相毕露地说:“你就拿他去交代吧,宋哥! 我糯康什么都不怕!”76 分 34 秒,糯康的一段话:“把他们全杀掉,这些中国人,一直想用联合巡逻剿灭我们,我就要给他们一个教训! 就算全世界对这件事都有所怀疑,都拿我们没办法,我就是湄公河的主!”荧幕背景是毒贩们枪杀我手无寸铁的 13 位船员残忍的画面,毒贩们,尤其是糯康狰狞的面目,凶恶的表情,狂暴的姿态……只以自己的利益为行动的根本指南,无视别国人民的利益、意愿

①[美]哈罗德·拉斯韦尔著,何道宽译.社会传播的结构与功能[M].北京:中国传媒大学出版社,2015:39.

②本书编写组.现代汉语词典[M].北京:商务印书馆,1991:134.

甚至视他人生命如草芥,“顺我者昌,逆我者亡”的嚣张气焰,反衬出我们缉毒特警的友善,引起观众共鸣,罪犯必须由我国家人民法院公开审判,为十三位中国船员昭雪,给全国人民一个交代。对于69分21秒用枪凶残射击郭旭的孩子,局长在电话中做了交代:“那孩子已经度过危险期,可是郭旭的腿保不住了,要马上截肢。”随后是郭旭被截肢后躺在手术室床上的镜头。面对一个凶残射杀缉毒警察的孩子,我们依然救治,因为那只是孩子,只是被毒枭摆布的工具,与毒枭视孩子们生命如草芥形成鲜明对照,缉毒警察友善价值观跃然荧屏,观众的观影思绪在导演的引领下共鸣并达成共识。

《湄公河行动》还有很多传播社会主义核心价值观的片段,我们不能一一分析,需要观众细细品味体会,才能真实悟到其中的深意和真意。新媒体时代信息泥沙俱下,受众由于缺乏识别能力,得到或传播的信息本身就是误解或并非事情真相,反而更容易造成受众的一知半解,甚至一知曲解,有效传播的价值大打折扣。《湄公河行动》作为一部主旋律电影,深入挖掘事实真相,做到精益求精,应用数字电影的传播形式,疏导引流社会主义核心价值观传播,在商业娱乐价值与主流意识形态价值观传播之间找准了平衡,无疑是正能量传递和社会主义核心价值观传播的成功表率。

第三节　微电影传播社会主义核心价值观的典型案例

微电影是新媒体时代备受观众欢迎的另一电影形式,是在通信技术和信息技术支撑下新媒体技术飞跃式发展的新型传播形态。新媒体传者与受众的交互性、媒介信息的即时性、传播内容的碎片化和微电影之“微”——简单、短小、灵活、微时长、微成本、可在多元媒体平台播放,都恰好契合了新媒体时代人们高速度的生活节奏和平等话语权、个性化诉求的消费模式,这正是微电影发展迅猛的原因。

微电影是电影,电影具有艺术属性,艺术属性是电影的本质属性,任何抛开艺术质量追求和艺术手段支撑的微电影,其价值都会大打折扣。“实践证明,……主流影片之所以能够得到观众的认同,在于在类型化叙事中融入了更多现实生活、现实人生的元素,准确把握了时代发展中人们心理、情感、愿望、价值观微妙的变化,有效建构和表达了富有感召力、穿透力的主流价值观和健康的审美观,获得本土观众的文化认同和审美认同”。[①] 因此,微电影必须担负起载

①饶曙光,陈清洋.主流价值观与文化多样性——中国主流电影的发展与思考[J].东岳论丛,2012(2).

“道”的功能，即传播意识形态功能。微电影的意识形态传播是微电影传播的“魂”，它回答的是拉斯韦尔关于5W传播模式中“What”——“传什么”的问题。习近平同志指出：“要注意把社会主义核心价值观日常化、具体化、形象化、生活化，使每个人都能感知它、领悟它，内化为精神追求，外化为实际行动。”①可以说，受众可随时随地观看微电影，恰好实现了社会主义核心价值观传播的“日常化、生活化”。微电影完整的故事情节，又实现了社会主义核心价值观传播的“具体化、形象化”。可以说，新媒体视角下社会主义核心价值观的微电影传播，以“微”形式实现了社会主义核心价值观“润物细无声”般的传播，使核心价值观的影响像空气一样无所不在、无时不有。

一、微电影《大雨》之《温情停顿》中社会主义核心价值观传播

微电影《温情停顿》是根据2012年7月21日，北京遭遇特大暴雨的真实经历改编。2012年7月21日，北京特大暴雨持续下了16个小时，全市平均降雨量170毫米，据不完全统计，新浪网上关于北京大雨的微博达到5760088条，在首都机场，至少200辆私家车无偿接送了500多名旅客。

（一）《温情停顿》中情景的亲民性让受众产生共鸣

与其他新媒体传播形态相比，微电影的亲民性是一大优势。

(1)逼真的情景中渗透社会主义核心价值观。《温情停顿》讲述的故事是大雨中真实发生的，受众如果当天恰好在家，未曾亲身经历那场特大暴雨，日常生活中或多或少也曾经有过这样的亲身经历，润物细无声。《温情停顿》故事的逼真，让受众在微电影中能找到与自己内心感受相似或与生活经历相似的部分，能够感同身受，在心理上产生共鸣。清洁工大雨中用手掏下水道的情景、清障车里的司机师傅、大雨中“危险”警示牌的放置、因大雨被困在便利店里的人们、看到他人有困难载人一段的私家车司机等等，现实生活中这些普通、朴实而又伟大的“草根”人物，面对大雨带来的困境，没有抱怨，而是选择忠于职守、互帮互助，带给受众的是阵阵感动。他们是真正的、可亲可敬的凡人英雄，用真诚的行动和朴素的语言，深刻诠释并传播和谐、敬业、诚信、友善等社会主义核心价值观。

(2)日常生活中的市井人物和普通事件的锁定，能满足受众的接受心理。

①习近平：当好全国改革开放排头兵 不断提高城市核心竞争力[N].人民日报，2014-05-25(01).

在人类社会,传播过程的有效性由促成合理判断的程度决定。① 市井人物时刻在我们身边,普通事件也时刻发生在我们的日常生活中,受众的合理性判断程度,自然高于其他新媒体传播形式。《温情停顿》主人公任为为借微博这一受众容易接受的形式,阐释真实生活:我觉得自己是一个衰人……毕业于二流的学校,去二流的公司实习,每天忙忙碌碌的,却不知道自己究竟在忙什么,忙着这些有什么意义,只知道不停地往前走,往前走,不能停。在这个社会里,任何事情都可以被数字化,我的摄像机每秒可以拍摄 25 帧图像,我每天能写 3000—5000 字的稿件,麦当劳的午餐 15 块钱人民币,电梯太挤的时候为了节省 8 分钟,我得爬 11 层楼梯,生活像是被装上了马达的永动机,停不下来,停不下来。这些看似琐碎、普通、唠叨似的语言,却让受众感受到"合理"成分,似乎电影里说的就是自己酸甜苦辣的平凡生活,没有居高临下的说教,容易让受众接受,让受众同影片中的人物一起,于内心深处产生共鸣,从而实现社会主义核心价值观传播的有效性。

(二)《温情停顿》中故事的真实性让受众普遍关注

在传播学中,受众的关注度直接影响到传播的有效性。微电影《温情停顿》虽然短小,但故事性极强,观赏性较高,有完整的主题——社会主义核心价值观。且时长不到 10 分钟,能够在短时间让受众全片观看。

(1)从真实细节入手,展现深刻的生活哲理,传播社会主义核心价值观。《温情停顿》从细微处入手,展现深刻的生活哲理。清洁工在大雨滂沱中躬身掏下水道的细节影像描述让人热泪盈眶,清障车司机冒生命危险大雨中放置"此处危险"的警示牌震撼人心,这些故事细节的叙述,取代了宏大叙事和呆板无趣的道理讲述,让受众深切体味岁月静好的生活背后,还有这么多人在坚守,在爱岗敬业,在默默付出,潜移默化中向受众传播了幸福平静生活的来之不易,祖国能有今天的富强、民主、文明、和谐的来之不易等价值观念,传递了社会正能量。

(2)用反面素材吸引受众关注,更反衬出了故事的真实性。《温情停顿》中主人公任为为因公司的事错过公交车,想坐出租车,司机坐地涨价,趁雨打劫;想住小旅馆,小旅馆老板想赚不义之财。用老板的话说:"下这么大雨,涨点儿很正常。"这些反面素材中的情景,受众即使没有亲身经历,也有所耳闻,让受众仿佛身临其境,产生了丰富的互动和影响,随任为为一起感到悲愤和不满。正当任为为悲愤不满,甚至有些落魄地走在大雨中之际,镜头一转:一辆车(车上一男

①[美]哈罗德·拉斯韦尔著,何道宽译.社会传播的结构与功能[M].北京:中国传媒大学出版社,2015:50.

一女)停了下来。

车上男子:“哥们,去哪儿呐,上车走啦!”

车上女子:“去哪儿呐,送你一程。好多地方都淹了,你打不着车!”

……

任为为最后被车主拉上了车,却依然心存戒备……

车主递上水,任为为不敢喝。车主的话:“喝吧,没毒! 没人朝你要车钱,这年头想当个雷锋真不容易。”

反面素材的影像阐释,更反衬出了故事的真实性。主人公任为为从怀疑到信任最后被感动的心路历程,让受众随主人公一起,感受车主的善意和温暖,感受那份人与人之间无法言说的和谐、美好、诚信、友善,并懂得了把这份和谐、美好、诚信、友善,以及爱传递下去,实现了润物般传播社会主义核心价值观的目的。

当看到有三个人在雨中行走,主人公主动传递爱:“把我放下拉他们吧,他们还有小孩呢!”主人公心理活动:自己被焐热了,就想要再帮别人,好把温暖传递下去。这个夜晚,一定还有好多故事,我觉得应该把这些记录下来。

(三)新媒体裂变式传播使《温情停顿》的影响更为广泛和深远

新媒体传播微电影并不是点对点或者点对面的单向传播方式,而是面对面的多向传播模式,是以数量巨大的受众为中心的裂变式传播,并且这种裂变是无限的。新媒体平台下每个受众都拥有多个社交媒体,拥有自由选择、评价、分享和转发的权力和能力,因此,每个受众的好友、听众、粉丝等,都是微电影传播的潜在受众,他们中的任何一个,也同样拥有多个社交媒体,拥有自由选择、评价、分享和转发的权力和能力……如此一级一级传播开来,微电影的网链状传播结构得以形成。

(1)持续不间断的裂变式传播,可以使《温情停顿》中社会主义核心价值观的影响无限延展。当裂变式传播活动一旦发生,以某一个受众为中心的周边潜在的传播受众被触动,进而跟进二级传播活动,每一个潜在传播受众又是一个中心,跟进的是三级传播活动,这样,每一个受众(中心)持续不断地向外辐射,传播源数目在短时间内呈几何级数骤增……社会主义核心价值观随《温情停顿》的无限传播向各个方向无限延展,产生了相当可观的传播效果。《温情停顿》中主人公任为为从“觉着自己就是一个衰人……”到最后“大雨,让城市停下来,雨过天晴,我才明白停下来的意义,什么是我该拍的,什么是我想拍的”的心路历程,社会主义核心价值观随微电影持续不间断的裂变式传播,让无数受众在感受电影故事正能量的同时,一次次被触动,跟随主人公任为为心路历程变化而变化，思考如何看待现实社会的方方面面，如何看待40年改革开放后发展起来的祖国，深刻理解社会主义核心价值观的内涵，并积极传播、践行、坚守，实现社会主义核心价值观在全社会的健康广泛传播。

(2)新媒体裂变式传播的互动性，使《温情停顿》中社会主义核心价值观的影响更为深远。新媒体传播不再局限于普通的荧幕和封闭的场所，这为受众与《温情停顿》中的人和物之间、受众与受众之间的互动性交流，提供了高度开放的平台，形成了受众与《温情停顿》中人与物的互动式广泛交流传播。新媒体裂变式传播中每一个受众都是中心，人人都是中心，就等于没有中心，新媒体传播的中心是弥散的而不是定点的，这就是新媒体传播的“去中心”论。在新媒体传播网链上，受众与受众间的及时互动，使《温情停顿》中社会主义核心价值观的传播更加富有双向性，这种双向性进一步促使受众从不同角度，理性深刻地看待各种社会现象。根据弗赖伊夫妇的假设———媒介信息能够引出许多含义，所以一个文本可以有很多种解释。[①] 也就是说，信息发送者会根据个人的认知，将自己的理解、意愿植入信息传播编码中，而受众解码时，又会根据个人认知，对此信息再赋予多元化的可能相同甚至不同的意义。真理是需要检验的，一定程度上，受众对《温情停顿》的感觉、评判的多元化，检验了社会主义核心价值观，扩展了社会主义核心价值观的传播，使其传播效果的影响更为深远。

二、微电影《大雨》之《等待陌生人》中社会主义核心价值观传播

微电影《等待陌生人》，也是根据2012年7月21日北京特大暴雨的真实经历改编。电影讲述的是公司老板刘爽因为加班，加上大雨导致交通堵塞无法回家，便在公司过夜。他在收看凤凰卫视新闻时发现，首都机场滞留旅客八万，多处水淹，陆空交通受阻，而安定门、广渠门桥、工人体育馆及左家庄附近更是交通阻断，微博里的热门话题是大雨，不少人因交通受阻被困在半路回不了家。刘爽感同身受，自己的公司刚好在左家庄附近，吃喝用齐备，决定为困在大雨中的人提供免费住宿……

(一)丰富的故事情节中蕴含社会主义核心价值观

“受众基本上是一种参与者。”[②]微电影《等待陌生人》不是生硬地直接加入社会主义核心价值观的内容，而是以最潮的方式——微博这一新媒体传播方式，传

---

①王雅琼，李明德.新媒体语境下的微电影传播[J].甘肃社会科学，2015(4)：194.

②[美]丹尼斯·麦奎尔著，崔保国，李琨译.麦奎尔大众传播理论[M].北京：清华大学出版社，2006：319-320.

递最朴素的情感和价值观。用微博传播方式来表达"草根"的思想观点和情感诉求,合乎新媒体时代受众的个人喜好、主观意愿和心理需求,让受众在众声喧哗中感受自己既是在观影,又是电影故事情节的参与者,使电影的故事情节变得更为丰富而生动。受众的个人情感随着女主人公王娟心路历程的变化而变化,也随网友千奇百怪的"神回复"而变化,从而自己体验出电影故事情节中蕴含的社会主义核心价值观,比起直接生硬的说教、灌输、宣传更能以情动人、以情化人。

当大雨不断,公司老板刘爽发出微博:"回不了家的,有没有来我家避难的?家里有沙发有零食有电视有 wifi。左家庄 112 号 B-311。"传播的是社会美好和谐、人心向善的一面。然而,微博发出后尽管有几万人转发,但就是没人说要来。网友们反映更是质疑声不断。

"骗人的吧? 哪有这么好的事!"

"之前新闻说的碎尸案也是这样骗人家里遭黑的。"

"没看懂!"。

……

网友的反映即是受众的心理反映,以微博这一形式,让受众参与到故事的转发、分享、沟通、体验等情感交流中,使故事情节的发展更合理,也更丰富,受众更容易接受。微博中网友的质疑实际就是社会现实的反映——诚信缺失。因此全社会呼唤社会主义核心价值观,渴望社会主义核心价值观,这是整个国家、社会、个人在社会现实中的一种意义追寻,每个公民都有责任和义务为国家发展、社会和谐贡献自己的应尽之责。

(二)复杂的矛盾冲突中凸显社会主义核心价值观

辩证法上"矛盾",是指客观事物和人类思维内部各个对立面之间的互相依赖而又互相排斥的关系。① 按理说,10 分钟的微电影无法影释出如此复杂的矛盾冲突,但《等待陌生人》借助大雨的现实环境和微博这一新媒体传播形式,展现出了复杂的矛盾冲突。电影中公司老板刘爽的助人善举与网友的质疑间的矛盾;雨太大回不了家的王娟与刘爽的微博邀请本无矛盾,但社会诚信缺失让王娟思维内部想到的是碎尸案、强奸未遂案等,加上现实中经历私家车师傅的不义之举——趁雨打劫,更让王娟不敢相信刘爽的微博邀请,使回不了家的王娟与刘爽的微博邀请也成为一对矛盾。当然,还有刘爽的微博邀请与私家车师傅的不义之举的矛盾。

私家车师傅:"嘿! 姑娘,去哪儿啊? 顺便捎你一段儿。"

---

①本书编写组.现代汉语词典[M].北京:商务印书馆,1991:768.

王娟:“师傅,我去通州,您方便吗?”

私家车师傅:“方便方便。上车吧,1000 块钱。”

王娟:“多少? 您刚才不是说顺道吗?”

私家车师傅:“就是顺道啊! 爱走不走!”

“传播只有适应受众的心理和文化,才能取得较理想的效果”①电影中用复杂的矛盾冲突来反映现实社会,让受众身临其境,适应了受众的心理和文化。电影中展现的各种复杂矛盾,基本都是受众的固有思维模式和经验之谈,这些都需要印证,印证的结果,更凸显出公司老板刘爽的助人善举,诠释了社会主义核心价值观的内涵,激发受众产生情感共鸣,在潜移默化中取得了较好的传播效果。

(三)受众在娱乐互动中感悟社会主义核心价值观

受众研究理论认为,受众的需求包括:获取信息、娱乐、交往、消遣或是“逃避现实”。② 现代汉语词典将“娱乐”解释为:使人快乐;消遣。③ 微电影的娱乐性,决定其必须与轻松、搞笑、好玩、有趣等联系在一起。娱乐属于人类精神层面较高层次的需求,理应与情感交流、意义追寻和价值追求密切相关。在某种意义上说,“娱乐”就是一种“疗伤”,是受众面对现实压力和快节奏工作生活的一种释放。快节奏的工作生活方式,让受众无法抽出太多时间来观看一部长电影,而微电影的短小精悍,恰能弥补这一缺憾,让受众在短时间内感悟人生哲理,实现心灵的一次旅行,正如某个微电影网站的宣传语:“感悟人生只需要一刻钟。”反之,如果在微电影中严肃生硬地加入社会主义核心价值观的内容,那么它就不会成为受众喜闻乐见的传播形态。

微电影《等待陌生人》创作者的娱乐心态,微博网友的娱乐回复,让受众在娱乐互动中感悟社会主义核心价值观。

“骗人的吧! 哪有这么好的事!”

“不会是假地址吧? 发张照片看看呗。”

“你这么想人家来,很不正常啊!”

……

网友们互动回复,女主人公王娟到刘爽公司后因为怀疑闹的笑话,本身就是

①[美]哈罗德·拉斯韦尔著,何道宽译.社会传播的结构与功能[M].北京:中国传媒大学出版社,2015:8.

②[美]丹尼斯·麦奎尔著,崔保国,李琨译.麦奎尔大众传播理论[M].北京:清华大学出版社,2006:319-345.

③本书编写组.现代汉语词典[M].北京:商务印书馆,1991:1407.

一种娱乐,回复的信息与不信任、轻松、搞笑、有趣联系在一起,符合“草根”受众对社会的认知,实际上是受众自然而然的想法——信息没有可信度。没有可信度的信息最后被证明是真实的信息,才更有价值和意义,更为震撼人心。电影以鲜活的事实,让被困女孩王娟感动,也更让受众感动,展现出人与人之间的温暖和真情:危难时有人帮,跌倒时有人扶,每个人都做点自己力所能及的事,守望相助,这正是社会和个人层面的社会主义核心价值观内涵体现。

三、微电影《母亲河》中社会主义核心价值观的传播

随着农村生活水平的提高,农村也像城里一样用起了垃圾袋。每家每户都打扫得很干净,村里的环境却越来越差,河流成了垃圾场。垃圾处理只能靠每年发洪水,把垃圾冲到下游。这是微电影《母亲河》中的独白说明。

新浪微博截屏

2012年,在广西柳州打工的外来务工人员樊祖韦,拍摄了一部不到20分钟的微电影——《母亲河》,在网上发布后,引起了人们对农村垃圾围村的强烈反响,唤起了很多人对家乡河流的回忆,央视新闻周刊也跟进报道。“农村垃圾污染与城市关系极大,大量城市垃圾填埋于乡村,垃圾围村,不仅影响农村环境和村民健康,其造成的土壤、水体等污染,会通过粮食、蔬菜等农产品回归城市。”“太真实了,还记得那条河吗?记得!却不存在了。”……《母亲河》发布的第二天,三岔镇有关部门便安排人员清理三岔村河中的垃圾。但樊祖韦认为,只是一次性清理河中垃圾,不能完全解决问题,需要建立长效机制。

《母亲河》拍摄的场景,是樊祖韦的家乡广西宜州三岔镇三岔村,影片描述了留守老人老高,在春节前接到儿子不能回家过年的消息,失望地来到村里的小桥边。这座再熟悉不过的桥下,河流已经不是他记忆中的模样,村民丢弃的各类生活垃圾,把两个桥洞都堵塞了一大半。对于老高来说,记忆中的小河不仅清澈,可以饮用,可以洗衣做饭,更留下他和妻子甜蜜爱情的回忆。如今妻子去世,儿子在外打工,小河也变成了垃圾场。老高叫上一个朋友,准备一起去清理河里的垃圾,此举却引来了村民的冷嘲热讽:“啊!疯了吗。等清理完了,人家又倒,你清理到什么时候才完”。“不懂啦!现在全村都这样倒,他家不也一样倒,不让倒,我们往哪里倒?”村民的冷嘲热讽,让老高的朋友退缩了,老高却依然坚持着,一点一点地清理着河里的垃圾。

通过用微电影讲故事的方式,把农村垃圾污染的问题带出来,让社会关注并群策群力解决问题,用樊祖韦的话说:“只是发一个帖子,呼吁一下,反响不会很大。不是为了说垃圾而说垃圾,关键是给人们一个启示,村民想改变却又有难处,垃圾究竟应该怎么处理?给我们的生存环境带来的危害有多大?”

(一)以高度的道德责任感传播社会主义核心价值观

“知之非艰,行之维艰”,道德责任感不仅仅停留在思想上,更体现在行动上。樊祖韦将道德认知转化为道德行动自觉,高度的道德责任感传递出社会主义核心价值观的目标、取向和追求。20分钟的微电影《母亲河》,不仅在情感上感染了三岔村村民,更让村民行动起来,自觉担当起维护美好生活环境的责任。

文明,不去实践就不可能抵达。法治,不去奉行就无以彰显其公正。诚信,不去坚守就难以成其为风尚。一个社会的道德水平,从来不是取决于道德的看客,而是取决于择善而从的行动者。微电影《母亲河》制作者樊祖韦就是这样的行动者,他义不容辞地担当起传播社会主义核心价值观的责任,用实际行动向三岔村村民,用讲故事的形式向广大受众诠释怎样才是富强、民主、文明、和谐的国家,在日常管理中体现价值导向,让符合社会主义核心价值观的行为得到鼓励。三岔村村民的态度,也从最初的冷嘲热讽到最后的互相监督,自觉地履行建设美好家园的神圣使命。国家由千千万万的家园组成,建设美好家园就是建设美好国家。《母亲河》制作者高度的道德责任感,不仅仅使三岔村村民自觉地建设美好国家,更使千千万万村民建设美好国家、维护公序良俗、推动社会进步,其社会主义核心价值观传播效果有目共睹。

常有人对社会化转型期的“人心不古”扼腕,对市场经济下人们精神世界的迷失喟叹。实际上,每个人都是社会主义核心价值观的传播者和践行者,如果每个人都像樊祖韦一样,从小事做起,从自己做起,将社会主义核心价值观内化于心、外化于行,对个人尽责、对他人尽责、对社会尽责、对国家尽责,汇集14亿人民的力量,我们的社会主义国家必然会一步步走向富强、民主、文明、和谐;我们生活的社会必然会一步步更自由、平等、公正、法治;人人爱国、敬业、诚信、友善的精神境界、文明风尚就会蔚然成风,社会主义核心价值观就会成为人们日常生活工作的基本遵循,就如同三岔村村民自觉维护生活环境一样。

(二)以激浊扬清增强社会主义核心价值观的判断力

习近平强调,要切实把社会主义核心价值观贯穿于社会生活方方面面。要通过教育引导、文化熏陶、舆论宣传、实践养成等,使社会主义核心价值观内化为人们的精神追求,外化为人们的自觉行动。[①]《母亲河》在网络发布后,三岔村很多村民都深受感动,越来越多的村民开始关注农村生活垃圾污染,甚至开始相互监督乱扔垃圾的行为,影响的不仅仅是三岔村村民,更是千千万万的受众。从传播行为分析,樊祖韦(Who)通过微电影(Which Channel)对村民(To Whom)所说的农村垃圾污染问题(Say What),取得了较好的效果(With What Effect)。

村民们都知道,乱扔垃圾不符合社会主义核心价值观,但由于对乱扔垃圾给大环境带来的危害认识不够,因此当三岔村大环境与个人家庭小环境发生矛盾时,就做出了维护个人家庭小环境而污染大环境的价值取舍。价值取舍决定治理模式,发展理念决定改革成败。增强价值判断力不仅关乎伦理底线、基本共识、价值风尚,也关乎全面深化改革、推进国家治理现代化目标的顺利实现。"富强、民主、文明、和谐",沿着这样的价值目标推进国家改革;"自由、平等、公正、法治",遵循这样的价值理想凝聚社会共识;"爱国、敬业、诚信、友善",通过这样的价值标准检视公民个人行为,才能为改革发展树立正确的价值引领,营造良好思想氛围,提供不竭的精神动力。微电影《母亲河》的传播,不仅教会受众判别是非、美丑、善恶,而且引导受众择善而行,使社会主义核心价值观评价标准成为自觉行动的准则,真正实现了将"热点问题引导与公民道德评议相结合",将"正面教育与舆论监督相结合",旗帜鲜明地在现实生活中弘扬真善美,树立正确导向,澄清模糊认识,匡正失范行为,形成激浊扬清的思想道德舆论场和万众归心的价值共识,引领人们自觉地做社会主义核心价值观的践行者。

(三)以以人为本提升社会主义核心价值观的认同度

内心认同才能自觉践行,春风化雨才能润物无声。[②] 社会主义核心价值观

---

①"习近平谈核心价值观"——凝神聚气　强基固本[N].人民日报海外版,2014-08-07(05).

②本书编写组.社会主义核心价值观培训教材[M].北京:新华出版社,2014:209.

传播只有以人为本,找准受众情感的共鸣点才更有亲和力,切中受众利益的关注点才更有吸引力。微电影《母亲河》不是为了摆拍,影片中老高就是樊祖韦的父亲,演员都是当地的村民,剧中的取景也全是村中实景,朴实的方言、儿子和父亲一起讨论剧本的温馨画面、父母年轻时桥上甜蜜爱情的影释、片尾“本故事纯属虚构,污染却为真实严重!”的字幕说明……一切只是为了真实展示三岔村的环境污染问题,找准了受众情感的共鸣点,切中了受众利益的关注点,因此被受众普遍接受及认同。

人是有感情的动物,对价值观的认知不仅体现在理性认知,也反映在情感认同,真理和道义的力量相结合,才能行之久远。① 影片中以身边事——农村垃圾围村的现象教育身边人,留守老人的惆怅,青葱岁月的怀旧故事,情理交融、深入浅出,深深刺痛了三岔村村民,以及所有观看微电影的受众的神经,社会主义核心价值观在制片人的引导下,自然地成为情感寄托和心灵罗盘。如果我们只讲政绩不讲民生、只要发展不要环境,民众如何理解富强文明?微电影《母亲河》可谓找准了受众情感上的共鸣点,其蝴蝶效应,便是引发人们对垃圾污染问题的关注、探讨:农村垃圾处理如何治标又治本?如何长效机制?后续资金如何投入等等问题,带来的是国人的反思和行动。樊祖韦扮演的实际上就是传播学中“吹哨人”——即守望环境的角色。传播学认为,在一些动物社会里,某些成员扮演特定的角色:守望环境,其功能是“哨兵”,每当出现警讯时,它们就一阵鼓噪,发出预警。面对社会转型期深刻的社会变革,我们有实现精彩人生目标的无尽的热情,也有困惑、有难以言说的精神迷思,但缺少“吹哨人”来警醒人们足够重视。什么样的国家,才是我们引以为豪的伟大国家?什么样的社会,才是令人向往的理想家园?怎样的人生,才有内心的安宁和恒久的幸福?② 微电影《母亲河》契合受众心灵深处的精神信仰渴求,回答了人们的精神迷思,诉说出了能承载人们共同愿望的核心价值观,因此能激发出广泛的社会共鸣。

四、微电影《三分钟》传播社会主义核心价值观

2018 年 2 月 1 日,由陈可辛导,孔令美演,全程使用 Iphone X 拍摄的微电影《三分钟》在北京首映,不到一周的时间里,网络上的点击量就超过 1500 万次,并在随后刷爆朋友圈,数次登顶微博、微信话题。影片根据真实故事改编,讲述

①人民日报评论员.以人为本提升价值认同度——论着力培育和践行社会主义核心价值观[N].人民日报,2014-2-24(01).

②人民日报评论员.以人为本提升价值认同度——论着力培育和践行社会主义核心价值观[N].人民日报,2014-2-24(01).

了1位列车员母亲因春运工作无法与家人、孩子团聚，只能在列车靠站的3分钟时间里与老公、儿子短暂团圆的故事。

(一)用情感打动受众，传播春运服务者坚守与奉献的敬业精神

春节是每一个中国人浓浓乡愁的汇聚。每年春节，中国人都如归巢鸟儿般义无反顾、风雨兼程地朝着家的方向迁徙。一列列呼啸而过的春运列车，满载着收获的人们，就是人间情感百态的展示窗口；一件件直击心灵的春运故事，都是社会主义核心价值观传播的良好载体。微电影《三分钟》有针对性地将主人公职业特性与短暂团圆凝聚在短短的3分钟时间里，虽不能完全表达春运工作者亲身经历过的感受，但依然在春节临近时期切中了受众的泪点，展现了出春运服务者的忠于职守与奉献敬业精神。影片主人公原型是乌鲁木齐开往深圳的Z229次列车的列车员刘钟。Z229次列车是全国线路最长的列车之一，运营里程4666公里，跑一趟来回要6天。常年工作在Z229次列车的列车员刘钟，孩子快6岁了，自己却从来没有陪孩子过一次年，吃过一次团圆饭。刘钟从2007年参加工作的11年时间里，只有怀孕那一年和家人一起过春节。刘钟与家人商量好，在当年的2月4日，当列车路过衡阳时，一家三口在站台团聚一次。虽然时间只有短短的3分钟，但自己已经很满足了。12点28分，比预计时间晚点了近40分钟，当Z229次列车缓缓驶入衡阳站，等在站台的孩子挣脱父亲怀抱，丢开爸爸牵着的手，背着书包追着列车喊“妈妈，妈妈！”孩子父亲在后面叮嘱慢点慢点，刘钟在列车上哽咽着答应“哎，崽崽”。孩子喊着“妈妈，妈妈”奔跑的身影，母亲抽泣哽咽的一声声“哎，崽崽”的回答……妈妈开车门、放踏板、叮嘱乘客“小心”……熟练地做着工作中的一切，与儿子欢呼雀跃中一声声“妈妈”“妈妈”形成鲜明对照，无不戳中受众泪点，无意间将敬业精神诠释得淋漓尽致。影片中儿子背诵乘法口诀，和屏幕上3分钟倒计时形成鲜明对照，激发受众对故事主人公敬业精神和亲情间矛盾冲突的认知和理解，感受到在万家团圆的背后，是有人在为我们负重前行，默默坚守与奉献，让受众更加珍惜美好生活。

(二)简单平实的故事，使社会主义核心价值观传播的目标更能获得“公众支持”

在传统媒体领域，内容的传播主要由媒体自身渠道进行，即“媒体支持”，比如电视、报纸、广播等，其内容的传播价值和影响力，局限在固有的传播渠道所能及的范围之内。但是，随新媒体的发展，人们观念在不断发生变化，受众在新媒体传播中的地位和作用，将越来越被强调和重视，社会主义核心价值观传播的目标，将由原来获得“媒体支持”，转向获得“公众支持”。微电影《三分钟》的故事

背景，是全民关注的"春运"社会热点，故事场景选择在最贴近实际、最能引发人们离情别绪的"火车站台"，简单平实接地气的传播内容，仿佛只是真实春运大潮中的惊鸿一瞥，令受众感同身受，潜移默化中从情感上支持故事主人公"顾大家舍小家""取大我舍小我"的家国情怀，实现了社会主义核心价值观的传播目标。

"顾大家舍小家""取大我舍小我"是社会主义核心价值观中个人层面爱国敬业的主要内容。德国著名诗人歌德曾说：理论是灰色的，但生活之树长青。①新媒体传播将不同理想、不同价值取向的人交织在一起，价值观传播处于混乱而无序的状态，主流价值观难以形成，但《三分钟》的导演陈可辛立足于现实，利用贴近受众生活的"春运"社会热点，融社会主义核心价值观传播于其中，将主流价值观——社会主义核心价值观的权威性和微电影的通俗性结合起来，引领"春运"话题向爱国敬业价值观的方向发展，摈弃了令人厌倦的说教，混乱无序的状态得以缓解，以更符合现代化传播特征的方式传播社会主义核心价值观，吸引了大量受众，实现了社会主义核心价值观的有效性传播。

（三）多维矛盾冲突增强社会主义核心价值观传播受众的注意力

俄罗斯教育家乌申斯基曾指出："'注意'是我们心灵的唯一窗户，意识中的一切，必然都要经过它才能进来。"②专家通过测试人的注意力，发现一般人在同一时间能注意到 8 件相关的事物，但很难一心一意专注于 1 件事物，特别是在面临事物复杂多变的情况下，注意力更容易分散。新媒体时代由于传播信息内容的激增，使注意力资源变得更加稀缺和分散，但矛盾冲突却能触动受众兴奋点，吸引受众注意力。微电影《三分钟》利用受众关注的春运微故事，在短短 3 分钟时间里，书写了小家与大家、小我与大爱、清寂与热闹、流连与离别、抵达与出发、远行游子回家的渴盼与春运工作者的坚守奉献等多维矛盾冲突，成功吸引了受众注意力，推动受众广泛参与讨论，甚至投身于服务春运的大潮中，实现了爱国敬业社会主义核心价值观的有效传播。微电影的最后，用主人公朴实平和的话语直接点题：短短 3 分钟的见面，自己却很知足，与很多一年只能见孩子一面的人比起来，自己已经算是幸运的了。而让更多人拥有团聚的笑容，自己经历的分别才更有价值，直接道出了故事主人公的家国情怀。

随着经济社会的快速发展，人们生活节奏加快，闲暇时间都是碎片化的"微

---

①周晓华等.基于新媒体技术的马克思主义传播[M].北京：国家行政学院出版社，2012：157.

②周晓华等.基于新媒体技术的马克思主义传播[M].北京：国家行政学院出版社，2012：67.

时间”,用微电影传播社会主义核心价值观有其得天独厚的优势。当然,我们也要看到,由于微电影正处在快速发展期,监管缺位、技术和设备缺乏支持,导致质量参差不齐。一些微电影用不良故事、低俗风格、鄙俗剧情吸睛,出于商业需要,“填鸭式”植入广告,甚至跨越社会道德底线,让负面、消极、浮躁,甚至错误的价值导向,破坏社会的文明和谐,影响社会主义核心价值观的传播。所有这些,都需要政府的监管和学界的关注与理论研究,制定微电影市场的行业规则,挖掘能传播社会主义核心价值观的典型素材,提升微电影制作的专业水平,用社会主义核心价值观引领微电影的发展方向,充分发挥微电影在弘扬主旋律、传递正能量方面的作用。

优酷:影片《三分钟》截屏图片①

①精彩微电影最后三分钟[EB/OL]https://v.youku.com/v_show/id_XNTkxMTI0MTIw.html.

第五章 新媒体剧中的社会主义核心价值观传播

新媒体剧是随新媒体环境孕育衍生出的新的影视剧集节目类型，是人们喜闻乐见的新媒体节目形态。新媒体剧的强大传播功能，决定了我们必须将其作为传播社会主义核心价值观的新载体。当前我们必须掌握新媒体剧这一新载体，将其更好地运用于社会主义核心价值观的传播。那么，什么是新媒体剧？新媒体剧有什么特征？它与传统电视剧有何异同？它是怎样发展起来的？新媒体剧传播社会主义核心价值观有哪些优势和哪些典型案例？这些典型案例是如何传播社会主义核心价值观的？取得什么样的效果？有哪些传播经验是可供借鉴的？所有这些，都是本章亟待回答的问题，但因篇幅限制，我们重点论述典型新媒体剧中的社会主义核心价值观传播。

第一节　新媒体剧概述

伴随新媒体的发展，新媒体剧以其题材丰富、传播平台多样和观看自由，迅速赢得了广大受众、影视制作商、传媒和研究者的关注。随着各种层次的影视制作力量的纷纷介入，呈现出不断推陈出新的蓬勃发展态势。同时，新媒体剧的概念界定也逐渐成型，为在新媒体剧中传播社会主义核心价值观准备了平台，奠定了一定的理论研究基础。

一、新媒体剧的概念

新媒体剧的概念有广义和狭义之分，广义的新媒体剧认为，只要有剧情化的叙事方式就是新媒体剧。不仅包括微电影，还包括一些具有社会记录性质的视频。这样不拘泥于篇幅长短，是单剧本还是连续剧，只看是否具有剧情的划分，无法真正区分出作品的类型特征。狭义的新媒体剧认为，不仅要具有剧情化特征,剧情还必须具有连续性,即"在'剧情连续性叙事艺术'的框架中审视新媒体剧"①。狭义的新媒体剧依然采用传统的电视连续剧和电影的区分模式,将微电影从新媒体剧中剥离出来。本书采用狭义的新媒体剧概念,即"剧情连续性叙事艺术",但因为新媒体剧和微电影之间交融地带的存在,我们依然无法将二者截然分开。

与传统电视剧相比,新媒体剧具有几个显著特征:第一,传播平台的多样化。传统电视剧只在电视台播放,而新媒体剧生产制作之初,瞄准的就是多样化的播放平台,能够在电脑网络、手机、IPad、IPhone、公共场所视频终端、数字电视等平台播放,当然,这并不是说新媒体剧就不能在传统电视台播放。第二,受众观看自由便捷。与传统电视剧相比,受众观看新媒体剧的时间地点可自由选择。只要多媒体播放条件具备,能够接收网络(或已下载存储),受众就可以随时随地观看新媒体剧,摆脱了观看传统电视剧必须准时守在电视机前的困扰。第三,长短不一,类型丰富。一方面,在电脑平台上播放的新媒体剧,可以是任意长度,只要在受众注意力能集中的时间段之内,剧情足够精彩即可。另一方面,在手机、IPhone、公交车、地铁、轻轨,或者户外公共视听载体等平台播放的新媒体剧,受众流动性大,乘坐交通工具的时间不一,甚或可能游走在大街小巷中,长时间集中观看的可能性较小,这就对新媒体剧的单元剧长度提出了要求。

综合以上论述,本书采用高红波对新媒体剧概念的界定:依托新媒体环境完成制作和传播,具备观看自由灵活、类型丰富等特征的影视剧类型。② 因此,新媒体剧包括网络剧、手机剧、公共视听载体剧等多种类型,③其中网络剧在新媒体剧中占主要地位,因此,本书随后的论述也以网络剧为主。

二、新媒体剧的发展历程

新媒体剧的发展,离不开新媒体剧播放和分享平台的支持。伴随新媒体的快速发展和受众的日益增多,新媒体剧播放和分享平台也快速发展起来,反过来更催生了新媒体剧的成长。

(一)新媒体剧播放和分享平台涌现

2005 年 4 月 15 日,土豆网上线运营,口号是"每个人都是生活的导演"。2006 年,优酷网也喊出"拍客无处不在"的口号上线运营。酷 6 网也于同年上线

---

①高红波.新媒体节目形态[M].开封:河南大学出版社,2013:49.

②高红波.新媒体节目形态[M].开封:河南大学出版社,2013:46.

③高红波.新媒体节目形态[M].开封:河南大学出版社,2013:47.

运营,并迅速举办了“微视频大赛”。2010 年,爱奇艺网上线运营,并以迅猛发展的态势,成为视频门户网站的一匹黑马。此外,还有各大综合类网站的介入,他们纷纷把目光和精力投向新媒体剧的播放和分享。其中搜狐视频是拓展新媒体剧播放和分享的代表,2006 年创办了第一个分享视频的平台——“搜狐博客”,后来又推出了“高清影视剧播放频道”等搜狐视频。新媒体剧播放和分享平台的涌现,为新媒体剧的发展奠定了物质性的消费基础。

(二)网络剧的发展

2000 年,我国第一部网络剧《原色》诞生,由 5 名在校大学生策划、制作,拍摄资金仅花费 2000 元①,是专门针对互联网播放的网络剧,开创了我国网络剧的先河。2002 年,网络剧《百分百感觉》在香港网站播出。2006 年,《女生侦探学院》在网上热播,该剧改编自同名小说。在新媒体剧播放和分享平台发展的初始阶段,国内电视剧的网络播放版权相对便宜,2007 年每集电视剧的网络播放版权费大约几千元。但是,随着新媒体剧播放和分享平台的增多,平台间互相打起了价格战。到 2009 年,每集电视剧的网络播放版权费就上涨到十几万元,各网络视频公司叫苦不迭。在这样的形势逼迫下,一些网络公司开始自己制作电视剧,在自己的平台上播放和分享,一方面可以减少网络播放版权费的支出,另一方面也能利用网络剧形成自己的特色。由于网络剧生产周期短、制作成本低廉、投资风险小,还能获得较高的点击量,很快就受到网络视频公司的推崇,网络自制剧便如野草般疯狂生长,其影响力也随之不断提升。

2009 年,优酷网推出自己自制的网络剧——《嘻哈四重奏》,该剧一共做了四季。2010 年,是大陆网络剧的井喷年,优酷网推出了自制网络剧《非常爱情狂》《天生运动狂》,土豆网推出了《欢迎爱光临》,酷 6 网更是连续推出了《我爱我家 2.0》《紫檀也疯狂》《青春日记》《男生那点事》等多部网络剧。2011 年,土豆网又推出了网络剧《乌托邦办公室》《爱啊哎呀,我愿意!》,搜狐网推出了《钱多多嫁人记》《疯狂办公室》《夏日甜心》,爱奇艺网推出了自制网络剧《在线爱》,当然还有优酷网成功打造的都市情感剧《泡芙小姐》。网络剧以迅猛发展的态势迅速赢得受众喜爱。

2013 年,美国自制网络剧《纸牌屋》实现了口碑和点击量的双赢,掀起了我国自制网络剧的热潮。2014 年,土豆、搜狐视频、腾讯视频、爱奇艺等,纷纷加入自制网络剧的大潮,《匆匆那年》《屌丝男士》《万万没想到》就是当年的代表作

---

①国内首部在网上播放的网剧《原色》播出[EB/OL].http://tech.sina.com.cn/news/internet-china/2000-03-20/20477.shtml.

品。随后几年的《盗墓笔记》《花千骨》《太子妃升职记》《无心法师》《芈月传》《老九门》《最好的我们》《余罪》《鸡毛飞上天》等,都是受众耳熟能详的网络剧,获得了点击率和口碑的双重收获。

(三)手机剧和公共视听载体剧的发展

伴随移动互联网和手机的高速发展,用手机看剧成为受众日常生活中必不可少的娱乐项目。2005 年,上海移动和上海文广新闻传媒集团联合制作推出了 10 集手机剧《新年新事》,该剧每集约 3 分钟,由多位上海电视台主持人表演,内容是主持人对"过年"发生故事的演绎和讲述。同年,上海乐视传媒制作了具有连续剧情叙事特征的手机剧《约定》,东方公司(隶属上海文广新闻传媒集团)投资拍摄了反映都市白领生活的《白骨精外传》,这是我国较早使用数字高清摄像机拍摄的手机时尚剧。此外,动画题材的无厘头搞笑片《大话西游》等,也都影响广泛。因此,2005 年被称为中国手机剧元年。

但是,随着手机功能和网络的逐渐强大,手机剧与网络剧已经无法截然区分。网络剧既可以在手机上播放,也可以在公交车、地铁、广场等公共视听载体播放。因此,笔者认为,已经没有必要将网络剧、手机剧、公共视听载体剧进行区分,可将其统称为新媒体剧。

第二节　新媒体剧与社会主义核心价值观传播

新媒体剧是新媒体时代技术生产方式和影视剧的联姻,一方面,以其制作成本低、生产周期短、投资风险小,受到各新媒体播放平台的青睐,并在短短几年时间迅猛发展起来;另一方面,新媒体剧影响着受众的价值观念、审美情趣、消费习惯等。新媒体已经站在时代的前沿,应该成为而且必须成为传播社会主义核心价值观的平台,尤其是在相当数量的年轻人将更多的休闲娱乐时间让渡给手机、电脑、IPad 等新媒体工具的当下,融社会主义核心价值观于新媒体剧,就显得更为迫切。新媒体剧的文化属性,决定其传播社会主义核心价值观的职责,也为社会主义核心价值观传播提供了新的载体。

一、多样化的播放平台、庞大的受众基数,能使社会主义核心价值观传播更广泛

新媒体剧是艺术消费品,受众的需求是新媒体剧传播社会主义核心价值观必须要考虑的因素。传统电视剧只能在电视机上播放,几乎是把所有受众视为一个整体,忽略了受众的个性化需求。截至 2018 年 6 月,我国网民规模已达到

8.02 亿,手机网民规模 7.88 亿。① 如此庞大的受众基数,视为一个整体,显然无法满足受众的个性化需求。8.02 亿的网民规模,哪怕只是其中一小部分观看,其影响也是不可估量的。而新媒体剧的播放平台有电脑网络、手机、数字电视、公共视听载体等,多样化的播放平台能够有针对性地满足不同受众的个性化需求,提供更加优质、细化的传播服务,从而实现社会主义核心价值观的多样化传播。多样化的播放平台还能让受众无论在室内户外,还是在工作学习的间歇,都能接受社会主义核心价值观教育,真正实现"社会主义核心价值观的影响像空气一样无所不在、无时不有"。当然,新媒体剧必须蕴含有社会主义核心价值观,社会主义核心价值观才能随新媒体剧多样化的播放,通过广大受众的分享实现更广泛的传播。

二、受众间的交流互动使社会主义核心价值观传播更深入人心

在传统电视剧中,电视剧的生产制作者一直处于传播学传受关系中的主导地位,受众只能被动被"投喂",接受电视剧所灌输的价值观。而新媒体剧的受众数量大、受众的选择范围更广、自主性更强、时间更自由,在观看的同时,受众还能通过弹幕、论坛、微博、微信、QQ 等社交媒体进行互动,这也是社会主义核心价值观的传播运行方式。受众之间、受众与生产制作方之间通过互动,知晓对方所思所想,思考他人为什么有这样的想法,自己的思考是否全面正确,是否经得起时间的考验和理论的推敲……受众的评价经过适当引导,本身就是社会主义核心价值观传播。同时,新媒体剧生产制作方也可以通过网络"大数据",对受众观看行为、价值观念、收视习惯等进行科学研究。新媒体剧制作方与受众之间、受众与受众之间,都具有很好的黏合性,受众更感亲切,才能润物细无声般实现社会主义核心价值观的传播。受众间弹幕、论坛、微信、微博、QQ 等交流方式,能使受众为新媒体剧的生产营销,剧情走向和其中如何蕴含社会主义核心价值观的传播出谋划策,让受众真正参与到社会主义核心价值观的互动传播之中,实现社会主义核心价值观的主动传播,并内化于心,外化于行,达到"百姓日用而不知"的程度。

三、草根参与新媒体剧制作使社会主义核心价值观传播更接"地气"

前文谈到的我国第一部网络剧《原色》,就是由 5 名在校大学生花 2000 元

---

①第 42 次《中国互联网络发展状况统计报告》(全文)[EB/OL].http://www.cac.gov.cn/2018-08/20/c_1123296882.htm.

自己制作的,草根特质非常明显。新媒体剧诞生伊始的草根特质,说明无论你是谁,均可参与新媒体剧制作。但是,随着新媒体剧的发展,视频网站为赚取噱头、精良制作或制造宣传气势,竞相提高新媒体剧的制作成本,似乎新媒体剧已远离草根大众。其实,草根参与甚或自己制作新媒体剧从未停止,只是被整合进了业界制作,新媒体剧制作从来没有忽视草根民众的参与。一方面,新媒体剧制作需要草根的创意和人才资源储备,也希望通过草根民众的参与和关注,让自己的作品更接地气,以提升人气和影响力;另一方面,草根也希望通过业界整合,让草根制作远离粗制滥造和“山寨”品质,远离“散兵游勇”的身份。传统电视剧传播社会主义核心价值观虽有品牌实力,却仍然让受众敬而远之,就是因电视剧传播社会主义核心价值观让受众感觉在被教育、被灌输,传者永远是主导,永远是高高在上不接地气。用新媒体剧传播社会主义核心价值观,因为新媒体剧的草根特质,反而更能吸引受众,使受众由被动变主动,主动选择看或不看、看什么、怎么看,甚至还能参与决定剧情的走向。这样的参与,让受众感觉剧情掌握在自己手中,进而持续关注,使社会主义核心价值观传播更接“地气”,也更有效果。

第三节　新媒体剧传播社会主义核心价值观的典型案例

社会主义核心价值观在社会主义社会文化中起到中轴作用“是决定文化性质和方向的最深层次要素,是一个国家的重要稳定器。”一方面,新媒体剧是文化产品,其文化属性决定其意识形态功能。新媒体剧必须具有传播价值观的职能,价值观是新媒体剧的灵魂,起中轴作用的社会主义核心价值观更是新媒体剧灵魂中的灵魂。缺乏价值观传播,尤其是社会主义核心价值观传播的新媒体剧,必将“魂无定所、行无归依”,最终因失去存在的价值意义而走向消亡;另一方面,新媒体剧是受众喜闻乐见的传播载体,既能传播社会主义核心价值观,又能满足受众精神文化需要。新媒体剧不乏成功传播社会主义核心价值观的典型案例,既满足了受众精神层面的合理需要,又提升了受众的价值境界,优化了受众的价值结构,实现了社会主义核心价值观的有效传播。

一、新媒体剧《鸡毛飞上天》中的社会主义核心价值观传播

2017 年 3 月 3 日,余丁导演的新媒体剧《鸡毛飞上天》,同时在爱奇艺、乐视视频、搜狐视频、腾讯视频在线播放。截至 2017 年 4 月 1 日统计,全网播放量超

过42亿,豆瓣评分更是高达8.7。[①] 据浙江新闻客户端数据,《鸡毛飞上天》的全网播放量超过126亿,豆瓣评分一度高达8.8分。酷云EYE收视排行榜[②]数据也显示,《鸡毛飞上天》线下在浙江卫视、江苏卫视首播,收视率依然一直位列前茅。2017年,《鸡毛飞上天》数次登顶微信、微博话题,获得第23届上海电视节白玉兰奖"最佳中国电视剧"提名,导演余丁获最佳导演奖,编辑申捷获最佳编辑,演员殷桃、张译分别获最佳女主角、最佳男主角奖。同时,《鸡毛飞上天》还获得第十四届精神文明"五个一工程"优秀作品奖,是国家"一带一路"推荐剧目,在2017年中国十大影响力电视剧排行榜中名列第七,可谓收视口碑双丰收。

(一)《鸡毛飞上天》是一部满足时代需要的主旋律新媒体剧

《鸡毛飞上天》取得口碑和收视率双成功的原因之一,是因为它是一部满足时代需要的主旋律新媒体剧。《鸡毛飞上天》鲜明有力的主旋律特征,带来永恒的艺术魅力和生命力。马克思曾说:"理论在一个国家的实现程度决定于理论满足这个国家需要的程度。"[③]在新媒体环境中,社会主义核心价值观传播是国家需要,社会需要,人民需要,更是时代需要。

新媒体剧《鸡毛飞上天》讲述的是绰号"鸡毛"的主人公陈江河一家三代,从1978年到2016年的38年间,从"鸡毛换糖"到将"中国制造营销世界"的奋斗过程。这38年,正是我国经济高速增长,人民思想重大变化的时期,这期间陈江河一家经历了假货风波、破产困境、进军欧洲市场失败、应对电商等一系列挑战,在一次次摸爬滚打中克服困难,顺应时代变化,并最终融入国家"一带一路"倡议的故事。陈江河一家生活的变迁,正是中国改革开放背景下生产、贸易、个体经商、民营经济、社会发展变化的折射,折射出国家的富强、民主、文明、和谐、美好,直接与每一人的前途命运息息相关。"家是最小国,国是千万家",国家的每一步发展,必定会在国家的最小细胞——千万家庭中留下印记。新媒体剧《鸡毛飞上天》弘扬的浙商精神,男女主人公为祖国的强盛、世界的共赢奋进在前线,以更加接近人们生活实际方式,满足受众日益增长的精神文化需要,满足时代需要,实现了社会主义核心价值观的传播,把社会主义核心价值观变成了受众的自

---

①张楠.《鸡毛飞上天》圆满收官 收视口碑双丰收[EB/OL].http://ent.163.com/17/0406/10/CHB6R1VN00038793.html.

②杨静.《鸡毛飞上天》荣登2017年度中国十大影响力电视剧排行榜[EB/OL].https://zj.zjol.com.cn/news/849816.html.

③马克思恩格斯全集(第1卷)[M].北京:人民出版社,1956:462.

觉精神需求,唤起新的生机,流回现实世界。

(二)《鸡毛飞上天》中敬业社会主义核心价值观的传播

敬业是对待生产劳动和人类生存的一种根本价值态度,是为人处事最基本的道德规范。对从业者而言,敬业是一种生存方式,是一种道德品质,也是一种价值准则,更是一种精神追求,对个人提出了全方位的要求。《鸡毛飞上天》自始至终将敬业作为社会主义核心价值观的基本要素加以倡导传播,敬业需要艰苦奋斗,拼搏奉献;敬业须从个人做起,从细节做起;敬业需要责任担当,为社会主义核心价值观在新媒体剧中的传播提供了借鉴典型。

爱奇艺:《鸡毛飞上天》第20集截屏①

(1)敬业需要艰苦奋斗,拼搏奉献。

"空谈误国,实干兴邦"。习近平主席多次强调:"幸福不会从天而降,梦想不会自动成真。实现我们的奋斗目标,开创我们的美好未来,必须依靠辛勤劳动。"②《鸡毛飞上天》中传播的"好风凭借力,鸡毛飞上天""心里永远也别存侥幸,否则鸡毛永远也别想飞上天"的主题思想,代表义乌人精气神走街串巷的挑货郎"鸡毛鸭毛代换糖嘞!废铜烂铁拿来换嘞!"的吆喝声几乎从头响到尾,玉珠在中国小商品城的"珍珠项链啊,便宜卖了……项链、耳环、首饰啊!港台最新款"的阵阵叫卖声不绝于耳,鸡毛更是冬练三九夏练三伏,还有每次进货时鸡

①鸡毛飞上天[EB/OL].http://www.iqiyi.com/a_19rrh990gh.html? vfm=2008_aldbd.

②本书编写组.社会主义核心价值观培训教材[M].北京:新华出版社,2014:154.

毛推着自行车，玉珠在后面扶着货物，为打开欧洲市场进行的一轮又一轮艰苦卓绝的谈判……让受众深刻感受工匠的娴熟技艺和精湛手艺，感知创业艰辛，只有苦干实干才能实现梦想。

爱奇艺：《鸡毛飞上天》第21集截屏①

比如《鸡毛飞上天》第21集，陈大光父亲打趣陈江河夫妇："这两口子抠的，连个车都不舍得雇！"言语打趣，配上男女主人公亲力亲为搬运货品的影像，是对"幸福不会从天而降，梦想不会自动成真"最好的解读。第28集，玉珠挺着8个月的身孕去找尿不湿厂长拿货等等，都传播出"实现我们的奋斗的目标，开创我们的美好未来，必须依靠辛勤劳动"的敬业社会主义核心价值观。

(2)敬业需坚韧、执着，脚踏实地。

敬业需脚踏实地，从个人做起，从细节做起。《鸡毛飞上天》处处传播的是这样的价值观。第28集，陈江河和洛玉珠内外交困，按欧洲标准生产的货品滞留西班牙港口，一天的滞港费就是5万欧元；国内产业升级为欧洲标准，原来一天能生产500件，升级欧洲标准后，一天只能生产200件，厂家意见很大，尤其是得知货品滞留港口，更是闹翻天，希望退回原来的标准。陈江河在西班牙与费尔南德进行艰难谈判，提前预约3次都见不到人，费尔南德3次都说没时间。当货品滞压在港口时，陈江河着急地向费尔南德作自我介绍、陈述货品品质、货品报价、货品运输等，与费尔南德避而不见、前台接待面无表情"很抱歉没有时间"的

①鸡毛飞上天[EB/OL].爱奇艺 http://www.iqiyi.com/a_19rrh990gh.html? vfm=2008_aldbd.

回答鲜明对照，反衬出陈江河坚韧、不放弃、不服输的敬业精神。同样是28集，陈江河在西班牙费尔南德的公司守株待兔，在其住所打出“占便宜，得不偿失”的牌子，最终得以与费尔南德见面。原本是西班牙商贸世家的费尔南德对事先的约定置若罔闻，高高在上，并用西班牙谚语“钱能使狗跳舞”侮辱鸡毛，而鸡毛依然执着，晓之以困难，希望通过降价让利获取订单，但对方依然只是答应按协议支付5万美元的违约金……处处展现出鸡毛坚韧、执着的敬业精神。

《鸡毛飞上天》在细节上可是做足了功课，剧中的义乌腔、当时的穿着打扮、绿皮火车上唱的歌曲《北京的金山上》等等，可谓匠心独运。当陈江河在国外艰难打拼时，国内玉珠对莱昂也做了充分了解。莱昂的出生、成长，曾经当过搬运工、服务员、商贩，游学中国3年，独自背包走了中国十几个城市，甚至到山区支教1个月，曾经因为贩卖非洲象牙被捕，也因为见义勇为帮老人抢回钱包而受到表彰，以及为什么被称“西班牙狮子”，莱昂到过玉珠集团首饰厂、五金厂很多次，对每个商铺都一一考察过等等。至于为什么这样做，如何知晓这些细节？《鸡毛飞上天》也做了解释：定期检查各商铺的摄像记录，从中找出重复出现的身影，不是对手就是朋友，知己知彼百战百胜。这些细节的影视，正是敬业精神在日常生活中的落实。

（3）敬业需要责任担当。

敬业的根基是个人责任担当，只有将责任落实到个人的头上，才能制约不负责任的行为。《鸡毛飞上天》第21集，陈江河的经营点子，不经意间救活了老夏的五金厂，邱英杰和陈江河讨论如何解决工厂积压的货品时说：“你这回这个点是踩对了，你不经意之间呢，救活了一个厂子。就老夏他们那个五金厂啊，是从乡镇企业发展起来的，这几年市场没搞好，仓库里面积压了好多存货，连工人工资都发不出来。”言语间传播出焦虑与责任担当。如何责任担当，就是把责任落到实处，落实到个人的头上。

邱英杰说：“以商带工，将市场与工厂积压的货品接轨，让义乌千百个摊位把根扎到厂子的仓库里去，让货品彻底流通起来。”

陈江河的忧虑：“流通这个事情不好搞的，你就讲我们义乌，积压的货太多，光想靠在市场上做零售，怎么能流通起来？这个不现实啊！”

邱英杰道：“是啊，义乌的未来不会是零售！”流露出忧国忧民的责任担当，最后两人异口同声喊出“批发”，为义乌小商品市场找到了出路，让受众感动，传播出专心致志、尽心尽力的敬业社会主义核心价值观。

《鸡毛飞上天》第33集陈江河说：“越是大战在即，越要背水一战。我为什么要把产品打到欧洲去，我是为了提升整个玉珠集团的品牌。怎么可以退？”展示出他的高瞻远瞩,更契合当下国家"一带一路"倡议的大形势。对王旭"鼠目寸光,为蝇头小利沾沾自喜,因擅自把产品生产标准退回到东南亚标准而东拼西凑一些残次品,还自以为'跟杨氏集团作对一点好处都没有,可能会把我们原有的市场损失'"的不负责任的做法,陈江河大发雷霆:"还没有进攻你就想着投降了,你是我的儿子吗?你有没有一点血性啊……"言语中淋漓尽致地传播出敬业需要清晰地知道什么该做,什么不该做的价值判断;敬业需要任劳任怨、精益求精的责任担当;敬业需要自强不息、竭尽所能提升自我,才能实现自己更好地服务于社会,服务于他人价值目标。例如,《鸡毛飞上天》第38集,通过泡茶场景与陈江河和王旭的对白叙事,传播"敬业"社会主义核心价值观中"先苦才能回甘"的价值理念,借茶"受尽人间煎熬,风吹日晒雨淋,最后被铁锅炒被开水泡,这才能泡出它自己的香气来",比喻只有自强不息、竭尽所能提升自己,更好地服务于他人、社会、国家,更好地扛压力、受委屈,眼界才更宽广。

(三)《鸡毛飞上天》传播诚信社会主义核心价值观

《说文解字》中说"诚,信也""信,诚也"。可见,"诚信"中"诚"与"信"互文,是真实无妄,不自欺,不欺人。至诚至信之人,不仅自己取得成就,而且自觉及于万物,行于他人,成就自己、他物、他人。《鸡毛飞上天》"敲糖帮""进四出六"的传统商业精神、多维矛盾冲突中现代商业精神的诠释,无不是诚信社会主义核心价值观的影像建构与传播。

(1)"敲糖帮"传统商业精神蕴含诚信社会主义核心价值观。

《鸡毛飞上天》用"敲糖帮"讲诚信的生意经,契合社会主义核心价值观。义乌土话"进四出六"是"敲糖帮"鸡毛换糖最重要的原则,更是浙商精神的精髓。"进四出六"的含义就是:做生意利不可占尽,要多为顾客、多为合作伙伴着想(即利他经营,如果10分利,自己只拿四分,六分给合作伙伴和顾客),为长期合作打算。顾客好了,合作伙伴发展好了,自然会照顾你的生意。这就是《鸡毛飞上天》中反复强调的"一分钱的利可以撑死人,一毛钱的利饿死人"的挑货郎精神,这正是"诚信"中"不仅自己取得成就,而且自觉及于万物,行于他人,成就自己、他物、他人"的最好解读与传播。

《鸡毛飞上天》从头到尾一直在弘扬"敲糖帮"的诚信生意经。第1集男女主人公靠"鸡毛换糖"维持生计,到他们带领村民卖袜子、纽扣、办袜厂,用棉厂废弃布头扎拖把卖、批发五金等,尤其是第20集,洛玉珠生意不好,与冯姐唱双簧演戏,假打价格战,让顾客认为捡到了便宜,商品被一抢而空后江河的善意提醒:"八毛钱的成本,一倍多的利润,还一抢而空……但是好能好多久呢?谁都不是傻子,以后谁还会上这个当呢……纸里包不住火的,反正这只是眼前占了一个大便宜,将来怎么办呢?”人间正道是沧桑。陈江河口中的“正道”,就是诚信经营,才能维持长久。对陈大光看不起一分一厘的利,冒充港商,靠关系批条子,招摇撞骗,讲究排场,一年不开张,开张吃三年的行径,《鸡毛飞上天》用巧姑的父亲——陈家村第一个挑着鸡毛换糖的,坚守“敲糖帮”诚信生意经的陈金水的言行,进行了很好的诠释:不是正道,蒙不了多久。借着教陈旭扎鸡毛毽子道出价值观念:“样子货,好看不中用”“没根立不住,根太重了又飞不高”。“没根立不住”指的是陈大光,“根”就是诚信经营的价值理念。陈大光没有诚信经营的价值理念,为赚钱不择手段,最后锒铛入狱。在陈大光和巧姑的婚礼上,陈金水挑着货担,手拿拨浪鼓,深情告诫:“按我们挑货郎的习俗,女儿大婚也没什么要做的,熬出好糖,让大家尝尝……当年这货担,我们陈家村的人谁没有挑过呀!一走就是几十里,一根针一根鸡毛,我们都拿它们当宝贝,走到哪里都是朋友,那日子我们过得踏实,可现在年轻人心都浮了,想靠关系靠条子一夜暴富,也不稀罕这一分一厘的利了……这几年政策好了,大家都富起来了,整个义乌这一块的市场越做越大,可我们陈家村的人就是瞧不上!为什么呢?——你们见我女婿赚钱容易,靠关系,批条子,一下就把奔驰车给开来了,但是这个你们谁知道啊!他这车是借来充门面的。那些天天想做发财梦的年轻人,我想问问你们,你们谁赚着大钱了?谁被天上的馅饼砸中脑袋?没有,都是假的,饭得一口口地吃,日子得一天一天地过,我们陈家村有句老话,叫赚一分撑死人,赚一毛饿死人,别小看这一分钱的利,积少成多,它就能够让你赚遍天下,而也别贪那一毛钱的利,都是你的了,就你聪明,别人都是傻子……人活着是要靠精气神,一步一个脚印,不是那些虚荣面子……我今天挑着这么重的担子来,就是要给大家伙喊出我们挑货郎的精气神来——鸡毛鸭毛代换糖嘞,废铜烂铁拿来换糖嘞……”。

《鸡毛飞上天》用陈金水看似絮絮叨叨的传播方式,实现了社会主义核心价值观诚信价值主体的上下互动传播,强化了价值认同,取得润物般的传播效果。达成价值认同的主要途径,是通过价值主体的上下互动,实现主流价值的下沉和草根价值的提升,在价值互动中实现价值要素的上下对接传播。《鸡毛飞上天》让作为草根百姓、社会公众日常生活底线伦理代表的陈金水喊出“挑货郎的精气神”,让“敲糖帮”诚信生意经得以提升,不仅是对陈大光、年轻人以及参加婚礼的企业家代表,更是对受众传播诚信生意经,这样接地气的影像传播形式,增强了诚信社会主义核心价值观的亲和力、感召力和影响力,更能得到受众的普遍认同和全面遵守。公众认可是诚信价值观作为社会主流价值的前提条件,也是诚信价值作为社会主流价值的群众基础,《鸡毛飞上天》在潜移默化中让公众认可诚信社会主义核心价值观,使诚信社会主义核心价值观成为调节和规范人们各种关系和行为的道德规范准则,实现了以影视剧"形象化"阐释诚信这一社会主义核心价值观的传播效果。

(2)多维矛盾冲突提升受众对诚信社会主义核心价值观的注意力。

在社会主义核心价值观传播中,注意力是连接受众与媒体的桥梁。新媒体对社会主义核心价值观传播是把"双刃剑",它在为社会主义核心价值观传播提供广阔平台的同时,也分化了受众对社会主义核心价值观的注意力。但是,《鸡毛飞上天》却用矛盾推动剧情发展,吸引受众注意。是零售还是批发、是利己还是利他("他"是指国家之利、民族之利、社会之利、他人之利)、当假冒伪劣产品愈演愈烈时是跟风还是坚守诚信经营、是放眼世界还是目光短浅、产品质量是坚持欧洲标准还是东南亚标准、选择山寨德国产品还是做精品等等,在解决一对对矛盾冲突,尤其是解决"敲糖帮"传统诚信经营价值理念与现代义乌商人追名逐利、义乌小商品城假冒伪劣商品盛行的矛盾中,不经意间提升受众对诚信社会主义核心价值观的注意力。在改革开放的时代背景下,社会主义市场经济带来了巨大的利益诱惑,义乌商人追名逐利、钩心斗角,义乌小商品城假冒伪劣商品盛行,《鸡毛飞上天》没有刻意回避这一事实矛盾,而是以第三人称的视角,全方位地对这一客观矛盾进行影像诠释,并最终用诚信经营理念,解决了矛盾冲突,实现了社会主义核心价值观的有效传播。《鸡毛飞上天》第 24 集,邱英杰打击假冒伪劣商品,查扣了义乌商品市场一批货物,遭到一些商户反对甚至围堵。邱英杰晓以利弊,坚持诚信经营的立场,但在利益面前,依然得不到商户们的理解。陈金水主动请缨,协助邱英杰打击假冒伪劣产品。最终邱英杰因操劳过度重病染身,在去世之前用一把火烧毁了商场收缴的假冒伪劣产品,为义乌商场烧掉了斑斑劣迹,也为商户们赢得新的发展契机。《鸡毛飞上天》第 27 集,假冒伪劣产品带来的后患并没有被一把火完全烧掉,信用危机席卷整个商品市场,三角债错综复杂,用陈金水的话说就是:大过年的,一个个弄得像黄世仁似的,讨债的难,躲债的更难。江河一家被要债的人追得不能回家过年,只能跟踪债主,希望能要回属于自己的钱,但无功而返。陈江河坚守诚信价值理念,赶在年关将爱车变卖,凑钱给工人发工资,在关键时刻助他人度危机,自己却分文不取。

在经历挫折中不断探索、总结,并最终找到解决问题的办法,这是"敲糖帮"传统诚信经营价值理念。这种经历、探索也是传统诚信经营价值理念的有机组成部分。相反,在巨大的利益诱惑面前,如果义乌商人未经任何探索和挫折,就很好地继承"敲糖帮"传统诚信经营价值理念,这才是掩耳盗铃的不合理行为。

"再好的产品,如果不与'注意力与瞩目性'相结合,也创造不了价值。"①《鸡毛飞上天》用矛盾推动剧情发展,致力于诚信社会主义核心价值观的展演,使内容资源更加优质,借助微博微信等新媒体平台互动传播,提升了受众对社会主义核心价值观的关注,获得了受众更直接的回应与价值认同,取得了价值论导向和消费行为导向的双重成功。《鸡毛飞上天》数次登顶微信、微博话题就是最好的证明。

(四)《鸡毛飞上天》中友善社会主义核心价值观的传播

"友善"是中华民族的传统美德之一,包含着善待亲友、他人、社会、自然的意义。② 把友善列入社会主义核心价值观,更彰显了中国人民倡导人与人、人与社会、人与自然友善共处的关系,营造共同富裕,共同实现美好和谐社会的新局面的信心和期盼。

(1)个人的友善深刻影响着国家和社会的和谐发展。

"现实的人不可能只处于单一的社会关系之中,而总是要结成各种各样的社会关系。"③《鸡毛飞上天》处处传播以人为善,让受众在体验中感觉到个人的友善深刻影响着家庭和睦,社会和谐,国家强盛。

陈江河是陈家村人在雪地里捡来的,他没有怨恨亲生父母的抛弃,而是感恩于陈家村人,尤其是陈金水的养育,带领陈家村人"飞上天"。例如第19集,陈江河对王旭的谈话。王旭问:"他(指陈金水)不跟你说话,你还看他!"陈江河回答:"我的命就是他捡来的,我能不去看他吗?"感恩之情溢于言表。第20集,在陈大光和巧姑的婚礼上,陈金水用挑货郎的精气神"一走就是几十里……走到哪儿哪儿都是朋友""也别贪那一毛钱的利,都是你的了,就你聪明,别人都是傻子!"传播个人的友善才能带来"日子的踏实",带来国家和社会的和谐发展。第21集,陈金水被陈大光气得住进医院,玉珠二话不说给钱治病、熬鸡汤,哪怕陈金水认为"洛玉珠根太重,有玉珠鸡毛就飞不高""玉珠就是横在他们两人之间的一个坎"。第29集,赵姐说王旭经常念叨邱岩,王旭叫赵姐把嘴闭上,邱岩让王旭道歉等等,矛盾冲突中传播出以人为善,尊重他人有助于个人良好人际关系的建立,友善才能家庭和睦,让受众更能产生情感上的共鸣。

(2)"友善"价值观有助于及时消解社会矛盾心态。

在改革开放40年间,社会的思想观念和利益格局不断调整,社会心态和个

---

①周晓华等.基于新媒体技术的马克思主义传播[M].北京:国家行政学院出版社,2012:78.

②本书编写组.社会主义核心价值观培训教材[M].北京:新华出版社,2014:159.

③何怀远,周碧晴,崔秋锁.马克思主义哲学原理[M].北京:国防大学出版社.1999:237.

人情绪波动在所难免。再加上个人能力、天赋、机遇的差别,客观上出现了贫富差距拉大,在某些领域出现一些焦虑、浮躁、喧嚣、炒作、攀比等不良社会心态,根源在于社会群体之间缺乏沟通交流的渠道。《鸡毛飞上天》恰好为人们提供了这样的沟通交流渠道。例如第 30 集,陈江河与莱昂通过钓鱼沟通交流,传播出"既然我们合作,就要快乐地合作,机会从来就不缺,但有些是我们的,有些不是我们的"。玉珠对杨雪的一让再让,传播出玉珠诚恳地希望和杨雪"可以是朋友,而不是对手,有钱大家一起赚"的友善价值观念,让海量受众在观看审视鸡毛、玉珠价值观的同时,通过弹幕、微博、微信博客等新媒体适时地评价,积极地介入鸡毛价值观的讨论,实实在在地履行着社会主义核心价值观传播的功能。

(3)倡导"友善"价值观有助于积极改善不良社会风气。

"友善"作为社会主义核心价值观,鼓励社会公民之间互相理解、包容、团结,有助于积极改善社会不良风气。当然,这种理解包容不是无底线的纵容。《鸡毛飞上天》中的陈大光想一夜暴富,走关系、批条子,不择手段,最后锒铛入狱,就很好地传播出"这种理解、包容不是无底线"的纵容。第 30 集,玉珠熨烫衣服时与王旭的对白:"大光叔坐了这么多年的牢,你巧姑等了这么多年,现在好不容易怀上了孩子,你爷爷身体也越来越不好,你爸实际上就是睁一只眼闭一只眼,觉得陈大光这会儿想多挣点钱也是正常的,这也是为了你小姑和你爷爷好。"第 35 集,陈江河与王旭在去玉珠集团上班路上的对白:"哪怕是你大光叔这样的人,他做事也有他非常不容易的地方。"视听结合中,图像与声音相互弥补,将理解,包容、团结融于主人公影像言行中,引导受众在观看中体验"友善"价值观的文化功能。对山寨玉珠集团产品的"大狗"一伙,陈江河友善对待,收为己用。对赵姨以心换心,友善待之,赵姨买房,玉珠借给她几十万,换来赵姨勤勤恳恳的工作,都是将"友善"价值观融入影像艺术、文化认知、日常生活而进行的最好传播。正如第 33 集,陈江河对王旭的教育:"什么才是最不容易的?——容人、容事、眼界、心胸!"

(4)坚持"友善"价值观有助于建设和维护社会互信体系。

诚信是"友善"价值观内涵的本质诉求,是"友善"社会的基本保证,更是"友善"社会的具体体现。人们之间的信任程度,通常与情感密切程度相关。人与人之间的情感越密切,相互间的信任程度就越深。坚持"友善"价值观能拉近人们的情感距离,有助于人与人之间信任程度加深。人与人之间信任程度加深,人们就更能秉持诚信之德,参与公共事务,信守承诺,才能勇于责任担当。

《鸡毛飞上天》之所以能积累相当的口碑和人气,与其积极向上地传播社会主义核心价值观不无关系。第 38 集,从口头声音到视听画面,都给予受众"友善”价值观的内心情感体验。当印度尼西亚西部海域发生 8.5 级地震,巴基斯坦遭遇特大洪水,飓风袭击东南亚,包括云南广西发生了重大自然灾害,联合国开发署、联合国难民署发布公告,召集救灾需要的铁锹和灾后重建需要的各种器材,玉珠集团正好有一批五金刚刚出厂。王旭因为年轻,看到的只是巨额利润,甚至想绕过联合国,直接分销到各地,与陈江河看到的是责任,不能赚灾难钱,直接将救灾物资捐给联合国开发署、联合国难民署形成对照,传播出“友善”社会主义核心价值观虽鼓励人们更多地理解、包容、团结其他公民,但这种理解包容不是毫无道德标准的纵容,而是在责任担当前提下的理解包容。第 40 集,王旭在灾区对聋哑女孩小玉的友善,鸡毛面对杨雪的价格战,大光将各厂真实报价泄露给杨雪等等,都让受众在情感体验的冲击中,从内心深切感受“友善”社会主义核心价值观,传播出我们不仅在国内要“老吾老以及人之老,幼吾幼以及人之幼”,在国际上也要有这样的责任担当,每一个中国人都要努力培养自己的善言、善心、善举、善行,用“友善”对待身边的人和事,推己及人,广具爱心。传播“友善”社会主义核心价值观,能使家庭更和睦,邻里更和谐,社会更温暖,世界更美好,因此,“友善”社会主义核心价值观也是大局观。

二、新媒体剧《芈月传》中的价值观传播

由知名导演郑晓龙所执导的 81 集新媒体剧《芈月传》,是根据已经走红的网络小说《芈月传》改编,依托新媒体环境制作而成,故为新媒体剧。《芈月传》于 2015 年年底首播,到 2016 年 1 月收官时,“乐视网、腾讯视频两家网站点击总量突破 200 亿,北京卫视、东方卫视两台收视加起来破 8”。[①] 并斩获 22 届上海电视节“白玉兰奖”最佳电视剧奖,成为 2015 年当之无愧的年度电视剧王。截至 2018 年 11 月 8 日,《芈月传》总播放量高达 148.2 亿,评分高达 9.8,总评论数 128.1 万,不可谓成功的典范。面对新媒体剧蓬勃崛起之势,加上我们的青年受众大多活跃于新媒体,如果新媒体剧为博人眼球仅仅停留于“五毛钱特效”和低俗搞笑的“段子剧”阶段,不顾价值内涵和文化场域的传播,影响的不仅仅是新媒体剧自身的发展,更有受众的价值观念和文化素养。《芈月传》正向传播人生观、价值观,其中的社会文明和谐、家庭安居、百姓乐业等主题思想,无不是对社会主义核心价值观成功传播的典范。

---

①邱伟.《芈月传》收官收视“冲顶”精良　古装剧养刁观众口味[EB/OL].http://news.xinhuanet.com/newmedia/2016-01/10/c_134994428.htm.

(一)《芈月传》体现的自由、平等、公正的价值观

一部电视剧是否成功,收视率只是表象,内涵的价值导向和教育意义才是关键。[①]《芈月传》故事情节很多是虚构的,虽遭一些人诟病,但依然能吸引受众观看,引来社会各层面的评价和重视,其符合社会主义核心价值观念的传播和教育意义功不可没。芈月以"霸星"身份出生,虽为楚国公主,受楚王疼爱,但因为是媵女所生,在宫中处处受打压。尤其是楚威王死后,被楚威后赶到楚国先王陵墓守陵,回宫后又处处遭遇磨难,随楚国嫡公主芈姝以附属品——媵侍的身份远嫁秦国。天性纯良的芈月在一次次陷害中隐忍成长,最终成为主持朝政41年的大秦太后。芈月坎坷的人生经历,剧中列国错综复杂的矛盾纷争,让女主人公亲身体验到自由、平等、公正的可贵。

1.自由

自由是人的本质,是经济、法律、政治、道德等一切人所创造的文化世界的前提和目的。[②] 人有了自由,才会有尊严,才具有创造性和主体性,因此,自由是社会主义核心价值观社会层面的价值理念。历史照亮的不是过去,而是现在和未来。[③] 新媒体剧《芈月传》的创作、传播中蕴含有丰富的自由价值理念,这正是社会主义核心价值观社会层面自由价值内容的现实表达。

第一,新媒体剧《芈月传》产播本身就蕴含自由价值观念。首先,新媒体剧《芈月传》的生产创作本身,就蕴含自由价值理念。《芈月传》是根据蒋胜男的同名网络小说改编创作而来,在赢得了一片赞誉后,才有了创作网络剧的思考,是典型新媒体剧的代表。它顺应了新媒体自由发展和媒介受众心理发展的趋势,是传统电视剧与新媒体深层次、高效率融合发展的产物。其次,新媒体剧《芈月传》的传播蕴含有自由价值理念。与观看传统电视剧不同,受众在观看新媒体剧《芈月传》时处于主导地位,是主动自由地观看。受众可以自由选择观看的时间、地点、集数、观看方式,甚至可以一边看一边与其他受众通过QQ、微信、微博、弹幕等分享感受,参与评论。当然,自由是相对的,新媒体剧《芈月传》之所以在品质上经得起时间的检验,并不是不顾节操地一味迎合受众喜好,而是坚持传播学中"内容为王",注重其价值导向,将社会主义核心价值观载入其中并影响受众。

第二,主人公芈月自由快乐的成长环境,蕴含自由的价值理念。楚威王在世

---

①申东城.如何写出利国利民的宫廷剧精品[J].文艺理论与批评,2016(2):121.

②石国亮.社会主义核心价值观十讲:党员干部读本[M].北京:人民日报出版社,2014:73.

③陈秀美.历史照亮的不是过去,而是现在和未来[J].戏剧之家,2016(04):107.

时，芈月生性率真，没有父母的管束，生活得自由不羁，为其一生追求自由奠定了基础。先王去世，芈月、芈戎、魏冉、葵姑被威后派至先王陵墓守灵，在陵园中吮露沐风，无声无息，自由成长，不但软鞭百发百中，还学会了骑马、狩猎，在葵姑和女医挚的教导下，也学到一些礼乐和医术。太子伴读黄歇时常去陵园看望芈月，并带去屈子要求的功课书简，让芈月虽如野草般成长，却又不失诗书礼乐的熏陶。

剧中黄歇说："你本该锦衣玉食，却在这儿粗茶淡饭，还要自己狩猎。"

芈月却回答说："锦缎有什么好的呀，一爬树就撕破了，还不如葛衣耐磨。"

"月儿不会变，也不想变，回宫有什么好的，你看这儿，天高地广的，多自在呀！"对话中芈月喜欢自由追求自由的价值理念溢于言表。剧中芈月对自由的认知和体验，与一般的公主不同。她不爱红装，不因公主身份矫揉造作，不因地位等级唯唯诺诺，喜爱骑马、舞鞭、爬树……为主人公一生不断追寻探索自由埋下伏笔。当然，剧中也传播出自由是相对的。芈月尽管倔强，当葵姑被威后二十杖脊杖受伤，芈月除了求情别无他法，用芈月的话说："为了戎儿，为了我们大家，我一定忍。"

第三，《芈月传》治国理念传播自由的价值观。《芈月传》让我们看到了一个超越其养母生母只能做妾媵的处境，是中国古代女性对"自由"发出的震耳欲聋的呐喊，是一个完全改变自己命运、掌握自己命运、改变国家命运的芈月。

例如：《芈月传》第 42 集，秦国处理大公主孟嬴求救事件中，芈月说道：

"若以国事论，的确是没有足够的兵力，去问罪燕国，更何况张子刚刚游说燕国，同意退出公孙衍六国联兵之术，但若以家事论，作为父亲，要接回在困顿中的女儿，那只需一队轻骑，乔装改扮，潜入韩国，接走人就是了。"

芈月简单明了的价值理念与芈姝"牵一发而动全身，权衡利弊，不可因小失大"的瞻前顾后思想形成对照，更反衬芈月"自由"需掌握在自己手中的执政理念。尤其是芈月后面对秦王的话："大王，大公主若能带着公子职回到秦国，那燕国的未来很可能就可以通过大公主和公子职操纵在大王手中了……"有理有据，真正的大局思想，自由理念呼之欲出。孟嬴失子事件，葵姑说："这天下是男人的天下，男人争到了功业，女人则流尽了眼泪。"芈月清楚地意识到："我不愿意在这样一个四方天地里由别人来摆布我的命运。""自己的命运要由自己掌握""自食其力，比仰人鼻息寄人篱下来得硬气。""若是因为怕就畏首畏尾，自废手脚，如何执政秦国？"更是自由价值理念的现实意义表达，引导着芈月自己和受众的思想价值和生活，这正是《芈月传》积极价值意义之一。

2.平等

平等是指人们在经济、政治、文化等方面享有同等的权利,是人的最基本的权利,关系到人的尊严和幸福。①《芈月传》中主人公芈月打破“后宫不得干政”的藩篱,获得了与秦王平等交流的机会;执掌朝政过程中废除旧有世袭分封制度,不论平民、贵族,还是义渠人,皆以贤能为标准,一律按本领、军功授予官职;推行商君之法,王子犯法与庶民同罪……芈月独立自主、生而平等的思想观念正是平等价值观念的表达。

第一,《芈月传》主人公芈月兰心蕙质,求知若渴,靠自己的不断努力,提高自我修养学识,一步步赢得秦王的赏识,获得与秦王平等交流的机会。芈月成长中虽远离楚国宫廷,但从未忘记研习课业,在屈子和黄歇的帮助下饱读诗书,骑马、甩鞭、诗书、礼乐都有所涉猎。第26集,和秦王在承明殿研讨诗词歌赋,芈月主动请缨,带着懂得秦楚两国文字的人,整理书卷,重训乐人,让楚国的学识在秦国不至于明珠蒙尘。整理中见到散乱残破的《孙子兵法》孤本视若珍宝,细心整理并抄之于绢。秦王教芈月写每个国家的“马”字,感叹:“光这个‘马’字,七国就各有不同的写法,想要征服列国,征土地容易,征服人心,却因为文字、货币、度量衡的种种障碍——难!”芈月也向秦王谈及当年芈姝嫁入秦国半路病倒,药铺抓药时因度量衡不同不肯卖药之事和自己的见解。秦王统一疆土、统一文字、统一度量衡的志向让芈月深深感动,芈月的见解也让秦王赏识。整理芈姝陪嫁书简、秦王书简奏章、研习策论、四方馆辩论投注……都是知识储备、智慧精进、学识修养的提升,最终获得了与秦王平等交流的机会。

第二,废除旧有分封制度,不论平民贵族义渠人,一律平等按军功、本领授予官职。“为了平等地对待所有人,提供真正的同等机会,社会必须更多地注意那些天赋较低和出身于较不利社会地位的人。”②芈月执掌权杖时曾说:“我虽出身王族,却一直被人踩在脚下,一无所有,我不墨守成规,也不怀挟偏见,我既能一掷决生死,又能一笑泯恩仇”。主人公芈月因为曾经经历的不平等,才深知平等的可贵,才会不计个人得失、宽容大度、平等待人,不论平民贵族义渠人,平等地享有权利、履行义务,用芈月的话说,你们有多少努力,就有多少回报。平等观念跃然屏幕。春秋战国时期诸侯各国争霸天下,礼贤下士,形成了独立自由平等的士文化。战国士文化是指“战国时期以士林阶层为创造主体、以平治天下为目

①石国亮.社会主义核心价值观十讲:党员干部读本[M].北京:人民日报出版社,2014:74.

②[美]约翰·罗尔斯著,何怀宏,何包钢,廖申白译.正义论[M].北京:中国社会科学出版社,2009:74.

标，以思想解放自由创造为特征的文化思潮”。[①] 士文化思潮不迷信权威，不趋炎附势，自尊自重平交王侯，杰出者即受到重用的思想精神，正是平等价值观念的意义表达，顺应了时代潮流，满足了当今受众的价值审美要求，这正是《芈月传》产播的价值意义所在。

第三，推行商君之法，王子犯法与庶民同罪。秦国从商鞅变法后便十分重视依法治国，秦边境一老伯皆尊商君之法。芈月趁处理七公子叛乱推行商君之法时说：

“是啊，都是公子王孙，纵然是谋反，成者为王，败者，只是不关痛痒地轻罚几下，江山社稷成了他们手中的玩物，全然不顾祖宗庙堂豕鹿出没，八乡四野，豺狼横行，三五年后，他们高兴了再反一次，谁在意生灵涂炭，哀鸿遍野，民不聊生，不让他们付出代价，造反在我大秦便永远如同儿戏，枉死几万兵士，数十万庶民，亦如大风吹过，片叶不沾，如此国不成国法不成法，一旦外敌到来，江山覆亡，呜呼哀哉，灰飞烟灭。”

句句在理，铿锵有力，平等价值观溢满屏幕。

“若是因为他们是公子王孙就可以免罪，那还要秦法何用？”

“我要让天下人看到，我用国法杀他们，名正言顺，以儆效尤，我也要让天下人看到，我言出法随，一切都是光天化日之下，不必矫情伪饰。”

对稷儿和樗里子的不解，芈月的解释，实际就是对受众的解释。

3.公正

公正是公平和正义的复合词，通常指一种基于一定标准或原则而对待人和事的不偏不倚的态度。[②] 比如：一视同仁、买卖公平、一碗水端平，等等。正义则通常与一定的社会制度特别是法律尊严的体现相联系，主要指制度和行为结果中应当体现的原则。[③] 公正是以人的解放和自由平等权利的获得为前提，是国家、社会、自然的根本价值理念。[④] 一个社会的公正程度，是衡量社会文明进步的重要尺度。《芈月传》中的主人公芈月施行商君之法，平定七公子之乱，废除世袭制度，坚持有军功、有本领者才能封官加爵，用法律保障将士们的公平竞争机会，正与公正价值理念相契合。

用芈月的话说：“若过十年、二十年，有一日，秦国再也不分什么老秦人、新

①陈桐生.楚辞与中国文化[M].西安：陕西人民教育出版社，1997：85.

②石国亮.社会主义核心价值观十讲：党员干部读本[M].北京：人民日报出版社，2014：76.

③石国亮.社会主义核心价值观十讲：党员干部读本[M].北京：人民日报出版社，2014：76-77.

④石国亮.社会主义核心价值观十讲：党员干部读本[M].北京：人民日报出版社，2014：76.

权贵,所有生活在我王旗底下的,都是秦人……"

无论老秦人、新权贵,一视同仁,公正价值观念得以有效传播,以史为鉴,历史的现实意义得以体现。

(二)《芈月传》传播个人层面的价值观

"敬业、诚信、友善"是立足于个人行为层面概括出的价值观,是公民基本道德规范的核心要求。知古是为明今,新媒体剧《芈月传》是也历史剧,"从历史比较中寻找参照依据判断,重建自己的生活、现实和人生"①,才是今天研究讨论《芈月传》最大的时代价值和现实意义。

(1)《芈月传》传播以敬业为主要内容的职业道德。

敬业是对公民职业行为准则的价值评价,要求公民忠于职守,克己奉公,服务人民,服务社会,充分体现了社会主义职业道德。② 敬业是积极向上的人生态度,是职业道德的核心内容,是责任心和事业心的集中体现。《芈月传》是历史剧,但更是现代文化作品,现代文化作品必须体现时代的精神和品格,符合时代的主流价值观念,即社会主义核心价值观,才具有存在的价值和意义。《芈月传》编辑功力深厚、导演匠心独运、演员演技精湛,无不是敬业精神的体现,尤其是剧中对历史的考证与还原,主人公芈月的成长成才,为实施商君之法兢兢业业、为国为民,更传播出敬业的核心价值理念。

第一,《芈月传》历史考证与还原,传播出制作方的敬业价值观念。

《芈月传》作者蒋胜男在写作之前,仅资料文献的查阅,就准备了足足 3 年时间,大到对《芈月传》发生的历史背景、历史事件、人文思想、历史人物的生活轨迹,都做了详细认真的分析与研究;小到对芈月的生平、音乐、服饰、行为动作等,都进行了科学严谨的考证,作者这种忘我投入的精神、对历史的敬畏尊重、认真负责的态度,就是敬业精神最直接的体现。

《芈月传》历史背景是春秋战国时期风云变幻的 70 年,剧中人物的服饰、音乐、婚礼,甚至服饰的颜色配饰,发髻的梳法等细节,都是对历史时空的精心打造,传播出社会主义核心价值观个人层面的敬业价值准则。《芈月传》81 集中共有 30 个大的历史事件,如楚威王灭越征齐、张仪受笞离楚、郑袖谗杀美人、秦楚丹阳之战、秦燕联姻、五国灭齐、蔺相如完璧归赵等等,都是真实历史事件的再现。又如:秦人发髻是"正髻"(梳在正中央),楚人发髻则为"歪髻"(向左或向右侧歪),黄歇从头至尾发髻都是歪髻,还有孩子的发型,几乎都根据出土文物

---

①庄庸.从少女之"心"到女"王"天下[J].名作欣赏.2016(22):65.

②石国亮.社会主义核心价值观十讲:党员干部读本[M].北京:人民日报出版社,2014:89.

而来。剧中楚国多台,高山流水之间遍布亭台也是历史的真实写照。还有服饰的颜色、饰品搭配,剧中人物的性格、动作行为,场景特效等等,都力求尊重史实。如服饰的颜色:楚国尚红,秦国尚黑,而燕国人喜欢白色服饰,因此,随着剧情的发展,楚宫服饰是以红色为基调,秦宫则以黑色为主,燕国宫廷服以白色为主。虽然为剧情生动、跌宕起伏,也虚构了一些情节,但并未影响其作为历史剧的整体效果。郑晓龙团队经科学严谨的历史考证,精心打造出的《芈月传》,遵循了历史事实,表现出制作方对历史的敬畏和对后世子孙的责任担当,这就是敬业精神的当代表达和当代意义。

第二,芈月的成长成才过程传播敬业价值观。

芈月的出生,就预示了其一生的悲惨命运和成长中不可避免会遭遇磨难。芈月虽贵为公主,却因为是楚威王宠妃莒姬的媵女向氏所生而地位卑微;虽是"霸星"出世,却为女儿身。但芈月不信命,奋起抗争,冲破重重旧俗,让受众看到一个超越了时代背景,超越了她庶出媵侍的身份,当然也超越了她在后宫的遭遇处境,最终登上最高峰的芈月。芈月被威后派往先王陵墓守灵,粗茶淡饭、与大自然亲密接触,而且有屈子的指导(虽在时间上有些与史实不符,但不影响剧情的发展),青梅竹马黄歇不断赠送书籍,芈月在天宽地广的陵园如饥似渴地阅读典籍、博览群书,从而通晓历史,知书达理,奠定了坚实的学识资本。《芈月传》第4集,芈月急于知道黄歇给她带了什么书,在用手接书前在裙子上反复擦手,这些细节展示出芈月爱惜书籍,渴望读书。业精于勤而荒于嬉,一勤天下无难事。黄歇已经算是勤奋,但芈月认为不够,用芈月的话说:"子歇哥哥,你整日给太子做伴读,变得这么懒,我早就告诉过你吧,让你多给我带些书简来,你就是不肯多带。"芈月积极向上的人生态度,与敬业价值观的核心内容不谋而合。

芈月从楚国先王陵园回宫后,不屑于宫廷争宠,而认为"鲲鹏的归属在浩瀚天空,燕雀的巢穴再温暖又如何?外面的风雨再残酷又如何?"芈月目标明确,不畏艰难,不忘初心,专心致志做事的精神状态,传播的恰是敬业精神的内涵。芈月到秦国后,整理芈姝的陪嫁书简,陪秦王看书、批阅奏章,随秦王嬴驷巡游天下,四方馆与策士就治国学说的辩论……这种积极向上、不懈奋斗,把个人价值实现与社会价值统一起来的精神,正是敬业价值理念的最高境界。

第三,芈月治国理政中传播出敬业价值观。

芈月为百姓代言,为江山社稷实施商鞅之法,为自身求生存、谋发展、图宏愿,都具有社会正能量——敬业精神传递的责任与担当。回顾历史,是为了以史为鉴,这才是《芈月传》的深层价值所在。

《芈月传》第70集,禁军刺杀芈月未遂,芈月宣室殿训诫:

“……你们沙场浴血，卧薪尝胆，千里奔波，赴汤蹈火，为的不仅仅是效忠君王，保家卫国，更是为了让自己活得更好，让自己在沙场上挣来的功劳，能够荫及家人，为让自己能够建功立业，人前显贵……”

字字珠玑，铿锵有力，将士们曾经的敬业精神，曾经的大秦荣光，与芈月随后的话形成鲜明对照。

“可如今却是大秦的耻辱，当敌人兵临城下的时候，你们不曾迎敌为国而战，却在王位相争中自相残杀……”形成鲜明对照，更反衬“专心致志，以事其业”“忠于职守”的重要价值。还有“我大秦曾被人称为虎狼之师，令列国闻风丧胆，可就在前不久，五国陈兵函谷关外，可我们却束手无策，任人宰割，这是为什么？”

芈月语速迟缓，抑扬顿挫，每一字每一句都是精雕细琢，让受众跟着剧情走，反思家国大业中公民忠于职守、克己奉公，服务国家社会的社会主义职业道德。该集最后，芈月问将士们：

“你们敢不敢去争取？能不能做到？”

将士们“我们敢，我们能，我们能做到！”的呼声响彻云霄，中华民族勤劳勇敢、敬业奉献的精神，也随将士们的呼声传播给受众，引发受众情感上的共鸣。

芈月不仅乐业也精业。芈月为推行商鞅之法，克服重重艰难险阻，重修四方馆，为江山社稷不拘一格，广招天下贤士，为秦国的未来筹备人才……都是敬业、乐业、精业精神的传播。

(2)《芈月传》传播诚信友善的个人层面价值准则。

《现代汉语词典》解释“诚”为“真实的、实在的。”①“信”为“确实、信用、信奉、凭据。”②诚信即诚实守信用，是人类社会千百年传承下来的道德传统，也是社会主义道德建设的重点内容，它强调诚实劳动、信守承诺、诚恳待人。③《现代汉语词典》解释“友善”是“朋友之间亲近和睦”④，友善即与人为善，要求善待亲友、他人、社会、自然。⑤ 社会主义个人层面核心价值观中“友善”是“爱国”“敬业”“诚信”的基础，一个人不“友善”，就谈不上“爱国”，也谈不上“敬业”，自然也不能做到“诚信”。一个不“友善”的人，它的家庭关系、社会关系都不会和谐。所以，“友善”是更高层面的价值目标。马克思说：“人的本质不是单个人所固有

---

①中国社会科学院语言研究所词典编辑室.现代汉语词典[M].北京：商务印书馆，1991：137.

②中国社会科学院语言研究所词典编辑室.现代汉语词典[M].北京：商务印书馆，1991：1284.

③石国亮.社会主义核心价值观十讲：党员干部读本[M].北京：人民日报出版社，2014：93.

④中国社会科学院语言研究所词典编辑室.现代汉语词典[M].北京：商务印书馆，1991：1404.

⑤石国亮.社会主义核心价值观十讲：党员干部读本[M].北京：人民日报出版社，2014：97.

的抽象物,在其现实性上,它是一切社会关系的总和。"①人是社会的人,任何人不可能独立于社会而存在,对他人诚信友善就是对自己诚信友善。

第一,芈月选贤纳才的理念,传播诚信友善的价值观。

《芈月传》如果是单纯的宫廷剧,就可能落入宫廷纷争的俗套,把传统文化中的"糟粕"作为"卖点"进行传播以吸引受众眼球,演绎的是后宫中几千嫔妃为争宠耍尽阴谋诡计,不利于社会主义核心价值观个人层面诚信友善价值观念的传播。但是,《芈月传》主创者另辟蹊径,以历史剧为主古装剧为辅,把一个不屑后宫争宠,不以诡计上位的女主人公演绎得活灵活现,传播出积极阳光、诚信友善的社会主义的价值意义。《芈月传》第19集,芈月挑选了两个少不更事的贴身丫头,葵姑不理解,芈月解释说:

"伶俐管用自然是好,忠厚老实更重要。年龄大的侍女都是被调教过的,这楚宫里面尔虞我诈,大约学会了不少,所以我挑人只要一条,就是心里头干净,做事情拙,我可以教她,但是做人拙,你是教不好的。"

芈月对身负重伤的陌生人张仪施以援手,对"以自己为敌"的宫中嫔妃一样与人为善等等,都传播出芈月选贤纳才的价值理念:做人忠厚老实、诚信友善比做事情聪明伶俐更重要;做人坦坦荡荡,做事光明磊落……这样的影像传播,更能引发受众的共鸣与思考,契合诚信友善价值意义的传播。

第二,芈月治国理政的理念中,涵盖诚信友善的价值观。

《芈月传》主人公芈月既不依靠地位,也不依靠权力,而是靠自己诚信友善的执政理念。《芈月传》第70集,芈月对刺杀自己的刺客——以禁军头领蒙骜为首的一批内应,不是赶尽杀绝,而是以"不会整个禁军都靠不住,鼠辈只会暗中下手"的"君子坦荡荡,小人长戚戚"的友善态度对待。芈月解开被捆绑的刺客,对他们训诫道:"将士们,我承诺你们,从今以后,你们所付出的一切血汗,都能得到回报,任何人触犯秦法都将受到惩处。"

"你们有多少努力,就有多少回报!"

芈月对刺杀自己的禁军头领蒙骜"敢于认罪"的诚信态度,还以"不治你们的罪,我要你们去平定内乱,去沙场上将功折罪"的友善,为向百姓兑现"王子犯法与庶民同罪"的承诺,顶住各方压力处死叛乱七公子,传播出的都是芈月诚实守信的价值理念。

第三,芈月教育理念中,传播诚信友善的价值观念。

《芈月传》中芈月的儿子嬴稷,是历史上有名的秦昭襄王,战国后期一代霸

①马克思恩格斯选集(第1卷)[M].北京:人民出版社,1995:60.

主,名垂青史,单看这一点,芈月就不愧为一个成功的家长。她教会了嬴稷遇问题独立思考的开放思维方式,不受他人左右,遵从自己的内心,相信自己的判断。当秦王用"韩蜀之争"的论题考公子稷和公子荡时,公子稷不愿受他人蛊惑,按照自己所思所想,诚实地道出自己的看法和主张,深受秦王喜爱。而公子荡却按照母亲芈姝的意思,投多数人支持的一方,两两对照,芈月教育理念中诚信价值观念得以传播。芈姝宠溺公子荡,而公子荡的老师甘茂,更是一个见风使舵,心术不正的小人,他们教出来的学生骄横跋扈,毫无诚信友善可言。比如《芈月传》第 43 集,公子荡摔死公子通的小狗,戾气突显。

公子稷说:"狗狗死了,通哥哥哭了。"

葵姑说:"稷儿,咱们把那两只小黄鸟送给通哥哥,好不好?"

公子稷说:"好!"

芈月夸赞公子稷:"稷儿是个和善的好孩子。"

芈月劝诫芈姝:"王者应具有五德:勇、智、仁、信、忠,勇则不可犯,智则不可乱,仁则爱人,仁之所在,天下归之。"让芈姝注意嬴荡身上的戾气,芈姝却不以为然,反而以己之心度他人之腹,认为芈月是嫉妒。

主人公芈月善良的人性、美好的内心、诚信待人的品格在与芈姝和嬴荡的对照中昭然若揭,也为后来嬴稷名垂青史,嬴荡因举鼎而亡成为千古笑柄埋下伏笔,这里传播的正是社会主义核心价值观个人层面诚信善良的道德品格。

正如审查意见所说:"芈月的传奇一生是一部奋斗史,对国人、特别是年轻人的成长与成才提供了励志的榜样,'对当今处于改革开放关键时刻的中国具有很强的现实意义'。"①当嬴荡举鼎而亡,各国觊觎秦国领土时迎难而上,面对刺杀自己的刺客时,都能放下个人恩怨,芈月以大局为重,推行商君之法,哪怕对"下人"也诚恳友善等等,无不紧扣社会主义核心价值观的内涵和要义。

---

①叶弥杉.郑晓龙:我的剧永远和老百姓站在一起[EB/OL].http://ent.qq.com/a/20151225/002260.htm.

第六章
公民视频新闻中的社会主义核心价值观传播

伴随新媒体技术的快速发展,公民参与新闻报道的门槛降低,“人人皆记者,人人皆可发声”已经成为常态。在任一热点事件的发生现场,都有公民自觉或不自觉地用手机或其他便携设备录摄视频,还有监控录制下来的视频。这些视频广泛散布于新媒体空间,并被学术界冠以“公民视频新闻”的称号。公民视频新闻反映国计民生、记录时事热点、聚焦底层民众、关怀弱势群体,加上多样独特的视角、及时趣味的特质以及传者与受众基本一致的认知框架,很受受众追捧。

公民视频新闻是文化产品,衡量文化产品的价值尺度必须是精神价值尺度。也就是说,衡量公民视频新闻的价值标准,是社会精神价值而非物质利益。社会主义核心价值观是我国文化软实力的灵魂,是文化软实力建设的重点,是社会主义社会的主流精神价值。公民视频新闻是否促进国家富强、民主、文明、和谐;保障社会自由、平等、公正、法治;实现公民爱国、敬业、诚信、友善的社会主义核心价值观传播,是其是否实现社会精神价值的判断标准。本章就公民视频新闻的概念内涵、传播特点和其中社会主义核心价值观传播的成功范例进行探讨,为学界、公众、政府机构更好地拍摄公民视频新闻、应用公民视频新闻传播社会主义核心价值观,提供有价值的参考。

第一节　公民视频新闻概述

一、公民视频新闻的概念

学界对公民视频新闻的概念投入了较多的关注,并基本达成共识。较有影响的观点认为,公民视频新闻是“公民新闻与网络视频的交集,它既是公民新闻涵盖的主要形式,也是构成网络原创视频的主要成分。”①《维基百科》将“公民

①高红波.新媒体节目形态[M].开封:河南大学出版社,2013:70.

新闻”解释为“参与式新闻”，是指“公民‘在搜集、报道、分析和散布新闻和信息的过程中发挥积极作用’的行为”①。“网络视频”则倾向于更有冲击力和感染力的视觉化视频。

首先，公民视频新闻不同于民生新闻。二者虽然内容相近，反映的都是市井百态、街头巷尾热议新闻。但前者的制作主体是普通公众，是以往没有机会充分参与媒体新闻报道的普通人，强调的是没有经过新闻专业训练的公众，拍摄的是未经过任何加工的原创性视频材料；后者的制作主体则是经过专业新闻学习的新闻工作者，具有专业知识、专门技能，会根据新闻价值、专业理念、职业道德等，对拍摄的视频材料进行剪辑加工。

其次，公民视频新闻不同于电视台播放的由普通公众拍摄的新闻。第一，播放平台不同。前者的播放平台是新媒体——网络空间，后者的播放平台是传统媒体——电视。新媒体网络空间可以“知无不言，言无不尽”地表达态度和观点，承载的是海量信息；而传统媒体——电视则有人把关，受时空的限制，信息承载量也有限。第二，内容把关不同。公民视频新闻几乎没有把关人，虽然技术水平参差不齐，但内容涵盖更全面、真实，受众更容易接受。而电视台播放的由普通公众拍摄的新闻，是经过专业新闻工作者剪辑，保留的是具有新闻价值的部分，节奏更明快，镜头表达更简练。

综上所述，笔者认为，公民视频新闻是指未经过新闻专业训练的普通公众，借助手机、相机、视频监控等拍摄、制作，通过新媒体发布的新近或正在发生的，反映、报道、调查、记录事件真实信息的视频短片。

二、公民视频新闻的出现与发展

公民视频新闻能出现并得以快速发展并非偶然，它是新媒体技术的进步和发展以及公民媒介素养水平的提升相互交织的必然结果。一方面，公民视频新闻是由公民文字新闻、图片新闻发展到一定阶段的产物，这其中新媒体技术的进步和发展起到了“技术性启蒙”的作用。另一方面，随着经济的发展和传统新闻媒体潜移默化的引导，公民媒介素养水平得以提升，社会文化环境更加开放包容，为公民视频新闻传播提供了“文化”的土壤。原有的网络视频中具有新闻性质的内容，多数都是专业媒体机构制作，之所以近年才出现由普通公民拍摄、整理、上传、分享的视频新闻，尤其是一些在现场抢拍到的第一手新闻资料，本身就

---

①钟丹.视频短片将是未来增长最快的媒体内容[EB/OL].http://beta.cyzone.cn/Article.aspx? AID=3882.

是这几年传统新闻媒体对公民新闻理念、新闻责任、新闻价值潜移默化熏陶后，媒介素养水平得以提升和开放包容的社会文化环境得以形成的集中反映。

（一）新媒体技术的进步和发展，是公民视频新闻兴起的技术条件

20 世纪 90 年代中期，被称为“自由王国”的互联网（又称因特网，Internet 的译名）引进中国。互联网为任何个人、团体、组织机构尽情表达自己观点和态度，提供了一个虚拟的公共空间。

视频网站的兴起，为公民视频新闻的传播提供了技术条件。公民参与新闻报道，是在 2005 年视频网站兴起以后。2005 年 2 月，被称为互联网视频时代开辟者的两个美国年轻人——查德·赫利和史蒂夫·陈创办了网站 You Tube，随后我国不少视频网站也随之竞相登台亮相：2005 年 4 月，土豆网、56 网出现；2005 年 5 月，激动网出现；2006 年 5 月，六间房出现；2006 年 6 月，优酷网出现；2006 年 7 月，酷 6 网出现……因为网络平台上传统把关人的缺失，人们上传的视频不会因为“不具有新闻价值”或“新闻价值小”得不到传播。普通公民使用便携式 DV 和手机拍摄市井小事、记录精彩生活的瞬间，已成为一种自觉行为。专业记者不可能遍布大街小巷，一些新闻事件往往在瞬间发生，普通公民在现场第一时间用 DV、手机拍摄的影像视频，更容易成为独家见证。无论是灾难性事件如汶川地震、玉树地震，还是突发事件如成都公交燃烧、广东雷州校园凶杀案凶手被捕、重庆万州公交车坠江等，都是普通公民在第一时间，作为第一目击者拍摄视频材料，并迅速在网络传播。

门户网站的加入，是我国公民视频新闻发展的又一里程碑。2007 年 5 月 17 日，中国电信与新浪召开新闻发布会，宣布双方正式成为播客业务上的全面合作伙伴，这是我国首例基础电信运营商与门户网站在视频分享领域的全面合作，标志着我国电信运营商与门户网站的全面正式合作拉开序幕。新浪负责“新浪—互联星空”播客的运营，中国电信负责“新浪—互联星空”播客所需的网络资源。

互联网的出现，视频网站的兴起，门户网站的加入，越来越开放包容的社会环境和人们参与新闻报道的积极性，使公民视频新闻空前地发展起来。人们对视频内容的普遍重视及其越来越大的影响力，已经成为不争的事实。早期的网络视频内容局限于对电视节目的机械照搬，如影视剧、“大众自娱”等娱乐节目。版权被侵犯、质量低下、数量匮乏等现象逐渐显现，甚至恶搞、猎奇、色情、赌博、与主流意识形态不符的不良视频内容也得以在网上传播。直到 2008 年以后，伴随视频网站数量的增多，视频内容的丰富，一些有责任心的拍客针对公共领域的社会热点，制作一些有创意的原创视频在视频网站发布并受到追捧，情况才得以改观。伴随受众对有创意的原创社会热点视频的追捧，一些视频网站开始自觉地借鉴传统电视媒体"新闻立台"的思路,开始制作"主流化内容"的发布平台。① 如优酷网的拍客频道、六间房的社会频道、激动网的播客频道等,还有门户网站新浪、搜狐开通的拍客频道……这些视频发布平台的出现都表明,"视频短片将成为在线新闻的重要组成部分"②,正逐渐成为现实。

(二)公民媒介素养的提升,是公民视频新闻得以发展的文化背景

"视觉表达是人类的一种本能,跳动的视频远比枯燥的文字和静止的图片更有冲击力和感染力。"③视频新闻比文字新闻、图片新闻更形象直观,更具天然魅力,借助便捷、及时、交互的新媒体传播平台,将新闻现场不加任何修饰地直接呈现在受众面前。伴随新媒体技术的发展进步,任何人都可以畅所欲言地表达自我,同他人分享思想,交流观点。在新媒体上,公民思想观点的表达、分享和交流,最初只是以文字、图片为主要形式。随着新媒体环境的变化,尤其是视频网站的兴起、门户网站的加入,数码影像的获取和传播变得轻而易举,视频表达变为现实。

20 世纪 90 年代中期,随着公民视频表达成为现实,公民的视频新闻选择也得以丰富,公民不再只是一味地被接受、被灌输,而是选择性地关注与自己息息相关的新闻事件的发展,渴望发出自己的声音,并希望自己的发声能够得到重视。公民在新闻选择、关注和发声中,主观能动性得以发挥作用,虽然没有经过新闻专业训练,但是并不妨碍他们以自己独特的视角和民间话语方式报道新闻事实、传播价值观念,于潜移默化中提高自身的媒介素养。早在 20 世纪初,美国哲学家杜威就提出:让公民自己去发表,无论赞成或反对,经过讨论,辨明真假利害,人无论如何荒谬,不会有许多人同时荒谬,一部分人荒谬的时候,有人出来反对,辩论的结果是荒谬者被修正或被自然淘汰。④ 公民在发表、辩论中明确自身需要,明白并理解他人所思所想,最终作出自己正确认知的最佳判断。

传统主流电视媒体对视频新闻传播中公民媒介素养水平的提升功不可没。普通民众没有经过任何专业新闻训练,在不了解事实真相的情况下,面对同一事件铺天盖地信息量会无所适从,如果没有权威媒体发声,势必被"裹挟",参与到"七嘴八舌"中,最终可能成为思想、价值观念的消极传播者。传统主流电视媒

---

①张俊芳.视频网站:不稳定时期的挑战、机遇和突围[J].媒介,2009(1):20.

②李文明.中国网络媒体的十年之痒与网络电视的机遇与挑战[C].中国传播学会成立大会暨第九次全国传播学研讨会论文集,2006.

③陆小华.分享平台:新媒体的核心运作模式——新媒体变革取向漫谈之一[J].新闻记者,2007(1):13.

④孙有中.美国精神的象征——杜威社会思想研究[M].上海:上海人民出版社,2010:262.

体将公民视频新闻内容搬上屏幕，通过播放、现场讲述、专家解读评论，探讨并还原新闻现场，回应公民质疑，引导公民看法和舆论走向主流价值取向的方向，这就是公民媒介素养水平的一种有效提升方法，也是公民视频新闻发展的文化背景。

第二节　公民视频新闻与社会主义核心价值观传播

新媒体传播形态多种多样，每一种形态都有其独特的视角和优势。社会主义核心价值观需要选择适合其传播的新媒体传播形态，充分利用其独特视角和优势，实现社会主义核心价值观"像空气一样无处不在"的目的。公民视频新闻作为新媒体的一种传播形态，以其无所不包的内容和日益激增的访问流量，使越来越多的人以更积极负责的态度参与公民视频新闻的拍摄、分享、评论中，这一切都表明公民视频新闻的凝聚力、影响力越来越大，已经逐渐类似于电视、报纸杂志等传统媒体传播，成为人们生活中不可或缺的一部分。公民视频新闻与社会主义核心价值观传播的关系如何？渗透社会主义核心价值观传播于公民视频新闻，有哪些独特优势和劣势？公民视频新闻传播社会主义核心价值观的成功案例有哪些？这些案例为什么能取得成功？如何更好地利用公民视频新闻传播社会主义核心价值观，是新媒体时代学术界亟待研究的课题。

一、公民视频新闻与社会主义核心价值观传播的关系

社会主义核心价值观是兴国之魂，培育和践行社会主义核心价值观是凝魂聚气、强基固本的基础工程。公民视频新闻作为公民新闻传播形式之一，传播社会主义核心价值观是其首要责任。同样，公民视频新闻的健康发展，也离不开社会主义核心价值观的引领。

（一）社会主义核心价值观引领公民视频新闻的发展方向

新媒体技术的发展进步，手机摄像、便携 DV 等视频采集工具的普及，使公民可以自由、主动、随时随地地传播反映个人见闻、表达个人观点的视频信息。不可否认，全民狂欢、众声喧哗的公民视频新闻传播环境已然形成。

公民视频新闻作为一种"视听合一"的语言传播符号，是瞬间发生的新闻。拍摄者没有事先思考镜头的价值定位，只是坚守"用事实说明一切"，这更说明监管引领的重要。监管引领如果长期处于缺位的状态，势必使公民视频新闻在为人们带来视听盛宴的同时，在价值引领方面"负债累累"。它会教坏人们，成为扭曲人们现实生活的"哈哈镜"，给国家、社会、个人带来一系列精神危机。马

克思曾说过，理论一经掌握群众，就会变成物质力量。社会主义核心价值观是我国最深层次的精神力量，只有群众掌握了的精神力量，才能变为物质力量。社会主义核心价值观的传播过程，是一个群众掌握理论的过程，也是一个理论掌握群众的过程。公民视频新闻的传播不是无限制地任意传播毫无价值理念的信息，需要社会主义核心价值观引领方向，否则就会像一艘毫无前进方向地航行在大海上的船一样，任由风吹浪打，其结局必定是沉没。

首先，公民视频新闻传播需要社会主义核心价值观的价值指引。公民视频新闻传播不能只提供信息，不生产意义，否则就是无本之木、无源之水，最终将失去提升公民精气神、指引公民生活、规范公民行动、寄托公民情感的价值意义。社会主义核心价值观从国家、社会、个人三个层面，昭示出当代我国公民应该具备的核心价值观，自然也是新媒体发展方向的精神灯塔，其内容是新媒体发展的重要精神动力。公民视频新闻的价值基础，需要社会主义核心价值观的夯实和引领，其价值准则需要社会主义核心价值观提供。

其次，传播社会主义核心价值观是公民视频新闻的责任。社会主义核心价值观的传播需要一定的传播平台和载体，才能实现多视角、全方位的传播，从而取得更好的传播效果。公民视频新闻为社会主义核心价值观传播提供了广阔的平台，能在一定程度上满足社会主义核心价值观的传播需求。公民视频新闻传播属社会传播之一，作为社会传播的公民视频新闻具有当好社会环境守望者角色、维护好国家社会的安定团结和传承社会遗产的责任。社会主义核心价值观为国家、民族，甚至人类文化遗产的代代传播指引方向，是公民视频新闻“精神罗盘”的统领。

再有，社会主义核心价值观能净化公民视频新闻的文化传播环境。公民视频新闻传播需要一个良好的文化环境氛围，这就必须由社会主义核心价值观保证。面对价值观较量日益激烈的世界新形势，面对多样多变的国内思想文化新特点，精神罗盘的指引比以往任何时候都更加重要。社会主义核心价值观明确回答了我们要建设什么样的国家、什么样的社会、培育什么样的公民的重大问题。由于公民视频新闻传播把关人角色的缺失、传者与受众间交互性强、传播方式多样、速度快、内容丰富等特点的影响，一些低劣庸俗甚至是负面的信息乘虚而入，鱼龙混杂。公民视频拍摄者虽富有社会责任感，善于思考，能自发地关注社会弱势群体，但公民视频新闻依靠受众点击率生存，市场经济下部分新闻视频网站、门户网站为短期经济利益而刻意“吸睛”，是不争的事实，加上拍摄者未受过专门新闻训练，受众猎奇、窥探心理等多方面因素的影响，一些价值观不正、文化趣味低下的视频充斥着新媒体。“沧海横流方显本色”，低劣庸俗甚至负面的公民视频新闻,一定程度上使新媒体传播环境受到影响。这种影响如果能积极引导,对社会主义核心价值观传播可以起到积极正面的作用,否则就是消极负面影响。

借助公民视频新闻传播平台,融社会主义核心价值观于各种社会思潮的交流、交锋中,更能彰显社会主义核心价值观的价值引领作用,真正实现社会主义核心价值观在公民视频新闻传播中的精神罗盘作用,达成引领社会、弘扬真善美、贬斥假恶丑,从而心生敬畏,约束个人行为,实现净化新媒体传播环境、满足我国公民高质量精神文化需求的目的。

(二)公民视频新闻是社会主义核心价值观传播的一种有益补充

公民视频新闻为社会主义核心价值观提供了一个全新的传播平台,是传统媒体传播社会主义核心价值观的一种有益补充。公民视频新闻借助网络媒体,打破传统媒体信息传播时间和地域的局限性,已经成为一种最主要的信息传播方式。

核心价值观是一个国家和民族的精神指南针。“人类社会发展的历史表明,对一个民族、一个国家来说,最持久、最深层的力量是全社会共同认可的核心价值观。核心价值观,承载着一个民族、一个国家的精神追求,体现着一个社会评判是非曲直的价值标准。”①尽管传统媒体加大了对社会主义核心价值观的传播,但由于受时长、版面的限制,记者选择新闻眼光的不同,受众接受时间的差异等因素的影响,社会主义核心价值观传播渗透于公民日常生活难度加大。相较于传统媒体,公民视频新闻正是社会主义核心价值观传播的一种相得益彰的补充,主要体现在以下几个方面:

首先,公民视频新闻能疏导不良社会情绪,使其走上社会主义核心价值观的正轨。社会主义核心价值观能统一社会成员的思想和意志,保障人民群众充分享有政治、经济、文化的权利和义务,维护社会主义社会的正常秩序,是社会主义的价值理想和价值追求。由于我国正处于经济转轨和社会转型的关键时期,各种社会矛盾凸显在所难免,必然存在一些消极负面情绪。公民通过视频新闻的传播、讨论、交流,进行适度的负面情绪宣泄,暴露一些消极负面的价值观念。不良价值观念、社会负面情绪只有暴露出来,才能“对症下药”,用社会主义核心价值观统一其思想和意志,促进社会整体的和谐稳定,保持我国经济社会进一步发展的应有活力。一些公民视频新闻已经是我国“思想文化信息的集散地”,如常

①中共中央宣传部宣教局.社会主义核心价值观全民阅读通识读本国魂[M].北京:中国民主法制出版社,2015:63.

见的“拍客视频”“直击现场”“新闻爆料”“重磅推荐”等，是当前我国各种社会情绪宣泄的“窗口”，形成了较为一致的价值观，尽管有些价值观存在冲突，但基本能和谐共处。面对已然形成的多元价值观念，正确的做法不是盲目堵塞、否定，而是趋利避害，用社会主义核心价值标准进行评判、规范和引导，疏导社会不良情绪，降低不利影响，充分发挥其积极作用，把公民视频新闻建设为社会主义核心价值观传播的新形式、新途径、新平台。

其次，公民视频新闻传播丰富着社会主义核心价值观的内容。公民视频新闻传播速度快、内容鲜活，是传统媒体传播无法比拟的。公民视频新闻中的“公民”，因不具备专业新闻记者的职业敏感，不具备专业的摄制技巧，没有专业的拍摄设备，不能像传统媒体新闻一样高瞻远瞩，但他们以“公民”朴素的视角，对社会主义核心价值观在公民社会生活中独特真实的场景下，进行原汁原味地再现，尤其能关注到传统媒体较少涉及的领域，如弱势群体、底层民众等，这是对传统媒体传播社会主义核心价值观内容的极大丰富，使社会主义核心价值观得到立体化的全面呈现。伴随社会的进步、人们生活水平的提高、公民政治素养水平的提高和民主意识的加强，公民参与政治、价值观讨论的热情不断高涨。公民通过对视频新闻所涉及的政治、社会问题的广泛讨论，作出自己的价值选择和判断，本质上就是借助公民视频新闻传播的交互性、便捷性、直接性、平等性、开放性特点，实现社会主义核心价值观传播“像空气一样无所不在、无时不有”的目的，这也正是公民视频新闻传播的意义生产。在这些意义生产中，不乏独具社会主义核心价值观的内容宝藏，也是当前主流媒体传播社会主义核心价值观的一种有益补充。

（三）公民视频新闻是社会主义核心价值观的一种践行方式

公民视频新闻丰富了社会主义核心价值观的传播手段，是社会主义核心价值观传播方式和传播机制的创新，是社会主义核心价值观践行方式的一种。公民视频新闻传播时间的缩短，使社会主义核心价值观传播的时效性更强；多角度解读新闻事件，使社会主义核心价值观传播的广度和深度得以拓展；个性化和多样化表达，是社会主义核心价值观传播自我议程设置的完善。①

公民传播社会主义核心价值观的实质，是践行社会主义核心价值观。公民视频新闻作为社会主义核心价值观传播的实践方式，普通民众不再只是旁观者、接受者的角色，他们同传统新闻传播中记者编辑一样，积极参与了社会主义核心价值观的传播，拥有了传送、分享、加工视频新闻信息的能力和途径。其次，避免

---

①雷蔚真，欧阳春香．视频拍客对公民新闻传播机制的影响[J]．新闻战线，2010(2)：77.

社会主义核心价值观传播中“沉默的螺旋”的产生。“沉默的螺旋”理论是德国学者诺利·纽曼于1972年提出的，是指人们面对一项争议性议题时，会试图判断自己的意见是否属于大多数，公共舆论是否会朝赞同他们意见的方向改变，如果觉得自己的意见属于少数，他们就会倾向于保持沉默。他们越保持沉默，其他人则会越觉得某种看法不具有代表性，他们便越继续保持沉默。[①] 由于公民视频新闻传播有着很强的便捷性、交互性、平等性、直接性、开放性，公民在视频新闻传播中拥有更多更自由的话语权，能充分表达自己的价值观念，有效避免了“沉默的螺旋”的产生，既保障了社会主义核心价值观传播的广度，又实现了社会主义核心价值观传播的深度。“人无论如何荒谬，不会同时许多人荒谬。有一部分人荒谬的时候，自然有人出来反对：讨论的结果，自然趋势总把荒谬者修正不少，或荒谬者也自然被淘汰了。”[②]

二、公民视频新闻传播社会主义核心价值观的优势和劣势

社会的发展、文化的熏陶使公众产生了话语表达的需要，公民视频新闻便是这种需要得以实现的渠道之一。普通公民在改革开放的市场经济背景下，经历了各种文化思潮的冲击，自我意识觉醒，不再是满足于单纯接受思想和价值观念的灌输，而是重视自我思想和价值观念的表达。公民视频新闻是因其“公民性”“视频化”“新闻性”，成为人们喜闻乐见的传播形态，为普通公民自我表达需求的实现提供了一个平台。传播社会主义核心价值观，是每个公民的权利，更是义务，如何融社会主义核心价值观于公民视频新闻传播中，公民视频新闻传播社会主义核心价值观有哪些优势和劣势，如何扬长避短，都需要学术界展开深入的理论探讨。

(一)公民视频新闻传播社会主义核心价值观的优势

人类的传播活动，总会有选择地、或显或隐地传播符合自己价值观念的信息。拉斯韦尔的“5W”传播模式中，谁对谁说，说了什么，通过什么渠道，取得什么效果，对应到公民视频新闻传播中就是：普通公民对普通公民说，通过融社会主义核心价值观于视频新闻，实现传播社会主义核心价值观，提升公民媒体素养水平的效果。

(1)人文关怀突出亲和。内心认同才能自觉践行，社会主义核心价值观传

①龙静云，周凯.“沉默的螺旋”及其反论对社会主义核心价值观体系传播的启示[J].华中科技大学学报(社会科学版)，2013(1)：13.

②孙有中.美国精神的象征——杜威社会思想研究[M].上海：上海人民出版社，2010：262.

播只有根植于人民,找准情感的共鸣点,才更有亲和力,真正为社会成员普遍接受和深刻认同。公民视频新闻在新媒体的传播中,传者与受众界限模糊,双方交流增强,视频中的信息、思想、价值观念不仅是某一方发出,而是双方在平等地交流分享过程中一步步形成,真正实现了互动性传播,简称“互播”。“互播”只有信息传播的参与者,没有高高在上的信息传播的控制者,受众不再被视为“沙发土豆”,个人的思想、价值观念、兴趣爱好、话语表达权得到前所未有的尊重,这是传统新闻传播所不具备的。公民视频新闻因为有了对公民个人思想、兴趣爱好、价值观念、话语表达权的尊重,才更表现出人文关怀,更具亲和力,更能满足公众情感需求,形成公众注意力集合体。

(2)传播信息生动真实。社会主义核心价值观传播必须是真实生动,能满足公民某一具体需求,才能吸引公民的注意力,实现其有效性。由于公民视频新闻的可视性,使其具有普遍的可理解性和大众性,更易为广大受众所接受,既直观生动,又简洁有力。它以普通公民的眼光和技术水平而制作,取材来自最广泛真实的社会现实,是以完全扎根于普通民众生活的新闻形式,以公民喜爱的视频形式,真实生动地反映事实真相的传播形态。公民视频新闻简单、直白、生活流式的记录,没有镜头语言规则的束缚和专业把关人的审核,摇摇晃晃的镜头中独一无二的场景,体现出对新闻事实的充分尊重,能充分吸引公民群体的注意力,从而实现社会主义核心价值观的有效传播。

个人主观需求哪怕再小,经新媒体传播出来,都能引起足够重视。公民用文字或视频的方式表达个人诉求、捍卫自身权益,已经逐渐成为较常规的做法,这就是为什么有学者认为公民视频新闻增添了新的价值观,将传统媒体认为“不是新闻”的信息成就为新闻,这在一定程度上也给社会主义核心价值观传播带来契机。

(二)公民视频新闻传播社会主义核心价值观的劣势

任何事物都具有双面性,公民视频新闻能够生动真实,更具亲和力地传播社会主义核心价值观,但其报道能力有限,传播结构是网状而非线性,这些都给社会主义核心价值观传播带来不良影响。

(1)技术水平限制了公民视频新闻传播社会主义核心价值观的能力。第一,公民视频新闻一般没有主持人,没有“公民记者”出境。部分视频新闻虽有采访对象,但也只是任其讲述并评议事件本身,缺乏专业有意识地用社会主义核心价值观念进行引导。第二,公民视频新闻拍摄不专业。公民视频新闻镜头因为非专业人士拍摄而摇摇晃晃,画面因为非专业设备拍摄而模糊不清,视频拍摄长度完全取决于拍摄者在“合适”的时间遇到了“合适”的事,这在一定程度上会降低社会主义核心价值观的传播效果。第三,公民视频新闻缺乏专业解读。公民视频新闻中对视频的解读,完全依赖受众自身的成长背景、价值理念、文化素养,或者视频开始和结尾处的描述性、说明性文字,而这些描述性、说明性文字,往往只是视频制作者对事件的个人看法或感想,大局性、政治性、责任性的价值观引导显得缺乏,甚至陷入“娱乐至死”的困局。所有这些新闻传播技术方面问题的存在,一定程度上限制了公民视频新闻传播社会主义核心价值观的能力。

(2)网状传播结构影响公民视频新闻传播社会主义核心价值观的效果。公民视频新闻在新媒体上的传播不是静止孤立的,而是动态开放的。“一石激起千层浪”,是对网状传播影响力最合适的描述。公民视频新闻传播通过受众的参与与互动,不断产生出新的信息,如相关链接、最新相关信息、相关搜索、留言评论等,都可以看作是构成公民视频新闻文本的一部分。在新媒体传播中,信息之间的关系不再是线性,而是网状结构,信息与信息间存在多样化的联系。公民视频新闻动态、开放性的传播,信息间的网状结构关系,一定程度上会分散受众对社会主义核心价值观的注意力,从而影响其传播效果。

(3)个性化报道加大了社会主义核心价值观植入公民视频新闻传播的难度。前面已经有所论述,公民视频新闻是由未经过专业训练的“公民”用手机或便携式 DV 拍摄而成,甚或是监控直接拍摄的原始视频材料,其语言简单直白,不讲究镜头语言规则,甚至根本就没有语言,大部分是公众日常生活场景的再现。公民视频新闻中各类视觉符号按个人兴趣爱好任意拼凑,随机个性化组合配音,毫无章法,传播者因为什么启动传播行为、对受众产生什么影响等更难分析。如何在公民视频新闻的个性化报道中植入社会主义核心价值观理念,如何针对公民视频新闻中的不同传播内容和传播风格,融社会主义核心价值观于其中,对这些问题的相关研究较少,这一定程度上加大了社会主义核心价值观在公民视频新闻中的传播难度。

第三节　公民视频新闻传播社会主义核心价值观的典型案例

社会主义核心价值观是社会主义核心价值体系的高度凝练和集中表达,凝练于中华优秀传统文化和人类优秀文明。公民视频新闻使传统媒体新闻信息高度集中的垄断局面被打破,公民新闻话语权以“影像”形式回归大众。这既带来信息真伪甄别和职业道德规范的挑战,也为通俗易懂、润物细无声般传播社会主义核心价值观带来契机。

一、"南京英雄公交司机系列报道"案例

"三个倡导"为基本内容的社会主义核心价值观,与中华优秀传统文化相承接。事实上,社会主义核心价值观一直在实践中孕育并践行,只是没有向世界清晰地表达出来而已。[①] 优酷网糟糠宝宝曾做过一组南京英雄司机的系列报道,就很好地实现了社会主义核心价值观传播。

南京英雄公交司机系列报道一——《南京英雄公交司机追踪:已昏迷 138 小时》(3 分 11 秒的监控视频):2009 年 11 月 19 日下午 2 点 50 分,南京公交总公司 46 路司机谢二喜开着公交车,行使到南京路三山街时,突然昏迷,他用尽最后的力气,将公交车靠边停下,50 多名乘客安然无恙。谢师傅昏迷前最后一句话是:"我不行了,你们先下……"随后是谢师傅晕倒,手还抓着方向盘,脚紧紧踩在刹车上,倒在司机台护栏杆上的影像。

乘客拨打 120,警察、医生、护士、热心群众一起将谢师傅抬下车,送上救护车的画面……焦急的乘客、七嘴八舌的讨论、谢师傅躺在救护车上、120 急救车滴——都——,滴——都的声音……

屏幕上字幕:当时所有乘客的安全都得到了保障,而谢师傅目前仍处于深度昏迷中。

谢师傅妻子面对镜头的话语:他们打电话告诉我他昏倒了,头脑就像一片空白一样,不知道怎么搞的,紧紧抓住我的手,我就轻轻拍拍他,他就会流泪,他毕竟是家里的顶梁柱,我们家生活来源就靠他一人……在外在家,为人处事也都很好,同事之间都相处的蛮好的,他对工作也都是尽职敬业,他也是开了这么多年的车子,对这份工作还是蛮满意的。

屏幕上字幕:

他只是一个普通的公交车司机,

但他在生命垂危的时候,

在昏迷之前最后的意识,是自己作为公交司机的责任和使命,这个普通人一刹那的光辉,让我们深深感动并震撼。

随后是网友评论:

昆明代笔队留言:值得尊敬,早早恢复健康!中国人民为你的敬业而感谢你!感谢南京出这个司机让我们很温暖。

---

①韩振.培育和践行社会主义核心价值观必须着眼于先进性[N].北京日报,2013-12-30.

网友“干嘛变老”说道：平凡人在平凡的岗位做出了他不平凡的贡献，值得敬佩和祝福！

“果果蔬菜”评论：这么好的人应该让更多人知道他的伟大。

……

很多网友为谢师傅祈福，认为，他值得尊敬，希望他平安。

谢师傅妻子看了网友的留言，在视频中说道：很温暖，很感谢，谢谢他们的关心，他不属于昏迷，现在属于昏睡，现在意识很正常，就像刚刚我讲的，医生问他话他的思路不乱，很有条理，问他想不想女儿，要想就点个头，他点点头，想女儿，把他这条命保住就行了，别的我也不想了……妻子焦急等待谢师傅醒来……

视频最后字幕：138 小时过去了，等待英雄，等待谢二喜。

随后，土豆网、人人网、各电视媒体纷纷报道。

南京英雄公交司机追踪报道——《南京英雄公交司机已苏醒，但仍旧未脱离生命危险》（8 分钟的视频）：2009 年 11 月 25 日，事发 159 小时，通过采访谢师傅妻子，讲述英雄司机的病情，回应网友关切：“……第一天喊他只知道淌眼泪，第二天就睁开眼了，狠狠地哭……”谢师傅妻子对着丈夫耳朵深情地（用的是方言）说：“转到一个更好的医院，设备更齐全，你很快就能好起来了，腿也能站起来了……”让他放心。

糟糠宝宝一路追踪谢师傅从南京中医院转到原南京军区总医院整个过程，同时展现了医务人员救治的尽心尽责。最后是南京中医院主治医生讲述谢师傅病情的视频拍摄。这一切都是回应网友的担心与关切，谢师傅生命体征基本平稳，让所有关注、关心英雄司机的网友放心。

南京英雄司机的事迹引起社会强烈反响，该视频也被推到优酷网首页。糟糠宝宝随后又连续做了 3 期跟踪报道——《独家探访南京英雄公交司机艰难的家境》《病情依旧危急！南京英雄公交司机追踪（三）》《父女泪眼相见！南京英雄公交司机追踪（四）》。糟糠宝宝用公民视频分别从不同角度，报道了南京英雄公交司机事迹的台前幕后，视频用数字和时间讲述事件发展，让受众一目了然，也保证了事件报道的连续性和完整性。138 小时，等待英雄醒来；159 小时，转院到原南京军区总医院；210 小时，谢师傅转入监护病房；232 小时，谢师傅见到女儿，眼泪止不住往下流，懂事的女儿躲在妈妈背后擦拭眼泪，整个过程没有一句话，却真挚感人……

这是一则典型的由普通网民拍摄制作的公民视频新闻的连续报道，糟糠宝宝的报道主题很突出，引起了受众的广泛讨论，客观上“无心插柳”地传播了社会主义核心价值观，谢二喜的英雄情怀，感染了观看视频的每一个人。

(一)融社会主义核心价值观于真实生动的内容信息传播,适应了受众的认知心理

受众的认知心理分浅层次认知、中层次认知和深层次认知。浅层次认知只对事物表象进行初步认识,中层次认知是心理和态度上对事物本质进行理解,深层次认知则表现为行动。公民视频新闻南京英雄公交司机系列报道,原生态的表现手法,鲜活真实的镜头,戳中受众内心的认知需求,属中层次认知,是用社会主义核心价值观作为衡量尺度,作用于受众的感觉和知觉,进一步影响受众的思维和情感,实现让受众理解、赞同社会主义核心价值观的目的,客观上达成了传播社会主义核心价值观的作用。中层次认知进一步带来深层次传播效果,受众意志甚至个性心理进一步受到影响,表现为行动上的变化——评论、转发、对信息进一步的追踪关注,甚至在实际行动中效仿,受众的持续关注就是最好的证明。可以说,南京英雄公交司机系列报道的传播内容信息真实生动,适应了受众心理,以润物无声的方式,传播了社会主义核心价值观个人层面敬业价值要求。

受众是传播系统中最重要、最活跃的因素之一,也是传播效果的关键所在。"传播只有适应受众的心理和文化,才能取得较理想的效果。"①报道中无论是公交车监控截屏中"我不行了,你们先下……"——谢师傅对乘客做最后交代的语言表述,还是谢师傅晕倒后双手依旧紧抓方向盘,脚狠狠踩着刹车的画面展示,以及谢师傅妻子面对镜头朴实地讲述生活中、重症监护室中的谢师傅,无不体现了谢师傅对待工作和生命的根本价值态度——社会主义核心价值观个人层面敬业价值理念的传播。敬业是一种生存方式,是一种价值准则,是一种精神追求,更是社会主义核心价值观对个人道德品质的全方位要求。谢师傅敬畏生命,并且珍惜自己所从事的事业,哪怕生命处在危险中,依然竭尽全力保障乘客生命财产安全,恪守职业道德,恰恰是社会主义核心价值观敬业精神的表现。监控视频中谢师傅在无意识中的所作所为,以更直接形象的"事实描述",真实生动地实现了"眼见为实"的传播效果,更适应受众的认知心理,引发受众共鸣,打动受众内心,于"无心插柳"中实现社会主义核心价值观的传播。

(二)层层递进突出人文关怀传播社会主义核心价值观,抓住了受众的注意框架

改革开放40年,我国经济高速发展的同时,由于受西方社会思潮和新媒体

---

①[美]哈罗德·拉斯韦尔著,何道宽译.社会传播的结构与功能[M].北京:中国传媒大学出版社,2015:19.

传播的影响，吸引公众，尤其是吸引青少年注意框架的多是享乐文化、功利主义、价值取向多元的公民视频新闻。面对如此传播环境，只有两个选择：第一，放弃用公民视频新闻传播社会主义核心价值观；第二，战胜西方社会思潮对社会主义核心价值观传播的干扰。放弃用公民视频新闻传播社会主义核心价值观，意味着丢弃阵地，带来的将是西方社会思潮更加肆意妄为的传播。因此，只有战胜西方社会思潮对社会主义核心价值观传播的干扰，才是明智之举。

公民视频新闻南京英雄公交司机系列报道以真实的场景、朴实的语言、充分的人文关怀，层层递进传播社会主义核心价值观，紧紧抓住了受众注意力。首先，未经修饰的原始视频场景推送，彰显英雄司机的职业责任与担当。3 分 11 秒的监控视频——《南京英雄公交司机追踪：已昏迷 138 小时》，是最初的、未经任何修饰的原始视频场景，反映的是公交车上普通百姓的生活本色。"突然昏迷……昏迷中手抓方向盘，脚紧紧踩在刹车上，倒在司机台护栏杆上的影像"，真实地呈现出谢师傅对自己从事的工作高度负责的态度和行为。受众是亲历者、目击者，"身临其境"的感受，瞬间抓住了受众的注意框架。其次，焦急的乘客，忙碌的医生、护士，120 急救车的声音，彰显了人文关怀。人文关怀是"马克思哲学的一个基本维度"，是"对人的生存状况的关照，对人的尊严和符合人性的生活条件的肯定，对人类的解放和自由的追求等等。"①谢师傅是怎样一个人？他为什么能做出这样的表现？他的家庭、孩子如何？社会各界的反响如何？……公民视频新闻"南京英雄公交司机"推送的系列报道，回应了受众的人文关怀，既满足公民知情权，又让一个平民英雄形象跃然而出。谢师傅妻子拉家常式的故事叙述、艰难的家境、女儿躲妈妈背后擦拭眼泪……受众通过自身理解，合理达成了价值判断：国家的未来，民族的希望，需要千千万万劳动者的辛勤付出和创造，每一个公民都是社会这台大机器上的一个小零件，人人敬业才能保障社会的良性运转，才能保障国家的富强、民主、文明、和谐，潜移默化中实现了社会主义核心价值观敬业价值精神的传播。这样的传播方式，没有说教，却远比主流媒体三令五申、隔空喊话式的传播效果更明显，更"接地气"。

（三）受众的互动讨论，客观上倡导了社会正气，是社会主义核心价值观的践行与传播的延伸

"传播过程的有效性由促成合理判断的程度来决定"②。公民合理价值判断

---

①孙辉.人文关怀与实践概念[N].光明日报，2002-12-26.

②[美]哈罗德·拉斯韦尔著，何道宽译.社会传播的结构与功能[M].北京：中国传媒大学出版社，2015：50.

不是一蹴而就,需要控制、排除一切对合理价值判断造成的干扰因素,于不断修正中促成社会主义核心价值观的有效传播。公民视频新闻南京英雄公交司机系列报道引起社会各界的强烈反响,优酷网一度被推至首页。受众在不断互动中,修正价值判断,促成合理判断的程度越来越高,从而达成有价值的判断目标,这本身就是价值观念的践行与传播。糟糠宝宝在系列追踪报道中时刻关注受众的信息互动,如昆明代笔队的"中国人民为你的敬业而感谢你! 感谢南京出这个司机让我们很温暖";"干嘛变老"的"平凡人在平凡的岗位做出了他不平凡的贡献,值得敬佩和祝福"等等,很多网友为谢师傅祈福。谢师傅妻子看了网友的留言后说道:很温暖,很感谢,谢谢他们的关心。满满的正能量,通过公民视频新闻得以传播,并引发新媒体平台对社会主义核心价值观敬业精神的大讨论。一方面,人们观看、分享视频系列报道,从个人的关注点出发发布热评、参与讨论,使传播呈几何倍数扩大。另一方面,受众发布的观点和认知态度,又反过来影响糟糠宝宝进一步挖掘新闻的落脚点。糟糠宝宝制作的每一段报道,都以不同音乐烘托故事情节,使社会主义核心价值观传播更有思想、有温度,是社会主义核心价值观传播付诸实践和行动的直接体现。

公民视频新闻南京英雄公交司机系列报道之所以能引起受众的广泛关注与讨论,是因为它具有时代和社会的烟火气,与我们心灵深处相连,营造出了培育和弘扬社会主义核心价值观的生活情景和社会氛围。谢师傅的敬业精神,让我们对人生和世界有所感悟,对什么是真善美、什么是假恶丑有正确的价值判断,并且自觉地进行歌颂真善美,抵制假恶丑价值导向。

二、"女子骑车逆行撞人逃逸 大叔一路追赶截停"案例

2017 年 8 月 2 日晚上,上海江苏路附近一名女子骑电动车逆行闯红灯,撞倒一骑"小黄车"的小女孩后逃逸,身后一位大叔骑小轮自行车"玩命"地一路狂追,将肇事女子截停。随后,双方发生激烈争吵,有围观市民用手机拍摄了视频并上传网络,引来了众人的关注和一片拍手叫好之声,称赞大叔为"模子"。

视频中双方争执,大叔愤怒地指着肇事女子喊道:"人还躺在路上呢!""别装! 别装! 你撞了人,那个小孩还躺在十字路口!"

肇事女子竟然声称受到惊吓先报警,并反拍大叔。

大叔一边报警,一边和撞人女子理论。"开玩笑,你撞了别人,我是旁观者,怎么样?"

"别动! 你还想逃? 你逃不了!"

"你以为你是谁啊? 你凭什么抓我?"

“我就普通人一个……”

“别怕呀,来拍张照片看看……”

大叔一捋头发:“你看看我是谁! 我告诉你我是谁,你难为情死了,我告诉你我是谁,你到网上查查我是谁!”

“我拍你了,那么想上网,上啊!”肇事女子对着大叔脸一阵狂拍。

……

二人争执不下,情绪越来越激动,女子见说不过大叔,就开始骂骂咧咧。

“大哥,搞搞清楚,脑子有毛病? 你刚刚还抓我!”

周围的群众都看不下去了,纷纷站出来指责女子的行为。

“旁边的人都听着呢!”

“嘴巴不要不干净!”

“欺负人家听不懂上海话!”

……

很快民警就赶到了现场,向争执的双方了解情况。该女子狡辩称,是别人撞到了自己,自己并不是肇事者。

经过调查,民警还原了事件的过程:当天晚上,肇事女子骑电动车在非机动车道内逆向行驶,撞倒了另一骑自行车的女孩之后逃逸。肇事的这一幕恰好被路过的“模子”大叔看到,出于正义感,大叔骑着小轮自行车一路紧追肇事女子,最终引发了视频新闻开头的一场争执。

警方介入后,双方进行了协商赔偿处理。事件得到了圆满的处理,周围群众纷纷为“模子”大叔的仗义点赞——英雄,见义勇为英雄!

对于事发当时的情况,上海“模子”大叔坦言:自己当时也没多想,只是看不过去肇事者逃逸而已。他至今都很感激当时周围群众对自己的支持,才让正义得以声张。“我心里其实挺高兴的,这不是正能量吗! 老说正能量消失了,没有啊! 人人都是一颗火热的心。现在走在路上都会被眼尖的群众认出,热情合影。”

有好奇网友搜出“模子”大叔的真实身份,这位身着老头衫,挎着小背包,貌不惊人的上海老哥,竟然是旅美华裔指挥家刘健,曾在1983—1987年任上海交响乐团的前身——上海乐团的常任指挥。他还有一连串牛气十足的头衔:中央音乐学院外籍专家教授、纽约大学皇后学院科普兰交响乐团指挥、纽约州罗德戴尔公司总裁、纽约东西方表演艺术机构主席。虽然名扬海外,但如今荣归故里,常年居住在上海的刘健,把自己看成一个普通市民,保卫城市安全,人人有责,这事本身就是大家的事。

新闻午报 V

#参与午报评论，得奖品#【女子骑车逆行撞人逃逸 上海爷叔一路追赶截停】8月2日晚，上海一名骑电动车的女子撞人后逃逸，这一幕被紧随其后的一位大叔看见。随后，大叔“玩命”追赶并将女子截停，没成想却遭到了女子的破口大骂。

8月5日10:51 来自 360安全浏览器

新浪微博搜索“上海大叔狂追肇事逃逸女”截屏

（一）需求满足——社会主义核心价值观贯穿视频新闻传播始终

在传播学中，生命体具有审视并修正环境以满足自身价值需求、维持价值平衡的功能。人们“靠听取作证来证明这样的价值观念，也可以靠观察机会来临时人的行为来证明这样的价值观念。”①改革开放以来，我国经济发展取得举世瞩目的成绩。与此同时，伴随物质生活的丰裕，社会上也出现一些理想信念缺失的现象，一部分人甚至找不到人生的方向和人生价值实现的途径，一味地只看重物质利益，缺乏责任与担当。

公民视频新闻“上海大叔狂追逃逸女”之所以引起广大受众对视频内容的关注，除了因为它在时效性占得先机外，更因为在传播中融社会主义核心价值观于始终，满足了受众精神层面的价值需求。“上海大叔狂追逃逸女”不仅证明了公正、法治——社会层面的核心价值观念，而且证明了诚信、友善——个人层面的核心价值观念。上海大叔义正词严、仗义相助、维护公平正义价值观念的行为，在视频中展露无遗。受众依靠大叔的口头和肢体语言传播出的信息，判断孰是孰非，证明社会主义核心价值观念是合理的价值判断，从而达成有效的价值目标。大叔“我就普通人一个”“别跑别跑”的喊声、捋头发的肢体行为和逃逸女子的“你以为你是谁呀”“二百五”等言论形成鲜明对比，受众在接受的信息中判断是非曲直，证明公正、法治的社会主义核心价值判断。周围受众纷纷站出来指责女子不诚信、不担当的行为：“周围人都看着呢！”“嘴巴不要不干不净！”就是受众信息判断后，修正价值环境，矫正价值视角，维护自身价值平衡的直接体现。

（二）情感打动——受众在矛盾冲突中辨析出社会主义核心价值观

公民视频新闻作为文化传播载体的一种，理应是社会主流价值传播的平台，

---

①［美］哈罗德·拉斯韦尔著，何道宽译.社会传播的结构与功能［M］.北京：中国传媒大学出版社，2015：46.

代表社会主流价值观的走向,其核心职责是引导社会认同主流价值观念。对社会主义社会而言,主流价值观就是社会主义核心价值观,社会认同主流价值观念,实际上就是使公众理解、认同、接受社会主义核心价值观,最后内化于心、外践于行的过程。

要实现"社会认同社会主义核心价值观念",首先是传播主体自身情感的认同,就会主动担负起社会责任,自觉成为社会主义核心价值观的传播者和践行者,并积极正确地疏导社会舆论,坚守价值观底线,营造出健康和谐的媒介文化环境,在政府、社会、公民间建立起情感沟通的桥梁和平台,促使社会主义核心价值观深入人心,落地生根,由价值理想转换为切实的行为。公民视频新闻"上海大叔狂追逃逸女"中的大叔,以"我是旁观者、普通人一个"的身份"玩命追赶逃逸女",实现了"从公众的立场出发,用真挚的情感打动人,增强公众对社会主义核心价值观的情感认同"①。大叔自称"自己当时也没多想,只是看不过去肇事者逃逸而已",更传播出大叔情感上自觉的价值认同,不是摆拍,不是作秀,没有事先的价值定位,而是由内而外自发的价值理念的展现,更能引发受众情感上的共鸣。受众称赞大叔为"见义勇为英雄",大叔反而"很感激周围群众的支持",这就是从情感出发,从普通公民的喜怒哀乐出发,把个人对社会主义核心价值观的感性情感认知上升到国家、社会层面的理性情感认知,实现了社会主义核心价值观和普通受众心理的现实画面的一致性。肇事女子"他撞到我了,所以我要走了"的荒唐逻辑一出口,围观群众一片哄笑声,"周围人都听着呢""嘴巴不要不干不净"的支持声,正是健康和谐媒介环境成功营造的表现,更是社会主义核心价值观深入人心的表现,也是价值理想转换为切实行动的表现,实现了传播者与受众之间实际相同含义的交流的传播目的,即传播学中"真相就是人人共享的画面"②。

(三)行为支持——实现社会主义核心价值观的有效传播

"在人类社会里,传播过程的有效性,由促成合理判断的程度来决定,合理的判断达成有价值的目标。"③"在动物社会里,凡是有助于生存的或有助于满足

---

①王少南.社会主义核心价值观的媒体建构[J].青年记者,2016(10):33.

②[美]哈罗德·拉斯韦尔著,何道宽译.社会传播的结构与功能[M].北京:中国传媒大学出版社,2015:58.

③[美]哈罗德·拉斯韦尔著,何道宽译.社会传播的结构与功能[M].北京:中国传媒大学出版社,2015:50.

群体某一具体需求的传播，都是有效传播。同样的标准也适用于有机体的个体。"[①]由于经济全球化、政治多极化、文化多元化、科技信息化和经济市场化改革"五化"的深刻影响，"社会中原有价值理念和道德标准受到冲击，一些原本十分清楚的价值观受到了质疑，致使一些人在价值评判和行为准则选择上感到迷茫困惑，甚至无所适从。"[②]因此，培育和践行社会主义核心价值观显得十分迫切和必要。社会主义核心价值观传播，有助于明晰公民的价值观念，纠偏公民的价值判断和价值选择，从而满足公民精神层面的需求。

在公民视频新闻"上海大叔狂追逃逸女"中，上海大叔的"路见不平一声吼"，润物细无声地用自己的行动，生动具体地诠释社会主义核心价值观，用公民视频新闻的传播形式，告诉受众如何辨别真善美、假恶丑，告诉受众什么值得赞扬肯定，什么应该批评否定，从德向善是每一个公民义不容辞的神圣责任。他说："如果你有血性，你有担当，你有责任，你会去帮助别人，完全是应该的。""该做的事就得做，就得有担当，如果 14 亿个人，每人每天做一件小小的好事情，一天就是 14 亿件。"文明靠实践才能抵达，法治靠奉行才能彰显公正，诚信靠坚守才能成为风尚，榜样的力量是无穷的，上海大叔的高尚人格使受众受到感召，圈粉无数，网友纷纷表示支持，称大叔为"模子"，还有单位和机构为他颁发万元正能量奖金和证书。大叔含着泪逐条看网友给的赞誉，反而说："不是他感动了别人，而是他被大家感动了。""传播链上每个参与者都构成一个环境因素和性向因素互动的漩涡。"[③]无数参与者根据自身文化、阅历、人格、价值观等丢弃一些信息、加工一些信息、追加一些信息，在互动中输入输出信息，行使着接力传播社会主义核心价值观的功能。大叔与逃逸女的言论、动作引起人们的注意，围观群众、网上受众在互动中加工信息，传导修正自己的价值观念，形成有利的社会主义核心价值观传播环境，进而达成共识，从言行上支持、践行社会主义核心价值观，真正实现了用社会主义核心价值观引人向善的价值追求和付诸行动的价值实践目标。

三、民警抓捕之后道歉案例

2016 年 9 月 3 日下午，重庆涪陵的一家餐馆内，一场突如其来的混乱打断

①[美]哈罗德·拉斯韦尔著，何道宽译.社会传播的结构与功能[M].北京：中国传媒大学出版社，2015：50.

②本书编写组.社会主义核心价值观培训教材[M].北京：新华出版社，2014：51.

③[美]哈罗德·拉斯韦尔著，何道宽译.社会传播的结构与功能[M].北京：中国传媒大学出版社，2015：53.

了所有人的晚餐。等有人反应过来，一名男子已经被多人按倒在地。餐馆内桌椅被掀翻，盘子杯子掉落一地，现场一片狼藉。从视频中可以看到，一些人受到波及，一名穿黑衣服的女子用纸巾捂住脸，在场的民众也都议论纷纷，对眼前发生的事情感到困惑。这时有执法人员解释道："给大家做一下解释工作，这是我们要抓捕的重要嫌疑人。"临走时还抱拳说道："不好意思啊！各位，打扰你们用餐了，对不起！"惊魂未定的人们明白了事情的前因后果，现场的紧张气氛也缓解了一大半。道歉结束，食客们纷纷表示理解并为民警的行为鼓掌。

公安部打四黑除四害官方微博视频截屏

食客们拍摄的视频纷纷在网上转发。9月4日，视频在平安重庆、重庆当地媒体等官方微博发布，公安部打四黑除四害官方微博也转发了该视频，并为民警的道歉行为点赞。腾讯网、新华网、网易新闻、搜狐新闻、新浪新闻、中国青年网、环球网、法制日报等纷纷转载，并赢来一片好评之声。最爱重庆评论道："警察'蜀黍'玩命抓嫌疑人，衣服都被撕烂了，首先想到的不是个人受伤没得，而是抓捕行动有没有惊扰到周边'童靴'们，必须为抓捕哥这样的重庆警察'蜀黍'点个大大的赞！"@为求一公评论道："离去真诚一声'歉'，执法能力一箩筐。"

短短十个小时，视频浏览量突破超30万，相关微信微博阅读量近5万，网友转发点赞15000多次。无论是视频浏览，还是微信微博阅读、转发、评论、点赞，都是受众主动传播行为。所谓"道不同不相为谋"，这样的主动传播，说明受众内心认同视频中民警的行为，受到感召、产生共鸣并付诸实践。民警以传者身份，用文明执法的方式，以人为本地向公众示范社会主义核心价值观；作为受众的现场群众知晓真相后包容、理解和支持，用实际行动诠释社会主义核心价值

重庆民警在火锅店抓犯罪嫌疑人，事后向群众道歉解释。

@平安重庆：【没想到你竟然是这样的警察！蜀黍在火锅馆抓嫌犯被偷！拍！了！】9月3日晚，涪陵警方在一火锅馆抓捕嫌疑人，被网友用手机拍下抓捕过程。突如其来的状况，让店里的食客吓了一跳，现场也是一片狼藉。但民警只用了一个举动就赢得了大家理解和支持（视频1分25秒开始，小编只能帮你到这里了↓↓...
全文

新浪微博截屏

观；最后取得了受众用赞誉、转发、外行于践行社会主义核心价值观的传播效果。可以说，公民视频新闻“民警抓捕之后道歉”以“传者——媒介——内容——受众——效果”的“5W”模式，实现了社会主义核心价值观传播的潜在社会功能。

（一）解释和道歉——用文明执法示范社会主义核心价值观（传者）

公民视频新闻“民警抓捕之后道歉”中民警执法后的一个解释，一次抱拳，一句道歉，让不明真相的人们明白了事情原委，疏解了紧张情绪，用文明执法传达出民警对公民的尊重，牢牢掌握了社会主义核心价值观传播的主动权。

第一，示范出权力是人民给的。民警手中的权力是人民赋予的，应服务于人民的。公民视频新闻“民警抓捕之后道歉”中的民警，不是高高在上、自以为是的呼啸而来、呼啸而去，不顾民众感受的摆架子，而是用解释、道歉的方式，谦虚谨慎、不骄不躁地示范出社会主义核心价值观，为保持自由、平等、公正、法治的社会为人民用好权，让社会主义核心价值观真正融入工作生活，让人们在实践中、从细微处领悟、感知社会主义核心价值观。人民群众是历史的创造者，如果高高在上、自以为是地“摆架子”“老子天下第一”，必然不能顺应民意、凝聚民心，不能堪当历史重任。只有如视频中的民警那样，以敬畏之心对待手中权力和人民，才能坦坦荡荡做人，认认真真做事，才能弘扬正气、抵制邪恶，真正把社会主义核心价值观传播落小、落细、落实到日常工作生活中。

第二，示范出人民与民警是平等的。平等是实现人民民主的基本前提，是维护公平正义的根本基础,是实现依法治国的必要条件。[①] 在社会主义社会,人民是国家的主人,社会成员间可以平等相处,平等地共同管理国家和社会,共同促进国家向更富强、民主、文明、和谐的价值目标前进,共同促进社会向更自由、平等、公正、法治的价值方向进步,共同促进社会成员以更爱国、敬业、诚信、友善的价值准则做事做人。公民视频新闻“民警抓捕之后道歉”中民警的一个解释、一次抱拳、一句道歉,虽是小举动,却传播出民警内心深处与民众间的平等关系,妥善处理好了办案与人民群众基本生活利益保障的矛盾,确保了人民平等地认知、参与社会管理,实现和维护了“人人共建、人人共享”[②]的和谐社会环境。

第三,示范出民警的敬业精神和职业素养。敬业精神是职业道德的集中体现,也是职业精神的重要基础,作为一个价值观范畴概念,反映了个人对其所从事工作的价值认知、情感态度和理想信念等,主要包括对所从事工作价值意义的理解、职业理想的追求、职业道德的遵循等。[③] 公民视频新闻“民警抓捕之后道歉”中的民警虽已受伤,却依然不忘安抚受到惊扰的民众,没有阻止围观群众的拍摄,没有抓捕后的扬长而去,而是在解释后以双手抱拳的肢体语言和真诚的道歉声中退出现场,让民众在实际的观感体验中感知、认同民警竭尽所能地服务于国家、社会和人民。民警从现实实践做起,从点滴小事做起,从个人自身做起,这本身就是社会主义核心价值观中敬业精神的示范和职业素养水平的直接呈现,是社会主义社会爱岗敬业精神的土壤,它能使敬业精神生根发芽。

(二)理解和宽容——用实际行动诠释社会主义核心价值观(受众)

法律之外,应有人情、有尊重。刚柔并济是对法律和人性的尊重,对违法之人刚,对守法之人柔。改革开放近40年,我国经济的快速发展,带来人们需求层次的提升,由原来生理需求、安全需求(即物质需求)上升到社交需求、尊重需求,甚至自我实现需求(即精神需求)层面。社会需求层次的变化,不仅是社会整体教育文化水平提高的反映,更是民主意识、权利意识等情感需求增强的反映。

社会情感需求的增强,带来了精神和情感需求的不断增多,社会主义核心价值观传播必须面对新的社会情感形势。社会主义核心价值观不是一套冷冰冰的知识,传播不能只喊口号,不顾个体本身的情感需求强制灌输。传播过程的有效

①石国亮.社会主义核心价值观十讲:党员干部读本[M].北京:人民日报出版社,2014:74.

②本书编写组.社会主义核心价值观培训教材[M].北京:新华出版社,2014:138.

③本书编写组.社会主义核心价值观培训教材[M].北京:新华出版社,2014:153.

性，由促成合理判断的过程来决定。① 只有合理的判断才能达成有价值的传播目标，实现传播效果，让人们理解、宽容，甚至实际行动中践行社会主义核心价值观。合理判断的达成，实际上是民众情感需求的满足。新的社会情感形势，要求社会主义核心价值观传播坚持以人为本原则，密切联系人们的工作生活实际、情感实际和需求实际，不断创新社会主义核心价值观传播的方式方法。

公民视频新闻“民警抓捕之后道歉”中的民警从工作实际出发，在无法预演的情况下，抓捕嫌疑人之后，调整个人视角向现场公众道歉，表现出对民众权利、情感的尊重，赢来了受众理性的有价值的判断。事情发生的合理性得到最大限度的传播，民警、民众、视频受众间相互理解、宽容，这就是传播学中的“宽容原则”的实现。这属于一种实用主义传播原则，提倡建立一视同仁的观念，从而确保传播的质量。②

传者通过解释、道歉，让受众最大限度地理解所表达的内容，从基层化的视角，用“小举动”阐述“大道理”，“分类满足”不同群体的情感需求。传受双方具备了认知上的容忍，实现了双方在互动中，形成理解、宽容，主动参与、积极关心社会主义核心价值观传播的社会情感氛围，营造出了浓厚的社会教育氛围，实现了多个层面推进社会主义核心价值观传播的内在涵化效果，且得到社会大众的承认。用餐馆工作人员的话说：“到处砸得稀烂心里还是不舒服，但是他道歉过后心里还是暖烘烘的”。当民警再次回访该餐馆时，餐馆老板的“放心我们一定配合！一定配合！”，就是社会理智的承认的最好明证。

（三）赞誉和转发——用社会认同彰显社会主义核心价值观的传播效果（效果）

传播学芝加哥学派的主将帕克在《移民报刊及其控制》一书中，提出了社会认同功能。社会认同是指个体对自己作为群体成员而属于某些特定的社会群体，以及对其伴随而来的情感意义和价值意义的了解。③

公民视频新闻发挥了典型的社会认同功能。由于我国经济长期保持高速发展，社会处于转型时期，存在着焦虑、浮躁、喧嚣、冷漠等社会心理。包括公民视频新闻在内的新媒体传播形态的出现，为这些社会心理的表达提供了机会。于是，在公民视频新闻传播中，有人围观、有人审丑、有人扯谈、有人自娱自乐，甚至

---

①[美]哈罗德·拉斯韦尔著，何道宽译.社会传播的结构与功能[M].北京：中国传媒大学出版社，2015：50.

②[丹麦]克劳斯·布鲁恩·延森著，刘君译.媒介融合：网络传播、大众传播和人际传播的三重维度[M].上海：复旦大学出版社，2015：23.

③Tajfel, H. Turner, J.c.The Social Identity Theory of Intergroup Behavior. Chicago : Nelson- Hall，1986.

有人传播流言。这些行为无形中给社会主义核心价值观传播带来压力，体现出传播的潜功能。有些无目的、无效果，体现出价值观传播的非功能状态；有些甚至走向社会主流价值观传播的对立面，体现出传播的反功能状态。这些多元化传播功能状态的显现，正是民众长期压力得不到释放、缺乏表达空间的结果。新媒体技术的多元化传播功能，赋予了民众释放、表达的权利，使这些社会心理从潜伏状态变成显在状态。可以说，包括公民视频新闻在内的新媒体传播，使部分不良社会心理得到了释放，使职能部门可以与公众保持联系、沟通，进而相互理解。社会认同功能得以发挥，彰显出社会主义核心价值观的正功能传播效果。

公民视频新闻"民警抓捕之后道歉"赢来受众的赞誉和转发，无心插柳中融社会主义核心价值观于社会生活的方方面面，发挥了典型的社会认同功能。社会主义核心价值观的传播，贵在知行统一，知是基础、是前提，内心认同才能自觉践行，才能春风化雨润物无声。在新媒体传播环境下，如果社会主义核心价值观传播还只是以喊口号、教育、灌输的方式进行，有可能带来民众逆反心理，难以实现社会主义核心价值观家喻户晓、内化于心的功效。新媒体把"好事不出门，坏事传千里"演绎得淋漓尽致。对不利于国家发展、社会进步，扰乱社会秩序、损害人民利益的违法犯罪分子，民警执法必须严。这种严在新媒体病毒式传播作用下，给我们留下了"警察执法时冷漠、无情，和群众不交流甚至大声呵斥等暴力执法"的印象，虽不得已而为之，却给民众造成误解。民警简单的一个解释、一句道歉，就架起了民警与公众间的沟通桥梁，让彼此尊重理解，达成社会认同——国家好，个人才会好，国家的富强、民主、文明、和谐，需要每一社会成员共同努力，社会的自由、平等、公正、法治，需要每一社会成员共同维护，做一个爱国、敬业、诚信、友善的国家公民，是每一社会成员的职责。

社会主义核心价值观是我国社会思想的压舱石，是社会价值的定盘星，公民是践行社会主义核心价值观的主体。社会主义核心价值观从本质上说，是公民的共同价值诉求和理想，必须依靠公民传播，走群众路线。当然，公民也分不同群体，有各自不同的诉求。对于培育和践行社会主义核心价值观来说，传播社会主义核心价值观的先进性、合理性、引领性、包容性，以形成普遍的社会价值共识和信念，是一个非常重要的环节。知易行难，公民能够正确进行价值判断，并不等同于就有正确的价值行为和意愿。明确了是非、美丑、善恶的价值评价标准，还必须使其成为言行的自觉价值准则。从这个意义上说，公民视频新闻能将群众关注的热点问题与公民价值判断有机结合起来，聚焦群众的注意力，引导群众广泛讨论社会主义核心价值观的先进性、合理性、引领性、包容性，进而形成价值评价标准，在言行上旗帜鲜明地纠正社会失范行为、澄清民众模糊认识，形成扬善抑恶、激浊扬清的思想道德舆论场,使公民自觉地做社会主义核心价值观的传播者、社会进步的推动者和公平正义的守望者。这既能寓社会主义核心价值观传播于公民视频新闻中,又能紧紧依靠公民践行社会主义核心价值观,使社会主义核心价值观成为引领、整合各种社会思潮和其他价值观的主导性价值观念,形成良好的社会公共秩序。

第七章 网络综艺节目中的社会主义核心价值观传播

新媒体融媒介、虚拟社会、经营平台等多种属性于一体，为社会主义核心价值观传播提供了无限可能。网络综艺节目更是异军突起，涌现出一大批制作精良的作品，内容涉及时尚、健康、美食、音乐等诸多领域，以海量信息传播、传者与受众的充分互动、时间和空间的及时便利、广泛的覆盖性、草根性等特征，极大地拓宽了社会主义核心价值观的传播路径。笔者用“网络综艺节目”为关键词百度，共找到结果约2060多万条，网络综艺节目共有11022个（截至2018年5月4日）。据美兰德咨询数据显示：2016年上半年—2017年上半年，微博提及网络综艺的数量超过2000万条，同比增长3倍多；网络综艺视频点击量突破200亿次，同比增长30%以上；微信公众号刊发量同比增长接近3倍。①

第一节 网络综艺节目传播社会主义核心价值观概述

自2007年，《大鹏嘚吧嘚》作为网络综艺节目进入公众视线起，网络综艺节目经过十余年时间的发展，经受住了政策环境和市场环境的双重考验。2013年“限娱令”出台，传统电视台的综艺节目锐减，不少视频网站以购买电视综艺节目的独播权来增强其竞争力。2015年9月，中央政治局通过《关于繁荣发展社会主义文艺的意见》，其中强调“要大力发展网络文艺”，从政策上助推了网络综艺节目发展。网络视听产业是流量贡献率的大户，视频网站如果仅仅依靠购买电视综艺节目和影视剧版权，不仅需投入巨额资金，而且只会沦为“单纯播放平台”。各网站因此尝试多种节目形态以巩固自身行业地位，向专业化、大制作趋势发展。网络综艺节目就是专业化、大制作发展趋势的结果。从2013年到2016年，网络综艺节目线上播出总量分别为19档、31档、55档、111档，呈递增

①赵春光.媒介融合视阈下网络综艺节目的伦理反思[J].中国电视，2018(1)：83.

趋势，点击量也不俗。2015 年的 55 档上线网络综艺节目中至少有 9 档点击量超过 2 亿，点击量最高的是《你正常吗 2》，高达 5 亿。[①] 2016 年各视频网站上线的网络综艺节目 111 档，在 2015 年的基础之上增加了 15.6%。[②] 2017 年上半年网络综艺数目就达到 159 部，全网总播放量高达 538 亿。[③] 可以说，网络综艺节目经受住了政策环境和市场环境的双重考验，正处于高速发展的新盛期，呈"遍地开花"之势。

一、网络综艺节目的概念

简单地说，综艺就是综合艺术的简称，是指综合多种艺术成分所构成的艺术。综艺节目是一种娱乐性的节目形式，通常包含了许多性质的演出。借用网络节目狭义和广义[④]的定义，网络综艺节目也包括狭义和广义两个层面。狭义的网络综艺节目主要是指由视频服务商、制作机构基于互联网生态研发、制播，受众群体主要是网络用户，播出渠道主要是网络平台的综合艺术节目。[⑤] 广义的网络综艺节目包括所有经由网络新媒体传播的综艺节目。无论是网络原生综艺节目，还是传统电视台、电台综艺节目的网络转载传播；无论是业余随意拍摄，还是专业团队精心打造的精品栏目，都属网络综艺节目。狭义的网络综艺节目是本著研究的重点。

二、网络综艺节目传播社会主义核心价值观的理论依据

（一）涵化理论

涵化理论是受众传播效果研究的重要理论，又称为"培养理论"。传播学研究者认为，涵化理论是指"人们'生活在'电视世界的时间越长，所形成的社会价值观与电视内容的一致程度就越高"。[⑥] "涵化理论"的核心思想就是媒介的价值观念和意识形态能够通过娱乐的方式潜移默化地影响受众。[⑦] 涵化效果是存

①黄为群，鲍楠.略论当前视听媒体融合发展新态势——兼谈网络综艺节目主持特色[J].中国广播电视学刊，2016(6)：59.

②2016 年 400 多档综艺节目上线 数量创新高为何质量没跟上[EB/OL].http://ent.qianlong.com/2017/0116/1316350.shtml.

③2017 年中国综艺发展现状及网络综艺的发展趋势分析[EB/OL].http://www.chyxx.com/industry/201712/588975.html.

④高红波.新媒体节目形态[M].开封：河南大学出版社，2013：94.

⑤邹欣，刘斌，吴闻博.形态创新：网络综艺节目特性与发展趋势[J].电视研究，2017(8)：27.

⑥林功成，李莹.涵化理论的新进展：作为方法论的直接加工模型[J].国际新闻界，2012(2)：13.

⑦黄璀，郑悦纯.从《奇葩说》看网络自制综艺节目的传播功能[J].东南传播，2017(5)：123.

在的,且不仅局限于“电视世界”。[①] 电视综艺节目《非诚勿扰》中马诺一句“宁在宝马车里哭,不在自行车上笑”,不仅引发了全民对价值观的讨论,而且影响甚至改变着很多人的价值观。在新媒体时代,涵化理论中的“电视”包括微电影、新媒体剧、公民视频新闻、网络综艺节目、电子游戏等传播形态。在本章涉及的网络综艺节目话题中,受众生活在网络综艺节目中的时间越长,其价值观念与网络综艺节目内容的一致性就越高。如果潜移默化融社会主义核心价值观于网络综艺节目中,社会主义核心价值观就能通过娱乐方式润物无声地得以传播并影响受众。

(二)说服性传播理论

按照拉斯韦尔的“5W”传播模式,第二个“W”(Whom,即受众)——受众是决定传播效果(即第五个“W”——With What Effect)的重要因素。卡尔·霍夫兰的“说服性传播”效果研究理论认为,传播效果的形成受到传者、传播信息、说服方式、受众等多种环节的影响与制约。[②] 其中的传者、传播信息、说服方式、受众,与拉斯韦尔5W传播模式中谁(Who)、说什么(Says What)、通过什么渠道(In Which Channel)、对谁说(To Whom)完全一致。按照说服性传播理论,网络综艺节目传者高度的可靠性,受众间个性因素的相似性和利益无关性,都能使社会主义核心价值观传播产生积极的说服效果。

三、网络综艺节目传播社会主义核心价值观的特征

与传统电视综艺节目相比,网络综艺节目传播社会主义核心价值观具有较突出的特征。网络综艺节目传播社会主义核心价值观的受众主要是年轻群体,通过移动终端推送,更关注受众需求,体验感更强;受众能全程参与,互动性传播更强;传播内容设计更加个性化。

(一)更关注受众需求,体验性更强

体验性特征是网络综艺节目与传统电视综艺节目传播的最大区别,能否满足受众的体验性需求是网络综艺节目传播是否优质、是否成功的关键。体验是主体内在的历时性的知、情、意、行的亲历、体认和验证。[③] 体验性决定了受众对社会主义核心价值观传播形态、内容等的接受以及内化过程。网络综艺节目都

---

①徐翔.“涵化”理论及其在效果研究应用中的主要矛盾[J].重庆:西南民族大学学报(社科版),2010(3):117.

②刘巧玲.亚氏《修辞学》与霍夫兰说服理论观点之对比分析[J].新课程,2014(1):24.

③沈建.体验性:学生主体参与的一个重要维度[J].中国教育学刊,2001(4):41.

是基于大数据深入调查研究受众需求再反馈给节目组，节目组通过一系列“假定”营造“生活真实感”，使受众获得“艺术真实感”进而实现“本质真实”的深层次体验，其传播内容和形态都是受众喜欢的。“核心价值观的养成绝非一日之功”，如果社会主义核心价值观能伴随网络综艺节目潜移默化进行传播，必能使受众从知、情、意、行亲历、体认和体验社会主义核心价值观，实现由易到难、由近及远，逐渐将社会主义核心价值观变成日常准则的传播。

由腾讯视频和华谊浩瀚共同出品的《约吧！大明星》就是一档“让受众体验明星服务，明星体验当普通受众的感受”的优质网络综艺节目。《约吧！大明星》上线 72 小时播放量近 5000 万，新浪微博话题阅读量更是超过 8 亿，吸引了 8 亿受众通过网络留下烦恼和心愿，让一众大明星加盟“万事屋”来帮助受众实现心愿解决烦恼。① 明星服务普通受众，普通受众的参与直接影响节目的内容和进程。节目选取的受众心愿和烦恼都接地气、贴近受众现实生活，如大明星帮助职场新人加薪、为女友地铁占座、受众体验明星走红毯等，让受众体验当明星的感受，让明星体验当受众的感受，从而带来现实生活场景中没有的全新、深层次的换位体验。网络综艺节目《你正常吗》，也是依靠大数据，每期节目调查 500 万受众的需求。户外真人秀网络综艺节目《我们 15 个》，每期选出 15 名受众的户外生存体验进行 24 小时连续直播，观众根据需求“随时进出”的直播体验形式是传统电视综艺节目无法实现的。

马斯洛的需求层次说论证了人需求的层次性，从受众需求满足的程度来看，传统电视综艺节目满足了受众收视方面的功能性需求，而网络综艺节目把控制权交给了受众，让受众能自由选择观看的场所、时间，观后也可以写写评论，但依然是滞后的、异步的。而网络综艺节目实现了“无时空距离”的同步社交，无论是节目选题、节目制作，还是节目播放，几乎都做到了将内容传播和信息反馈同时、同步进行，受众能针对同一问题发出评论，也可以对其他受众的评论作出印证和回应，能营造出不同时间、不同空间的受众“一起讨论”的体验场景。受众在全新的场景中有了全新的体验，体验感迅速上升，娱乐需求得到满足，对节目内容中蕴含的价值观念进行思考，进而在潜移默化中接受、践行节目内容中蕴含的价值理念，实现社会主义核心价值观传播的目的。

（二）受众能全程参与，互动性更强

与传统电视综艺节目相比，网络综艺节目传播最大的不同是受众能全程参与，互动性更强。传统电视综艺节目的互动主要集中在节目选题和节目后期反

---

①耿迪.网络互动类综艺节目的形态特征[J].新闻世界，2016(11)：70.

馈。而网络综艺节目传播可以提供高频率一对一、一对多和多对多的交流，网络用户在高度参与中获取信息，得到满足，主动性大大提高。① 具体到网络综艺节目传播，互动性首先表现为受众能全程自主参与节目选题、节目内容设计、节目情节设置、节目制作，这是表层互动。其次表现为传播和接受的界限模糊。传播者是受传者，受传者也是传播者，甚至节目就是由受众全程参与自制而成，因而是更深层次的互动。网络综艺节目传播中受众间相互交流观感、分享、转载、收藏进个人网站、博客、朋友圈等等，使网络综艺节目得到更广泛的传播。

如网络综艺节目《约吧！大明星》，前期有上亿网友留言并全程参与任务选题互动，后期任务接受中，让普通受众当明星，明星服务普通受众，使普通受众成为主角。节目上线当天使用最流行的在线直播，花椒、虎牙两大网络直播平台同时在线受众高达 20 万，明星成员和普通受众一同观看节目、通过弹幕在线互动参与节目内容的讨论。弹幕是“从右至左的实时飘过视频画面上的评论字幕，网站会自动保存并过一段时间后再打开依旧能看到，是基于其密集的飞过与 STG(Shooting Game 射击类游戏)中满屏飞的子弹类似而制造的词汇。”②爱奇艺播放的网络综艺节目《偶滴歌神啊》，节目组借助“一点资讯”进行大数据整理，开展线上线下互动，全程吸引受众参与。如，展示选手们的微博 ID、昵称，在 QQ 兴趣部落一起飙音，开启“弹幕”模式使受众能边看边讨论边“吐槽”，受众不再是简单的接受者，而是节目的参与者。这种播放过程中线上线下大规模、高频率、即时的参与互动，为社会主义核心价值观传播带来挑战，但也提供了机遇。

网络综艺节目中的弹幕除了能为受众提供深度的娱乐体验和多维度心理满足之外，也彰显出传播社会主义核心价值观的应用价值。网络综艺节目中的弹幕在社会主义核心价值观传播中虽有不良影响，比如“绰号、嘲谑、戏仿、反讽、怪诞乃至在书写中遭到贬抑的粗俗猥亵的脏话”③，但更彰显出社会主义核心价值观传播深入网络综艺节目的必要性。网络综艺节目营造的实时场景不仅缩短了受众间的心理距离，也为受众提供了一个压力释放和自由平等交流的机会。所谓“道不同，不相为谋”“物以类聚，人以群分”，受众自由表达、平等参与，相互间信任增强，思想能更自由贴切地得到表达，也更容易找到与自己价值观一致的人。当受众符合社会正能量的价值观念与其他受众相似或相同时，就能得到肯

①高红波.新媒体节目形态[M].开封:河南大学出版社,2013:95.

②谭雪芳.弹幕、场景和社会角色的改变[J].福建论坛(人文社会科学版),2015(2):140.

③马大康.虚拟网络空间的话语狂欢[J].浙江社会科学,2005(4):148—154.

定进而产生共鸣,引来更多受众虚拟在场式的围观,这种围观本身就是一种正能量的传播。社会主义核心价值观传播不能只是站在岸上指点江山,更要下到河中游泳,深入新媒体去“倡导”“说服”,才能达到“要通过教育引导、舆论宣传、文化熏陶、实践养成、制度保障等,把社会主义核心价值观传播贯穿于社会生活方方面面”的要求。

(三)内容更客观真实,个性化更强

与传统电视综艺节目相比,网络综艺节目传播内容更客观真实,个性化更强。在新媒体环境下,“人人都是读者,人人都是作者”①,每个受众在消费网络综艺节目内容的同时,也在提供和创造网络综艺节目内容。依靠新媒体技术的支撑,网络综艺节目打破了传统电视综艺节目线性传播的局限,不仅创造出新的节目内容,而且进行了“病毒式”传播。病毒式传播真正实现了由“量变”到“质变”的传播效果,是一种能够让受众个性化“主动传播→自愿接受→主动再传播”的传播模式。② 融社会主义核心价值观传播于网络综艺节目中,润物无声地让受众主动传播,自愿接受,自觉践行,实现社会主义核心价值观的“病毒式”传播,这恰是大众传播、群体传播、人际传播等多种传播方式在社会主义核心价值观传播中的融合运用,使社会主义核心价值观传播内容更客观真实,个性化更强,更能让受众,尤其是让年轻受众接受。

网络综艺节目为受众展现更真实的状态,满足受众的好奇心。③ 如网络综艺节目《约吧!大明星》拍摄无剧本,节目内容完全由受众决定,明星接受的任务接地气,明星们为受众服务,满足受众需求;演员不设主角,受众才是节目真正的主角;拍摄方式采用还原生活常态和追求真实的方式。这种从内容到拍摄完全由受众决定,无剧本的节目内容更客观真实,受众的心愿不可控,受众表演不可控,拍摄过程遇到的问题不可控,遇到问题时明星和受众反应不可控……无数不可控还原了作为普通人的受众的最真实的生活,也更个性化。这不仅满足了受众的好奇心,也吸引受众在意想不到的惊喜中一集一集追。

网络综艺节目客观真实的内容,个性化的表达,更能增强受众对社会主义核心价值观传播的情感认同。个人赋予某一社会规范以价值,首先是对它有一定的了解,甚至经过审慎的思考。其次是对它有一种满意感,在情感上产生赞同或

①周小华等.基于新媒体技术的马克思主义传播[M].北京:国家行政学院出版社,2012:12.

②刘文勇.新时代传播的宠儿——病毒式传播[J].东南传播,2007(9):54.

③潘亚楠.互联网综艺热现象研究[J].中国广播电视学刊,2016(3):2.

肯定的态度。最后才能在行动上愿意受其指导,并将其作为一种生活方式反复践履。[①] 网络综艺节目都是围绕受众关注的话题,从受众需要出发,对准受众的心理接受点,受众是主动自愿选择参与、观看、评说等,可以说受众从情感上是持肯定态度的。如网络综艺节目《奇葩说》预告,用辩论的方式吸引受众关注人性话题,借嘉宾阐释引导受众剖析人性问题并自我拷问和思考。网络综艺节目《吐槽大会》则给予每一位参与者表达内心对热点人性问题看法的机会……如能融社会主义核心价值观于网络综艺节目中,就能激发受众内心深处最真挚的情感体验,从而获得满意感,进而在情感上对社会主义核心价值观产生赞同和肯定。

社会主义核心价值观传播必须与人们日常生活紧密联系起来。一种价值观要真正发挥作用,必须融入社会生活,让人们在实践中感知它、领悟他。只有把社会主义核心价值观传播的内容和要求融入各种精神文化活动中,吸引受众广泛参与,才能提高人们的精神境界、培育文明社会风尚。作为娱乐性节目形态的网络综艺,在满足受众娱乐需求的同时,给予年轻一代受众正确的价值导向更是业界应尽的职责。网络综艺节目以客观真实的内容,个性化地展现出受众的日常生活,将社会主义核心价值观融入其中,正是社会主义核心价值观与人们日常生活紧密结合的展现,让受众在娱乐中感知、领悟社会主义核心价值观,真正实现将社会主义核心价值观传播落细、落小、落实于人们日常生活,吸引受众广泛参与的目的。

四、网络综艺节目价值观传播存在的问题

传播社会主义核心价值观,网络综艺节目有着得天独厚的优势。但正处于发展黄金时期的网络综艺节目,在高速繁荣发展之下,成绩和问题并存。从长远发展来看,价值观才是网络综艺节目的核心竞争力,只有正确的价值导向才能确保网络综艺节目长久的生命力。[②] 但重娱乐,轻价值、轻文化却是当前网络综艺节目最突出的问题。与传统电视综艺节目相比,网络综艺节目的商业性、娱乐性更加突出,文化价值、社会价值却表现出不足。而网络综艺节目用户年龄低、交互性强,基数大,其带来的负面影响,尤其是对青少年价值观形成的影响不容忽视。

---

①郑凤.认知、认同、践行社会主义核心价值观[J].福建教育学院学报,2011(4):1.

②文卫华,楚亚菲.网络综艺:互联网思维下的综艺新形态[J].中国电视,2016(9):18.

(一)资本狂欢下价值观导向弱化

网络综艺节目的背后都有资本的身影,每档的制作费少则上千万,多则几亿,广告赞助费更高。比如:2016 年招商情况破亿的网络综艺节目就有辩论达人秀网络综艺节目《奇葩说》、脱口秀网络综艺节目《火星情报局》、户外真人秀网络综艺节目《侣行 4》(未播)、中华方言歌唱大赛网络综艺节目《十三亿分贝》等,其中辩论达人秀网络综艺节目《奇葩说》更是突破 3 亿。① 视频网站如果购买传统电视综艺节目的播放权,更要耗费巨资。如爱奇艺曾以 2 亿元获得《爸爸去哪儿》(第二季)、《我们约会吧》、《百变大咖秀》的独家网络播放版权,腾讯视频耗费 2.5 亿元拿下《中国好声音》的独家网络播放版权等。

资本狂欢下价值观导向弱化。千万甚至几亿的资本从何而来?网络综艺节目是"快消品",没有延长产业链,没有衍生品,收益基本上只能靠播出时插播广告,但播出时间较短。而投资方要求效益回报,而且越快越好。各视频网站为了提高收视率,用庸俗甚至低俗的内容吸引受众眼球,贩卖廉价笑声,绞尽脑汁只为了搞笑存在,审美趣味滑坡,价值标准沦陷,把文化产品"价值观导向为魂"的责任担当抛之脑后。价值观导向的弱化带来受众娱乐至死,庸俗甚至低俗盛行,一些无关痛痒、无价值、无意义的话题占据受众大部分注意力和时间,对时政民生、科技教育漠不关心,制作方、投资方甚至不愿意自己孩子看自己制作的节目。2017 年,腾讯视频网络综艺节目《拜托了衣橱》第 2 期"预告和花絮"中,要么是曝光哪个明星衣橱中的奇葩物件,要么是"隔空示爱",不仅没有传播社会主义核心价值观,反而因为"满足受众的窥私欲或炫富",使价值导向偏离了主流价值观的轨道。如果网络综艺节目只顾眼前经济利益,不着眼未来,不引导受众理性、深度思考价值观念,传播主流价值观,一味突破家庭伦理、社会道德底线,将文化产品社会教育功能属性弃之不顾,缺失了国家、社会、个人应当遵从的社会主流价值观的传播,必然不能长久生存,最终将被主流价值瓦解。

(二)明星依赖下娱乐满足过度

2016 年最劲爆的辩论真人秀网络综艺节目《奇葩说》主持人是马东,导师有蔡永康、高晓松,节目宗旨是寻找华人华语世界中口才出众、观点独特的"最会说话的人";纯网络综艺节目《偶滴歌神啊 3》主持人是谢娜,评委有

---

①盘点 2016 六大视频网站网络综艺众生相[EB/OL].http://www.tvapk.net/thread-2106144-1-1.html.

五大“鉴定团”，节目宗旨是辨别真假麦霸的“音乐神曲”；美食脱口秀网络综艺节目《拜托了冰箱2》主持人的何炅、王嘉尔，内容是六位厨师深扒明星艺人的冰箱，以及由此衍生出的明星“私密”故事，厨师们利用扒出来的材料开展料理比赛；招商破亿的中华方言歌唱大赛类网络综艺节目《十三亿分贝》吸引了李晨、宋小宝、汪东城等一众明星用方言“互撕”；《明星大侦探》更是全明星阵容，六位明星玩家撒贝宁、何炅……总之，网络综艺节目都是明星主持、明星嘉宾，目的就是娱乐。

播出平台	节目名称	节目类型	节目简介	制作团队	招商情况
优酷土豆	火星情报局	脱口秀	汪涵带领明星检验一切新奇有趣的发现，以特工为单位提案，引发全民提案风潮。	汪涵、银河酷娱	过亿
	喜剧者联盟	喜剧类	一档由一线喜剧人挑梁的喜剧节目，由一名明星带领喜剧大咖收集观众的赞，完成任务。	乐动互娱	
	暴走法条君	剧情式吐槽脱口秀	谢娜担任“大法官”，与其他明星组成这“庭审”现场，看似打造一个爆笑法庭，实为一场花式吐槽大会。	唯众传媒	
	潜行者计划	实境城市追击真人秀	十天的实境追击中，16位不同背景、不同特质的自媒体人，要在城市里上演“城市猎人”和“潜伏者”之间的追捕大战。十天，24小时，全程直播，网友决定选手命运。	袁春杰团队	
	黑白星球	文化类脱口秀	马薇薇担任主讲人，在同一周的两期节目中，她将站在同一个话题的不同持方，展现同一话题的黑白两面，上演脱[illegible]互搏、“人格[illegible]	米未传媒	
	国民美少女	国民偶像养成真人秀	一档云集了费玉清[illegible]小星、沈南、SNH[illegible]像天团养成[illegible]	[illegible]	[illegible]

2016年六大视频网站自制综艺节目一览表①

网络综艺节目娱乐本无可厚非，但有内涵，能引导受众思考，蕴含价值观的网络综艺节目才有长久的生命力。如果娱乐的目的仅仅为获得受众不加思考地廉价的笑声，受众必然会迷失在廉价笑声中，网络综艺节目必然会沦为受众的“安抚奶嘴”。“安抚奶嘴”有两种，一种是发泄性娱乐，一种是满足性游戏。部分网络综艺为受众提供充满感官娱乐满足的节目，通过消遣娱乐让受众沉溺于安逸和享乐中，不知不觉丧失思考的能力。尤其是一些年轻人，他们崇拜的偶像几乎是明星、小鲜肉、影后、天王……这些虽然无伤大雅，没什么大的害处，但受众都“沉溺于安逸和享乐中”，还谈什么勤学、修德、明辨和笃实。更有网络综艺节目戏说历史人物、信口雌黄传统文化、随意取笑英雄人物、不尊重他人甚至恶意诋毁，以至于年轻人为了见某个明星不惜倾家荡产，偷走父母毕生积蓄等等，都是没有价值观底线的体现。

①2016六大视频网站网络综艺众生相[EB/OL].http://www.tvapk.netthread-2106144-1-1.html.

(三)抄袭、套路、剪拼、改编现象严重,带来媒介自身的价值观问题

网络综艺节目抄袭现象、套路雷同严重。用中国传媒大学网络视频研究中心执行主任夏陈安的话说:"经过这几年的翻箱倒柜,我们把国外能模仿的节目模式全都模仿了一遍。"①我国网络综艺节目最大的问题是缺乏原创性,过度依赖于对国外节目模式的模仿。如"好歌手""好声音""两个姐姐、三个爸爸、四个挑战"等,几乎都是引进的国外节目模式,没有自己的原创。同一个主持人或者同一个嘉宾在不同网络综艺节目中用同一种套路"插科打诨",更有不是在录制节目,就是在赶往录制节目现场路上的明星。有媒体统计,演员薛之谦 2015 年共参与录制 31 档综艺节目,歌手大张伟共参与录制 29 档综艺节目。

一些网络综艺节目制作、播出不规范,非法抓取、剪拼改编严重,语言使用不当,产生了不良的社会影响。如歪曲、丑化、恶搞经典文艺作品;非法抓取、剪辑、拼凑、改编原创网络综艺节目片段,并重新配音、配字幕,以断章取义、篡改原意的方式"吸睛",价值观导向发生偏颇。2018 年 3 月 22 日,中国电影网发布《广电总局下发特急文件:禁止非法抓取和剪拼改编视听节目》;4 月 8 日,《人民日报》发文:《使用网络语言应取舍有度》,点名批评视频软件"快手""火山视频",随后"快手""火山视频""今日头条""网易新闻"等的安卓版 APP 被要求下架。网络综艺节目作为新生事物,为影视内容的生产制作提供了更加丰富的素材,为内容的艺术表达创新提供了更多的可能。但是,网络综艺节目本质上是影视艺术的一种表现形式,是在遵循"文明""和谐""爱国""敬业""诚信""友善""法治""公正"等社会主义核心价值观的价值理念为前提下,为受众提供审美体验。当然,这种遵循是一个需要时间的过程,一些网络综艺节目在社会主义核心价值观的引领下,在管理部门的规范管理下,已经由早期的虚假化、低俗化、致瘾化等乱象、病象向创新节目内容、形式转向的同时,重视社会主义核心价值观传播。如网络综艺节目《吐槽大会》,就是用玩笑、自嘲的方式启迪受众思考并发表个人观点和看法,让受众通过思考体验产生的震撼,达到传播积极向上价值观的目的。

第二节 网络综艺节目带给社会主义核心价值观传播的机遇与挑战

习近平总书记指出,要通过教育引导、舆论宣传、文化熏陶、实践养成、制度

①2016 年 400 多档综艺节目上线 数量创新高为何质量没跟上[EB/OL]. http://ent.qianlong.com/2017/0116/1316350.shtml.

保障等,使社会主义核心价值观内化为人们的精神追求,外化为人们的自觉行动。网络综艺节目作为一种文化传播形态,肩负着维护国家利益、社会发展和个人道德示范的重任,传播社会主义核心价值观是网络综艺节目的天然职责。危机危机,既是危险,也是机会。网络综艺节目在为受众带来娱乐,带来挑战的同时,也给社会主义核心价值观传播带来机遇。

一、网络综艺节目带给社会主义核心价值观传播的机遇

网络综艺节目具有"更关注受众需求,体验性更强;受众全程参与,互动性更强;内容客观真实,个性化更强"等特征,这些特征让受众能真实体验并全程参与社会主义核心价值观传播,能让受众根据个人思考、想法,个性化地表达出个人价值观念。只有真实表达出个人价值观念,社会主义核心价值观传播才更具有针对性,有错纠错,有偏纠偏,有的放矢,真正实现"润物无声地运用各类文化形式,生动具体地表现社会主义核心价值观",真正实现"社会主义核心价值观融入生活和日常活动"的目的。

(一)网络综艺节目体验性特征能增强社会主义核心价值观的认同感

体验是指通过实践来认识周围事物,或者亲身经历。[①] 价值观具有知、情、意、行诸方面的心理特征。一个人必然在其价值观的认知上有相当的了解甚至审慎的思考,在情感上怀有积极满意的态度,才能在行为上积极践行。[②] 网络综艺节目应用大数据深入调查研究受众感兴趣的话题,根据受众需求营造"真实生活",让受众通过"亲身经历"或者"实践"来认知融于网络综艺节目中的社会主义核心价值观。受众在认知上对社会主义核心价值观有相当的了解,进而审慎思考后理解社会主义核心价值观,最终在情感上认同社会主义核心价值观,在态度上满意,在行为上积极践行。社会主义核心价值观传播的真正效果,就是让受众在生活中、实践中感知它,领悟它,从自己做起,从现在做起,从小事做起,把社会主义核心价值观作为个人思想行为的基本遵循,并身体力行在全社会推广。

(二)网络综艺节目互动性特征使社会主义核心价值观传播更适切受众的接受习惯

拉斯韦尔"5W"传播模式中的"Whom",即网络综艺节目传播中的受众。社会主义核心价值观传播须适切受众接受习惯。传统的电视综艺节目,受众间的

---

①中国社会科学院语言研究所词典编辑室.现代汉语词典[M].北京:商务印书馆,1991:1130.

②张凡迪,范立国."90后"大学生社会主义核心价值观认同程度及其对心理健康的影响[J].沈阳大学学报,2014(5):677.

互动仅局限于节目选题和节目后期意见反馈，主持人、嘉宾的语言设计、外形设计都非常正式，气氛僵硬紧张，有限的互动性难以摆脱单向强制灌输、宣教的尴尬，受众处于被动地位，影响受众对社会主义核心价值观的情感认同。而网络综艺节目传播社会主义核心价值观更适切受众接受习惯。首先，网络综艺节目传播是受众喜闻乐见的传播方式。网络综艺节目采用组合传播方式，综合应用视频、图片、文字、手记、博客等元素，用弹幕、QQ、微信、微博等多种方式互动，较强的互动性，为受众提供立体信息资讯的同时，也给受众带来交流的快感，是受众喜闻乐见的传播形态。其次，网络综艺节目传播社会主义核心价值观更直观趣味。网络综艺节目传播中受众用自己的语言相互提问、思考、辩论，由被动接受转为主动探讨，使社会主义核心价值观传播相对随意，适宜受众接受习惯。受众间的充分互动，能增强社会主义核心价值观传播的直观性、趣味性，更能吸引受众，适切受众接受习惯，增强了社会主义核心价值观的感染力、吸引力。

（三）网络综艺节目个性化特征丰富了社会主义核心价值观的传播内容

新媒体改变了传统电视综艺节目由上至下的传播格局，受众是接受者，也是传播者，双方角色随时“互换”，呈现出双向“互播”关系。这种双向“互播”的平等关系，扩大了传播范围，传播的信息呈数量级增长，也为受众个性化表达个人价值观念提供了空间。个性是一个人所具有各种比较重要、比较持久的心理特征的综合，也可以说是一个人基本精神风貌的表征。① 一个人的个性只有通过一定的渠道表达出来，个体的精神面貌、意识倾向、价值理念，才能为他人知晓；个体的个性化特征只有表达出来，才能用社会主义核心价值观来引领、疏导。网络综艺节目个性化特征为社会主义核心价值观传播提供了个性化表达，受众在体验中、互动中不断提出问题、思考问题，借助新媒体及时的传播，各抒己见，形成传播热潮，从不同角度诠释社会主义核心价值观，极大地丰富了社会主义核心价值观的传播内容。

二、网络综艺节目带给社会主义核心价值观传播的挑战

新媒体在满足受众获取数据信息的同时，已日渐成为一个集信息、观点、民意于一体的舆论传播平台。作为新媒体传播形态之一的网络综艺节目，带给社会主义核心价值观传播的挑战就在于不确定性。

（一）高度的互动性和参与性使监管难度提升

在网络综艺节目传播中，任何个人或组织在消费网络综艺节目提供的价值

---

①王国安，陈仁凤.实用文科知识辞典[M].上海：汉语大辞典出版社.1994：70.

观念的同时,也会根据自身经历、学识等发布不同价值观,这种高度的互动性和参与性消除了社会主义核心价值观的教育者与被教育者、传者与受众之间的信息落差,权威者进行社会主义核心价值观传播的难度加大。在网络综艺节目传播中,无论是传者还是受众都是匿名参与,议题自发生成、传播渠道广泛、传播空间无限、意见汇聚及时、价值观念多元、价值取向不明、群体行为难以控制……受众在互动中接受的信息泥沙俱下,各种思想、价值观念互相碰撞,直接影响受众的价值取向。网络综艺节目高度的互动性和参与性使社会主义核心价值观传播环境复杂多变,提升了监管难度。

(二)自由开放的传播环境使社会主义核心价值观引领难度加大

网络综艺节目自由开放的传播环境使受众的价值观更加多元。根据传播学中的说服理论,受众间身份越接近,越无利益关系,越容易被说服。网络综艺节目自由开放的传播环境,受众间无直接利益关系,发布信息的受众完全凭借“热心”“喜欢”发布,没有大道理、没有说教、灌输,更容易受其他受众信任,也更深入人心。而新媒体使受众获取信息更加隐蔽化、个性化,获取信息的渠道更宽,接触面更广,能接触到的观点更多,接受信息的自主性更强,这使得受众的价值观更加多元,加大了社会主义核心价值观的引领难度。

第三节　网络综艺节目传播社会主义核心价值观的典型案例

习近平总书记在全国文艺工作座谈会上强调,广大文艺工作者要把社会主义核心价值观生动活泼、活灵活现地体现在文艺创作之中,用栩栩如生的作品形象告诉人们什么是应该肯定和赞扬的,什么是必须反对和否定的。[①] 网络综艺节目与传统电视综艺节目相比,以更加娱乐化的内容和形式,更具有个性和创意的节目品质,更融合、交互、多元的新媒体特征,吸引大批年轻群体,尤其是“90后”“00后”。而“90后”“00后”们,是党和国家未来的接班人和建设者,他们的价值取向决定未来国家、社会的价值取向,他们的价值观变化反映社会的变化。社会主义核心价值观是连接国家、社会、青年的纽带。网络综艺节目深受年轻人喜爱,在娱乐受众、传播信息的同时,更应该具有教育引导的功能,用社会主义核心价值观教育引导年轻受众思考什么是正确的、肯定的、赞扬的正能量。网络综艺节目不乏春风化雨、润物无声传播社会主义核心价值观的典型案例。综

①转引自丁振海.中华美学精神与繁荣社会主义文艺[N].人民日报,2015-03-24(14).

合网络综艺节目的网络传播热度指数、播放量、价值观导向、社会影响力、豆瓣评分等,加上2014年被称为网络综艺节目的元年,本节重点以2014—2018年间网络综艺节目为研究对象。其中网络综艺节目《奇葩说》在2014、2015、2016、2017年都获得了相当高的关注度。

2017年上半年网络综艺节目传播热度指数排行榜①

一、网络综艺节目《奇葩说》中的社会主义核心价值观传播

《奇葩说》是第一个收视纪录突破传统电视综艺节目的网络综艺节目②。《奇葩说》在知网的中文发文量较高(与2014、2015、2016年网络综艺节目收视率较高的《火星情报局》《约吧!大明星》《你正常吗》《娜就这么说》《拜托了冰箱》等比较):2014年1篇;2015年57篇;2016年91篇;2017年51篇。研究重点分布在新闻与传媒,占比高达87.16%,没有一篇文献是研究其中社会主义核心价值观传播的。实际上,《奇葩说》一定程度上可以作为社会主义核心价值观传播的成功之作,可供网络综艺节目制作者、研究者参考、学习。

《奇葩说》是由爱奇艺出品,基于互联网生态研发、制播,并在网络平台独家播出的中国说话达人秀网络综艺节目。《奇葩说》自2014年开播以来,虽然有所诟病,但播放量一直高速增长,第二季播放量达18500万,居全网之首。③ 第

①2017上半年网络综艺节目传播热度排行榜,奇葩说夺冠[EB/OL]. https://www.phb123.com/yule/zongyi/16189.html.

②王婷婷.从《奇葩说》看网络自制综艺节目的传播特点[J].新闻研究导刊,2015(9):17.

③解读2015年度全网自制综艺:看视频网站如何抢占用户[EB/OL].http://www.wtoutiao.com/p/135TXYW.html.

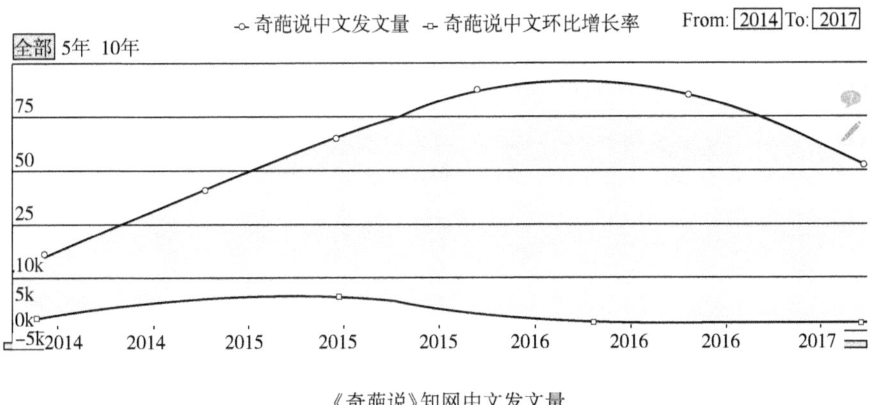

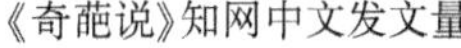
《奇葩说》知网中文发文量

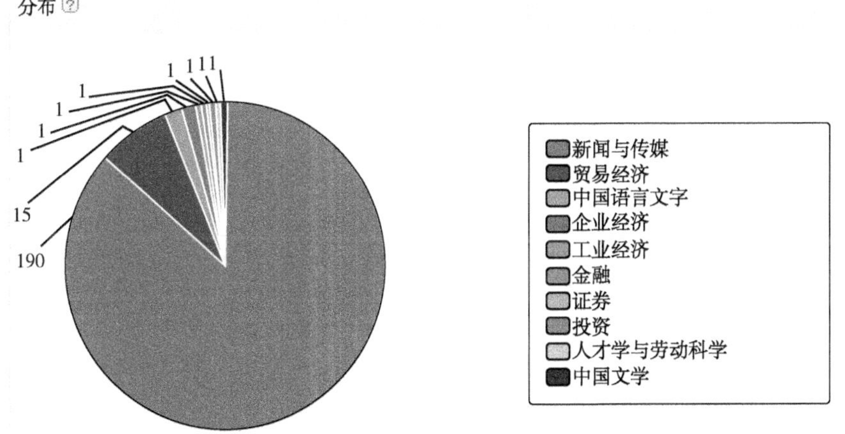

《奇葩说》知网中文文献学科分布

三季播放量更是破亿，属具有代表性的网络综艺节目，本节试图从价值观传播角度探析其成功原因。节目采用“辩论赛”的形式，由明星担任议长、导师，聚集华人世界最新锐、最先行、最勇敢的人群，给受众呈现“多元价值观念和多元态度碰撞的辩论场”，受众在思考议长、导师的独特视角、价值观点的同时，思考自己的立场和价值观念是否是正确的、肯定的，于春风化雨中悄然将社会主义核心价值观传播。

(一)《奇葩说》辩题选择坚持用社会主义核心价值观引领价值取向

拉斯韦尔认为，“传播不是简单的信号传递，人和动物的不同之处在于对价值的追求。"[①]前面已经论述，拉斯韦尔"5W"经典传播理论中，第五个"W"即是传播"取得什么效果"(With What Effect)。作为传播效果研究的重要理论之一的涵化理论也认为，"媒介的价值取向与意识形态能够通过娱乐的方式潜移默化地影响受众"[②]。《奇葩说》寓社会主义核心价值观于娱乐中，用社会主义核心价值观引领其价值导向，让受众在身心愉悦中独立思考，形成正确的价值判断，润物无声地实现社会主义核心价值观传播。

从理论上说，多样化发展是社会主义核心价值观存在、发展、繁荣的本态。就如同马克思所说，赞美自然界无穷无尽的丰富宝藏和赏心悦目的千变万化，但并不要求紫罗兰和玫瑰花散发出同样的芬芳，这就是社会主义核心价值观发展、传播的本质要求。[③] 但是，在价值领域确立主导性核心性引领，是任何国家在核心价值观构建过程中都密切关注的重大课题。美国学者亨廷顿在谈及美国的核心价值观时，就曾断言，"不被美国信念所涵盖的政治理念和信仰只能处在美国社会和美国意识的边缘"，"没有一些意识形态，只有一种意识形态，这是我们民族的宿命"[④]。划清社会主义核心价值观与资本主义核心价值观的界限，既是为了有效确立社会主义核心价值观的主导地位和引领作用，又是为了在分清先进与落后界限。在尊重各种价值理念的基础上，社会主义核心价值观才能在百花齐放中传播、繁荣和发展。

(1)《奇葩说》辩题选择直面受众尤其是年轻受众的世界观、人生观、价值观，需要社会主义核心价值观引领。

辩题选择只有适应受众尤其是"90后""00后"等年轻受众价值取向的多元化趋势，适应其心理和文化，受众才会感兴趣，才能取得理想的传播效果。《奇葩说》辩题选择是经百度知道、新浪微问、知乎等大数据平台，筛选出受众关注最多的问题，由受众投票决定的，适应了受众的心理和文化。辩题涉及人文、民生、道德、情感、创业等领域，直面受众尤其是"90后""00后"等年轻受众的世界观、人生观、价值观问题，更需要用社会主义核心价值观正确引导，才能教育年轻受众成为有理想、有知识、能担当社会正义事业责任的建设者和接班人。如"漂亮女人该拼事业or男人"，"女生该不该主动追求男生"，"人到30岁是追求梦想还是稳定工作"，"没有了爱要不要离婚"，"这是不是一个看脸的社会"，"举

---

①[美]哈罗德·拉斯韦尔著，何道宽译.社会传播的结构与功能[M].北京：中国传媒大学出版社，2015：21.

②黄璀，郑悦纯.从《奇葩说》看网络自制综艺节目的传播功能[J].东南传播，2017(5)：123.

③本书编写组.社会主义核心价值观培训教材[M].北京：新华出版社，2014：179.

④[美]塞缪尔·亨廷顿.失衡的承诺[M].北京：东方出版社，2005：29-30.

报作弊我错了吗”,“份子钱该不该被消灭”,“你选择大城床还是小城房”,“消灭谎言的科技该支持吗”,“我超想在朋友圈秀晒炫,该不该克制”等辩题,不仅接地气,能打动受众,而且用社会主义核心价值观引领受众思考现实问题,潜移默化中要求受众践行社会主义核心价值观念,将“小我”与“大我”统一,从而推动国家前行,社会进步。

(2)《奇葩说》辩题选择注重社会主义核心价值观引领。

“国无长俗,教则移风”,用社会主义核心价值观教育引导网络综艺节目是基础性工作。在当今中国,发展社会主义先进文化,必须坚持用社会主义核心价值观引领。社会主义核心价值观是社会主义意识形态的本质体现,是社会主义思想文化的核心部分。社会主义核心价值观把我们党倡导的基本理论、思想观念、价值取向系统地凝练在一起,集社会主义价值理念之大成,决定着社会主义思想文化的性质和方向。①

第一,社会主义核心价值观传播必须依靠持续不断地教育引导,才能人人皆知、家喻户晓。网络综艺节目《奇葩说》辩题选择注重:能否通过主持、嘉宾的引导,奇葩辩手们的论辩,营造社会主义核心价值观传播的有利环境;能否使受众理性地、全面地、辩证地用社会主义核心价值观教育解读社会热点、难点问题。如辩题“漂亮女人该拼事业 or 男人”,内容涉及“人生价值目标的确立”“价值目的实现”“个人审美价值”“女性价值追求”等方面,“爱情和事业选择”本身就是价值观选择。更深层次的“男女平等”问题,更是社会主义核心价值观社会层面自由、平等、公正、法治的直接体现。“漂亮女人该拼事业 or 男人”辩论的本质是训练受众在信息大爆炸的新媒体时代,如何倾听不同领域、不同身份的不同声音,从不同角度出发,用社会主义核心价值观引领个人理性思考、理解现实问题,做出价值取舍,实现社会主义核心价值观的传播。

第二,一切社会行为都能用“价值观”来解释和引领。② 网络综艺节目《奇葩说》辩题 “举报作弊我错了吗”,涉及公正、法治、民主、文明、和谐、诚信、友善等社会主义核心价值观内容。辩题能通过主持、嘉宾和奇葩辩手们的引领,引导受众用社会主义核心价值观来解释“作弊行为”的错、“举报作弊行为”的对、“不举报是友善吗”、“作弊者是否可怜”,以及高校“考试作弊开除”惩罚制度的合理性、目的性,甚至心理学“破窗效应”(在自我约束和价值观上打破一个小口,就

---

①本书编写组.社会主义核心价值观培训教材[M].北京:新华出版社,2014:181.

②[美]哈罗德·拉斯韦尔著,何道宽译.社会传播的结构与功能[M].北京:中国传媒大学出版社,2015:21.

会越来越容易接受越来越大的破口)、社会文明、规则等问题的大讨论,让受众通过辩题思考"作弊行为",在思考中潜移默化受到熏陶,真正实现社会主义核心价值观传播为人民利益和需要服务,实现社会主义核心价值观"随风潜入夜,润物细无声"的传播效果。

(二)《奇葩说》明星金句涵化社会主义核心价值观

正如前文所述,涵化理论是网络综艺节目传播社会主义核心价值观的理论依据。按照涵化理论的观点,受众在网络综艺节目中生活的时间越长,受网络综艺节目价值观影响就越大。拉斯韦尔的 5W 传播理论中,第一个"W"就是,"谁"说。网络综艺节目《奇葩说》中的"谁"(Who),即是主持、嘉宾和奇葩辩手。《奇葩说》主持和嘉宾都由明星担任,第一季由马东、高晓松、蔡康永担任主持和嘉宾;第二季由马东、金星、蔡康永担任主持和嘉宾;第三季是马东、高晓松、蔡康永担任主持和嘉宾;第四季议长是何炅,导师有蔡康永、罗振宇、马东、张泉灵。奇葩辩手们也不乏明星大腕,如徐静蕾、林志玲、苏有朋、赵又廷、李宇春等等。网络综艺节目主持、嘉宾、辩手的价值取向能够通过娱乐方式润物无声地影响受众的价值取向。《奇葩说》用明星金句蕴含社会主义核心价值观,让受众在娱乐中实践网络综艺节目的价值观教育、引导功能。

(1)明星的权威性、知识性应该也能承担传播社会主义核心价值观的天职。

说服性传播理论告诉我们,传者高度的可靠性,能使传播产生积极的说服效果。《奇葩说》主持嘉宾都是明星担任,有文化、有知识,人气超高,不仅拥有千万粉丝,而且博古通今、言辞犀利,具有一定的可靠性、权威性,能利用自身的号召力使社会主义核心价值观的传播取得积极的说服效果,能承担起传播社会主义核心价值观的责任。从理论上看,信息传播的效果包括认知效果、情感效果、行为效果。明星对受众价值观的涵化过程包括对价值信息的注意、选择、理解、记忆和态度改变,其中注意和选择属认知效果层面,理解和记忆属情感效果层面;态度改变属行为效果层面,网络综艺节目中受众对价值信息的注意包括有意注意和无意注意,如果受众是明星的拥趸,更容易有意注意明星发出的价值信息,并从情感上选择接受价值信息,这就是价值观内化为受众个人意识的前提,即传播学中认知效果的实现。受众接受明星所传播的价值信息后,通过思考、理解、记忆进而从情感上认同并产生共鸣,这就是价值信息作用于受众价值体系和价值观念进而在情感上产生的变化,即传播学中情感效果的实现。受众接受价值信息后分享、收藏、复制、链接、践行,即是传播学中行为效果的体现。

(2)网络综艺节目《奇葩说》明星金句涵化社会主义核心价值观。

《奇葩说》主持嘉宾频出金句,用金句传播社会主义核心价值观,引导社会舆论。《奇葩说》针对当下的社会热点问题,在看准社会需要什么的基础上,通过主持、嘉宾和辩手们幽默搞笑的捧哏互掐,促使多元价值观念相互碰撞、交流,让受众在轻松的状态下,在感受嘉宾、主持和辩手畅快淋漓辩论中,思考现实问题并找到自己的困惑,学会多角度、全方位看待问题。

首先,金句能吸引受众有意注意。受众注意力是社会主义核心价值观传播的关键所在。新媒体对于社会主义核心价值观传播是把"双刃剑",它在为社会主义核心价值观提供更广阔平台的同时,也分化了传统媒体中社会主义核心价值观传播的受众市场。伴随新媒体的发展,铺天盖地的信息进入人们生活,加上人们生活节奏加快,欣赏水平提高,分散了传统受众的注意力,普通话语表达很难引起受众有意注意。而金句简洁练达、生动形象、铿锵有力,更能吸引受众注意。如:"当你是麻辣锅的时候,不要企图把自己变甜;当你是西瓜的时候,不要企图把自己变苦……"生动形象、练达简洁的类比,传播出做有特色的、最好的自己,成功吸引受众的有意注意。

其次,金句方便受众理解记忆。金句通俗易懂,言简意赅,朗朗上口,还打动人心,方便受众记忆。如:"愤怒情绪,压力是自己给自己的,不当一回事就不是一回事","网络世界是一个被围观的世界,要么你不要出丑闻,要么你出了丑闻,就要玩得起"金句,传播出用社会主义核心价值观提升个人道德素养、疏解个人心理压力,能促进国家富强、民主、文明、和谐。传播给受众的是在自由、平等、公正、法治的社会主义社会,要懂得包容,管理、调整好个人心态,做最好的自己,尤其是做爱国、敬业、诚信、友善的自己,才能解决困难。引导受众要用实际行动践行社会主义核心价值观,才是网络世界抵御丑闻的根本大法。

最后,金句方便受众传播践行。金句走心,有诚意、有温度、有质量,能使受众从情感上接受,并在明星的引导下不自觉地学会从不同角度出发,对不同看法做出理性思考,进而分享、复制、链接、收藏,实现传播学中行为传播践行的目的。如导师的金句"观点可以中庸,但不可以中立",反映出节目大胆放开表达个人价值观点的宗旨与原则。只有受众将个人价值观点大胆放开地说出来,我们才能有针对性地用社会主义核心价值观引导,使其摆正国家、社会、个人的关系,正确处理个人与社会、人人与集体、个人与国家间的利益关系,自觉履行法定义务、社会责任,推动形成讲正气、促和谐、树新风的社会主义文明风尚。

(三)辩论过程注重用社会主义核心价值观聚合受众注意力

正如俄罗斯教育家乌申斯基所说:"'注意'是我们心灵的唯一门户,意识中的一切,必须经过它才能进来。"①网络综艺节目最终的盈利变现是社群价值的变现。《奇葩说》借助新媒体平台实现娱乐功能的同时,也注重价值取向与教育功能的实现,肩负的是用社会主义核心价值观引领社会风尚、正确舆论导向的重任。正确的娱乐导向,才是真正的娱乐价值。在腾讯主办的移动社群大会上,吴晓波曾指出:"作为运营者,要确定一个社群的价值观,乌合之众是没有价值的。"②《奇葩说》辩论过程注重用社会主义核心价值观聚合受众注意力,引导受众思考社会关切、探讨社会热点、展现多元的价值观,既充分契合了受众的新媒体思维方式和百态生活需求,又以润物无声的方式将有思想、有深度、有价值的社会主义核心价值观内容融于其中,深入受众内心。

例如,在整容已经不算什么新鲜事的当今社会,由整容引发的讨论层出不穷,观点百花齐放,数度登顶新浪话题榜社会类第一名,这是最需要用社会主义核心价值观引领受众诠释观点对错的时候。《奇葩说》第二季的辩题"整容会帮你成为人生赢家吗?",正方观点是,整容会帮你成为人生赢家。嘉宾、奇葩辩手们认为,"如果你改变不了世界,那就为世界改变","只要不影响功能,挪一挪位置无伤大雅","纯天然如凤姐者你敢要吗"等。反方观点是,整容不会帮你成为人生赢家。嘉宾、奇葩辩手们认为,"整容只能治标不治本""内容决定质量""用整容换来的爱情和事业永远是流于表面""自信是建立在自卑之上的,本来错不在脸,你却欲加之罪,并且要忍受生理和心理的双重煎熬""二次加工的人生哲学背后是偷工减料的机会主义""人生的困境应当是正着脸去面对,而不是换张脸去面对""纯天然如凤姐者没人敢要,整过容的凤姐也未必有人敢要""你可以一月整成一个范冰冰,但你不能一月读成一个林徽因""如果整容会让你成为人生赢家,那韩国应该有最多的人生赢家""毁了三观拆了五官"等,都是在聚合受众对群体价值观的注意力和思考。观点越辩越明,辩论中各种思想碰撞、共鸣,教会受众通过思考理性对待社会现象。辩论结果无论是正方、反方,还是奇葩辩手,都认可:整容只是一个让人美的手段,没必要苛责,但反对将整容当成成为人生赢家最重要的筹码的心态。网络综艺节目《奇葩说》通过针锋相对的辩论、主持与嘉宾的解读,获得了相对趋同的认识:能不能成为人生赢家,取决于心态和能力。它成功传播了社会主义核心价值观价值取向是"人"本位,诠释了民主、文明、和谐、自由、平等、敬业、诚信、友善等内容。

又如,《奇葩说》第一季的"漂亮女人该拼事业 or 男人",正方观点是女人拼

①周小华等.基于新媒体技术的马克思主义传播[M].北京:国家行政学院出版社,2012:67.

②唐英,尚冰靓.大数据背景下网络自制综艺节目的特征及趋势探析[J].新闻界,2015(5):51.

事业;反方观点是女人拼男人。观点很明确,女人拼事业才能证明价值所在,这也是社会主义核心价值观中民主、文明、和谐、自由、平等、敬业、诚信、友善等价值观的体现。辩论中当奇葩辩手、受众的价值观发生偏移主流价值观时,主持人选择放弃比赛胜负转而纠正价值观偏移。“漂亮女人该拼事业 or 男人”的辩论中,有奇葩辩手用“小三上位”举例,直接被主持人马东否定了,迅速将受众注意力聚合到主流价值观上。对“该不该牺牲贾玲一人去拯救全船人”的辩论,奇葩辩手们逐渐“逼迫”贾玲进入伦理暗角时,主持人马东放弃比赛规则,转而纠正辩手、受众的价值误区……这正是社会主义核心价值观追求自身利益与极端个人主义的界限。《奇葩说》鼓励自由的、多元的价值态度,承认个人利益和个人追求自身利益,但前提是不损人利己。如果为了个人利益损害他人利益、社会利益、国家利益,那就是极端个人主义,是封建主义、资本主义腐朽核心价值观最根本的内容。不可否认,在现实生活中封建主义、资本主义腐朽核心价值观仍有所表现。既然已经存在,就必须想办法消解,努力让民众认清封建主义、资本主义腐朽核心价值观的现实危害,消除其滋生发育的现实土壤,才能真正消解封建主义、资本主义核心价值观。

真理都是辨出来的。马克思曾指出:“在一切社会形式中都有一种一定的生产决定其他一切生产的地位和影响,因而它的关系也决定其他一切关系的地位和影响。这是一种普照的光,它掩盖了一切其他色彩,改变着它们的特点。这是一种特殊的以太,它决定着它里面显露出来的一切存在的比重。”①面对多元价值观、多样化的新媒体传播形态和社会舆论环境,《奇葩说》从形形色色的辩题中为受众提供丰富的观察视角,以生动活泼、通俗易懂的辩论方式,让嘉宾、奇葩辩手围绕同一问题阐述观点,批谬误、辨是非,进行思想交锋,努力讲清封建主义、资本主义核心价值观的现实危害,及其与社会主义核心价值观的本质区别,实现价值观念的交锋。受众在听取嘉宾、辩手的精辟见解时,开动脑筋,分析客观规律,权衡利弊得失,从而多角度思考现实社会中的问题、现象,思考社会主义核心价值观的正确性、合理性、科学性,提高对社会主义核心价值观的认识,实现驱逐资本主义核心价值观的目的,让社会主义核心价值观成为普照之光的传播效果。

二、网络综艺节目《晓说》中的社会主义核心价值观传播

《晓说》的社会关注度高,影响大。《晓说》是 2011 年,高晓松与优酷网合作

①马克思恩格斯选集(第 2 卷)[M].北京:人民出版社,1995:24.

的一档网络综艺节目。《晓说》2012 年在优酷网开播，创下未做任何宣传的情况下，24 小时内播放量突破 100 万的记录，总播放量达 6.3 亿次。《晓说》每期由主持人高晓松谈论一个内容涉及政治、经济、文化、历史、社会等热门话题，话题涵盖面广，受众互动性强，内容时效性强，且能根据受众喜好及时调整，是网络综艺节目走向专业化、正规化轨道的标志。

《晓说》在知网的中文发文量较高：2012 年中文发文量 6 篇，环比增长 100%；2013 年中文发文量 8 篇，环比增长 33%；2014 年中文发文量 22 篇，环比增长 175%；2015 年开始下降；2016 年又开始上升，中文发文量 8 篇，环比增长 167%；2017 年中文发文量 10 篇，环比增长 25%。《晓说》研究学科分布重点在新闻与传媒和经济，其中新闻与传媒学科视角研究占比最高达 55.22%，经济视角研究占比高达 26.88%，包括信息经济与邮政经济、工业经济、贸易经济、企业经济、文化经济。本节试图通过分析、总结《晓说》的社会主义核心价值观传播，为网络综艺节目业界、学术界、社会提供有价值的参考。

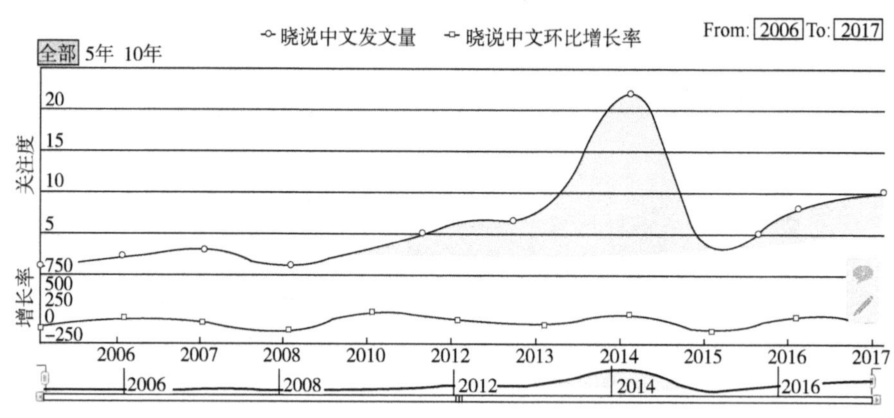

《晓说》知网中文发文量

(一)主持人名人效应传播社会主义核心价值观

名人效应是指名人的出现所达成的引人注意、强化事物、扩大影响的效应，或人们模仿名人的心理现象的统称。① 名人效应如果潜在效益激活得当能焕发出价值导向的正效应，反之，如果潜在效益激活失当也可能带来价值导向的无效应甚至负效应。网络综艺节目的价值导向是重中之重，直接影响节目的成功与失败。《晓说》价值导向如果是无效应甚至负效应，会直接导致节目失败。可以

①李烨，张广海.名人效应对我国旅游业发展的影响机制研究[J].文艺争鸣，2016(9)：220.

说，没有高晓松，就没有《晓说》的成功。

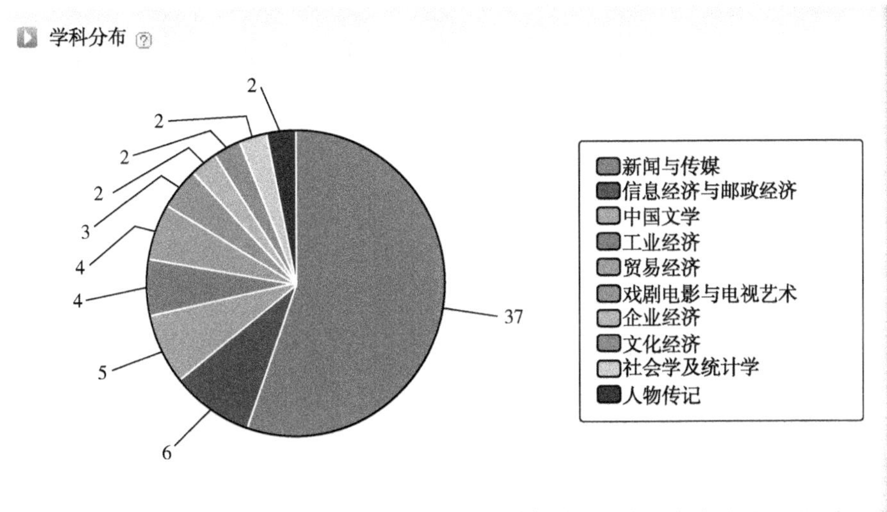

《晓说》知网中文文献学科分布

(1)名人知名度能聚合受众关注。新媒体信息传播中受众接受信息的载体越来越多，空间越来越广，信息数量呈几何级增长，传统媒体"把关人"(或者守门人)的地位在一定意义上被消解，而网络综艺节目主持人恰可以担当起传统媒体"把关人"的职责，属潜在效益被激活焕发出正效应的体现。从符号学的角度看，名人、明星是当代消费社会中的一个符号。网络综艺节目《晓说》，受众消费的不仅仅是节目内容，而是高晓松作为名人的权威性、专业性。名人的权威性能给受众带来话语权和身份象征，受众借名人来构建自己的社会价值和身份品位。

(2)《晓说》主持人高晓松具有较高知名度。《晓说》主持人高晓松原本是一个一直不为公众知晓的音乐才子，非专业主持人，在声音、外貌上不具优势，自嘲为"矮大紧"，但他依靠丰富的知识积累、人生阅历和独特的表达风格形成了独特的人格魅力。做节目时的高晓松身上散发着"读万卷书，行万里路"的文青气质，表现出知识渊博，能言善辩的特点，能结合社会热点和个人思索、感悟、收获，与受众分享的正能量。《晓说》主持人高晓松在音乐、历史、人文方面的权威性和专业性，以及他在业界的形象和知名度满足了受众的消费需求，吸引了一批固定受众。

(3)《晓说》主持人高晓松名人策略传播社会主义核心价值观的体现。既然名人效应客观存在，其价值导向和价值传播潜在功能可能正效应，也可能无效应甚至负效应，就应努力探求正确名人策略，以实现其价值导向和价值传播潜在功能的可能正效应。《晓说》主持人高晓松名人策略适应社会主义核心价值观的价值取向。高晓松做节目时不正襟危坐，没有空泛的大道理，没有咄咄逼人的分析批判，没有专业的词汇和艰涩的语言，受众感觉是在听朋友聊人生讲故事，这正好适应受众民主、文明、和谐、自由、平等、友善等社会主义核心价值观的价值取向和基本心态。2011 年，高晓松发生“醉驾事件”，他不回避，认罪态度好，告诫公众“酒令智昏以我为戒”，给公众做了一个不错的示范，实现的是社会层面自由、平等、公正、法治社会主义核心价值观的价值导向。

（二）多向互动融合社会主义核心价值观传播

新媒体的互动性影响受众的价值判断。新媒体给受众带来海量信息，增加了受众鉴别信息的成本，加大了价值判断的复杂程度。如果信息是多向的或者矛盾的，受众价值判断就会受到影响。因此，受众对信息的评价，多数情况下不是取决于个人的独立判断，而是取决于受众间多向互动后达成的共识。网络综艺节目《晓说》设有“留言板”“大家说”等板块，受众间可以即时互动交流。

（1）多向互动能增强受众黏合度。

新媒体是网络综艺节目主持人与受众和受众与受众间多向互动的优质对话平台。第一，多向互动能拉近主持人与受众、受众与受众间的距离。优质的对话平台让受众能够公开讨论，并发表意见、建议，节目制作方也能及时得到这些意见、建议，而且能根据受众的意见、建议做出及时调整。这样，节目制作已经不只是节目制作方的事情，受众也参与了其中，也是受众的事情。通过这样的多向互动，节目制作方、主持人、受众间距离的拉近，增强受众黏合度。如《晓说》节目制作团队根据受众的意见、建议，特别设计出两个卡通形象——“老王”和“小芳”。“老王”幽默风趣、学识渊博，“小芳”活泼好问、青春靓丽，两人穿插在节目中，以简单风趣的风格讲解节目中提到的专业名词，方便观众理解，保证节目价值导向和质量的同时，以平民化、通俗化形象聚合受众关注，引导讨论，增强受众黏合度。

（2）社会主义核心价值观引领受众多向互动过程。

多向互动过程中受众与受众间的相互引导只是一种义务奉献，不受法律法规、职业准则和道德水平的约束，因此，这种引导虽然一定程度上能降低受众获取信息的“成本”，但未必正确。它可能对社会主义核心价值观传播产生积极效果，也可能出现消极效果，当受众多向影响社会主义核心价值观的传播效果，甚至出现消极效果时，主持人的引领、纠偏就显得弥足珍贵。

如当节目主题曲《生活不止眼前的苟且》发布，迅速引爆新媒体，甚至一度刷屏微信、微博，歌迷顶礼膜拜。微博三天时间播放450万次，转发近2万次①，可谓“大红”。可仅仅几天时间，负面评价就逐渐多起来，后被批评声拉下神坛。例如，民谣歌手周云蓬不留情面地负面评价：“《生活不止眼前的苟且》，还有歌者的苟且、少年的苟且、青年的苟且、老年的苟且……歌曲最终还是很诚实的，就是苟且。”他引来不少网友的赞同，不乏“凑合”“鸡汤”等贬损评价出现。其实，主持人高晓松用一首精致歌曲对社会主义核心价值观进行了精准传播。

一首歌曲能引发受众深入反思人生价值、生命价值，这就是社会主义核心价值观的传播。受众从《晓说》主题曲《生活不止眼前的苟且》看到了初心、品格、和精神，找到自己的位置和人生价值，即爱国、敬业、诚信、友善社会主义核心价值观的传播。“诗和远方”代表积极上进，健康阳光的奋斗精神，鼓励受众在知识探寻中寻找见识，在精神追求中健全人格，在社会实践中争当生力军，正是中国精神的集中体现，契合了用社会主义核心价值观指引航向、凝聚力量、引领社会思潮、鼓舞精神斗志、培育社会风尚的要求。受众互动过程难免有不良价值取向出现，但最后都回归理性，回归主流价值观传播。正如高晓松所说：“有人说我好，有人说我坏。我并不为此感到难过或者遗憾。因为我觉得，凡是有争议的东西，大多都是有价值的东西。”②一个节目如果引起了受众的争论，受众在争论中体验价值观念的碰撞，才能经历理智看待——情感接受——行动践行，在日常工作学习生活中，传播社会主义核心价值观。

(三)《晓说》内容涵化社会主义核心价值观

媒体传播环境与人之间的关系就如同空气与人的关系一样，虽然我们不是每时每刻都意识到空气的存在，但人离不开空气。空气质量好，人则健康，如果空气被污染了，人的生存就会受到威胁。因此，如果媒体传播环境干净，就会对受众价值观产生积极的教育和引导作用，反之，如果受到污染，就会对受众价值观认知产生不良影响。受众的价值观认知是受众情感认同和践行价值观的基础。传播学研究者也认为，一些看似潜在的、“无效果”的文本，如果与受众现有价值观念吻合和高度关联，就足以产生足够的“共鸣效果”。③ 网络综艺节目《晓说》中大量内容蕴含社会主义核心价值观，通过潜在的、“干净”的新媒体传播环

---

①高晓松与许巍首度合作新歌《生活不止眼前的苟且》遭质疑[EB/OL]. http://pic.people.com.cn/n1/2016/0322/c1016-28217519.html.

②丁弢.不忘初心，继续前行[J].悦读，2017(6)：24.

③徐翔.“涵化”理论及其在效果研究应用中的主要矛盾[J].重庆：西南民族大学学报(社科版)，2010(3)：119.

境,让受众产生价值观念的“共鸣”,实现社会主义核心价值观的传播。

(1)《晓说》蕴含社会主义核心价值观。

例如,《晓说》之《欧洲尽头爱尔兰(五)打到“帝国主义”》中,主持人对西方所谓的民主的解读,传播出民主虽然是西方世界的核心价值观,但中国特色社会主义具有比西方民主更广泛、更进步的民主。

第一,北爱尔兰参加英国议会选举表面看是民主,实际就是对民主的极大破坏和倒退。主持人这样做了论证,英国两大党,第一大党200多票;第二大党100多票,只要谁争取到北爱尔兰的80多票,谁就当选,条件是,你得给我独立自由……最后,北爱尔兰只会从英国分裂出来。北爱尔兰的80多票完全没有民主制度的意义,只有分裂的意义。英国议会选举表面上是民主,实际上是民主的倒退。

第二,西方民主国家犯下的罪向谁追讨。独裁者犯下的罪行好追讨,比如说把希特勒抓起来审判。民主国家犯下的罪向谁追讨?英国号称世界上第一个废除奴隶制的民主国家,却犯下罄竹难书的罪行。鸦片战争英国出兵中国,是英国议会经过激烈辩论,投票赞成得出的结果。议员表示我是人民选的,我只是代表人民,你审判谁,没法审判。这就是典型的对自己民主,对别人专政。

只有社会主义民主才是真正的民主,才是更广泛、更进步的民主。社会主义民主真正实现了人民当家作主,在中国特色社会主义道路上发挥了重要的导向作用,有利于发挥人民群众以国家主人翁身份管理和建设国家的主动性、积极性和创造性,使人民群众真正成为掌握国家、社会和个人命运的主人。[①] 在中国特色社会主义民主的发展过程中,我们党在总结历史经验、教训的基础上,始终把发展社会主义民主政治作为奋斗目标,坚持国家的一切权力属于人民,强调在政治上创造出比西方民主更广泛、更进步、更切实、更高的民主。我们党从各个领域、各个层次最广泛地动员和组织人民参与民主政治,让人民依法参与国家和社会事务管理,依法参与经济和文化事务管理;坚持依法治国,树立社会主义法治理念,用国家各项工作的法治化管理来保障公民合法权益;坚持推进社会主义民主政治制度化、规范化、程序化,为实现党和国家的长治久安提供政治和法律制度保障。

(2)《晓说》受众评论中体现社会主义核心价值观。

网络综艺节目《晓说》话题真实,贴近生活和舆论热点,能引起受众普遍关心并引发评论。例如,《晓说》之《欧洲尽头爱尔兰(五)打倒“帝国主义”》(优

---

①本书编写组.社会主义核心价值观培训教材[M].北京:新华出版社,2014:118.

酷),截至2018年5月15日,共有热门评论454条。

第一,受众评论的价值取向体现社会主义核心价值观。社会主义核心价值观是社会主义意识形态的本质体现,是社会主义思想文化的核心部分。社会主义先进思想文化的发展,必须用社会主义核心价值观来主导。社会主义核心价值观把我们党倡导的基本理论、思想观念、价值取向系统地整合在一起,决定着社会主义思想文化的方向和性质。[①]《晓说》之《欧洲尽头爱尔兰(五)打倒"帝国主义"》(优酷)的所有热门评论中,除去插科打诨和态度不明内容,鲜明点赞型评论最多,这样的评论带来受众的进一步"点赞"比"踩"的更多。如优酷用户7769685830评论:先几期,看见了这堵墙,就觉得奇怪,隔离墙,有自由才平等,平等了才有选择权,才分离,合久必分,分久了又觉得合在一起好。从上一节分析可知,《晓说》之《欧洲尽头爱尔兰(五)打倒"帝国主义"》无论是主持人高晓松的价值导向,还是内容涵化,带来的都是社会主义核心价值观传播的正效应。因此,受众鲜明点赞其实就是在情感上认同节目所传播的核心价值观的体现。虽然有学者认为受众的鲜明点赞只是停留在价值判断的表层,未经过深入挖掘和研究,但不能因为这一点否认受众旗帜鲜明的情感态度。

第二,引导受众理性思考社会主义核心价值观的合理性、合法性。改革开放使我国精神文化领域面临旧有价值观的解体与新型价值观的重构。[②] 重构新型价值观包括现实社会和网络社会。现实社会里马克思主义是我国意识形态的指导思想,社会主义核心价值观是主流意识形态,网络社会里社会主义核心价值观也应该,而且必须成为社会主流价值观。但网络社会里,我们还不能笼统地说马克思主义也处于指导地位,社会主义核心价值观也是主流意识形态。[③] 首先,任何价值观只有证明其合法性、合理性才能获得民众的认可和拥护。《晓说》之《欧洲尽头爱尔兰(五)打倒"帝国主义"》引发受众理性思考社会主义核心价值观的合法性、合理性。比如,有受众评论,现实的证据告诉我们,民族必须自强独立。只有自己强大,才能获得尊严与平等,这不仅是社会主义核心价值观中国家层面——富强、民主、文明、和谐内容的传播,甚至还是社会主义核心价值观社会层面内容——自由、平等、公正、法治内容的传播。其次,新媒体使社会主义核心价值观引领难度加大、内化复杂性增强,非理性和非协商文化环境不利于社会主义核心价值观的传播。不同文化群体承载着异质的文化内涵和文化形式,异质

---

①本书编写组.社会主义核心价值观培训教材[M].北京:新华出版社,2014:181.

②刘海军.社会主义核心价值观的社会内化路径选择[J].清远职业技术学院学报,2015(3):100.

③本书编写组.社会主义核心价值观培训教材[M].北京:新华出版社,2014:189.

的文化内涵通过新媒体得以表达并推动文化矛盾的发展甚至激化，文化矛盾频发必然影响文化环境的稳定，这会加大社会主义核心价值观的引领难度，使其内化复杂性增强，更需要受众理性思考社会主义核心价值观，用社会主义核心价值观引领自己，甚至其他受众的思想和行为。

又如，《晓说》之《对谈樊建川(一)抗战记忆：子弹 毛毯与家书》，也是传播社会主义核心价值观的成功范例。

第一，嘉宾樊建川是社会主义核心价值观传播的典型代表。民间收藏家樊建川是建川博物馆的创始人、馆长，曾下乡、当兵、任教、做官、经商，人生阅历丰富。因喜欢收藏，需大量经费，他在 1993 年下海经商，赚了不少钱，曾位列胡润中国富豪榜前 200 名。他靠一个人的力量先拼命赚钱，然后用积攒多年的心血从第一个建川抗战博物馆开始，先后建了 28 个博物馆，把自身收藏的几百万件藏品全部捐给国家。目前，建川博物馆已经拥有藏品 800 万件，估值 80 亿人民币。

第二，用一人之力，努力为国家、民族保留历史的记忆，在实践中生动传播社会主义核心价值观。樊建川建了 28 个博物馆，规模大，信念执着，全心全意建博物馆，传播出爱国、敬业等社会主义核心价值观。樊建川为收集抗战文物，走遍了中国、日本、美国等很多国家，在实践中传播社会主义核心价值观，让受众对社会主义核心价值观情感上认同、思想上共鸣、进而行动上支持；让一些只知道挣钱，买房子，觉得哪有什么诗和远方的人们，回头看看我们的国家、我们的民族，是怎样走过来的；让受众知晓我们国家、我们民族有用毕生心血赋予博物馆灵魂和价值观的人……这就是深入人心的爱国教育，让人们知道富强、民主、文明、和谐的社会主义强国建设与我们每一个人的息息关联。

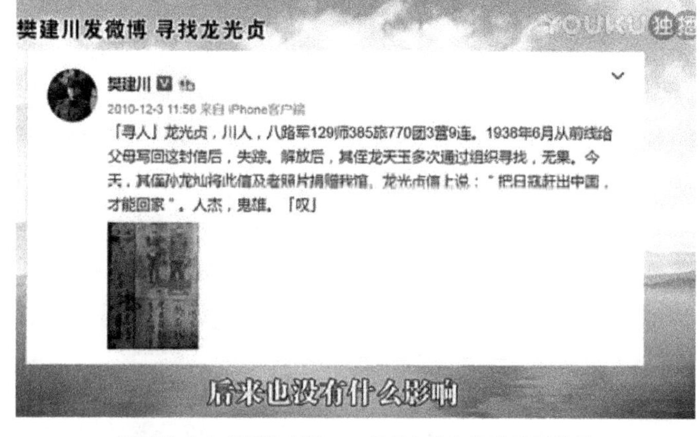

《晓说》之《对谈樊建川(一)抗战记忆》优酷独播截屏

第三，建川博物馆主题传播社会主义核心价值观。樊建川建的第一个博物馆包括五大主题馆：中共抗战的“中流砥柱馆”、国民党抗战的“正面战场馆”、美国援华的“飞虎奇兵馆”“不屈战俘馆”“侵害日军罪行馆”。它于2005年8月15日（即暨世界反法西斯战争胜利60周年纪念日）向世人开放。如此规模庞大的博物馆，不只是有钱就能办到的事，更需要一种爱国情怀，责任担当，它让受众心生敬畏，产生情感共鸣。网络综艺节目《晓说》之《对谈樊建川（一）抗战记忆：子弹 毛毯与家书》引人对价值观进行思考，实现了社会主义核心价值观的有效传播。

还有很多网络综艺节目，都堪称社会主义核心价值观传播的典范。笔者认为，网络综艺节目能让社会主义核心价值观传播在感情上亲近受众，在内容上靠近受众，在传播形态上贴近受众，是受众喜闻乐见且易于接受的传播形态。用新媒体传播社会主义核心价值观，需要正面传播，须让正确的价值导向立起来、传播模式新起来，抓住新媒体给社会主义核心价值观传播带来的机遇，同时也主动应对挑战，才能取得理想的传播效果。既然存在问题，要指出，要改进，但并不需要揪住问题不放，而忘记我们优秀的一面。网络综艺节目应坚持把社会效益放在首位，努力实现经济效益与社会效益的有机统一，坚持将社会主义核心价值观有机融入其中，做到在辩题选择上体现正确的价值导向，在受众交流中形成价值共识，在娱乐服务中传播社会主义核心价值观。新媒体的快速发展使年轻人的价值选择、文化表达得以淋漓尽致的展现，年轻人价值取向反映出多元化趋势，这就更需要用社会主义核心价值观引领年轻人的价值选择、价值取向。网络综艺节目立足的基础是价值导向，价值导向会对受众，尤其是年轻受众的情绪、行为、价值观的塑造产生直接的影响，进而对社会、对国家、民族发展产生影响。社会主义核心价值观是网络综艺节目“表明的态度和倾向，是推动并指引节目中人物角色或事件发展的原则与标准，是区别好坏、分辨是非及其重要性的体系”①。网络综艺节目传播社会主义核心价值观虽被诟病，但也有很多网络综艺节目堪称社会主义核心价值观传播的典范。我们不能只诟病批评，只研究问题，不研究可供业界、学界、社会学习的成功的典型案例。

---

①刘翔云.当前我国网络综艺节目的发展现状及趋势[J].电视研究，2017(8)：20.

第八章
网络小说中的社会主义核心价值观传播

新媒体技术让“人人皆可成为作家”变成现实。网络小说作为一种新兴的文化载体，已经成为受众喜闻乐见的一种传播形态。让受众体会中国传统文化并传播社会主义核心价值观是网络小说应有的责任担当。伴随新媒体技术的迅猛发展，网络小说也迅速流行开来。社会各界看到的更多的是网络小说对社会主义核心价值观传播产生的一些负面影响，实际上，网络小说为社会主义核心价值观传播也带来许多正面影响。研究网络小说给社会主义核心价值观传播带来的正面影响，是为受众、创作者提供正面借鉴和参考，要为受众推荐精品，要不然会有“站在岸边瞎指挥”的嫌疑。

第一节　网络小说传播概述

一、网络小说的概念

最早的网络小说是1999年台湾作家“痞子蔡”在BBS上发表的《第一次亲密接触》，开启了网络小说的新时代。随后，网络创作热潮迅速升温，其中网络小说发展最为迅猛。网络小说是新兴传播形态，它的定义学界还未达成统一意见。综前人研究，主要分广义和狭义两种界定。广义的网络小说是指经电子处理后存在于网络上的小说作品，重点强调新媒体——网络的传播媒介功能。狭义的网络小说是指直接在网络上“发表”的原创文学作品。百度百科将网络小说定义为依托网络基础平台，由网络作家发表的小说。顾名思义，网络小说是随网络的快速发展而兴起的一种小说类型。网络小说风格自由，阅读简单，语法更接近口语。依照百度百科和社会各界普遍接受的定义，本章的网络小说也限定为狭义上——即“发表”在网络上的原创文学作品。

二、网络小说的传播特征

与其他小说类别相比，我国网络小说已经成为一个不容忽视的话题，其数量正逐步成为第一小说群体。网络小说的目的是满足受众阅读娱乐的需求,类型主要有言情、都市、玄幻、穿越、历史、仙侠等,因其题材不限,风格自由,发表方式简单,阅读不受时间、地点限制,深受受众喜爱。笔者以“网络小说”百度,能找到相关结果约 2170 万个(截至 2018 年 5 月 22 日 12:05),微博、微信等社交平台的讨论更是不可计数。网络小说让受众的阅读体验得到空前拓展,开启了史无前例的全民写作的新时代。网络小说深受受众喜爱,与其独一无二的传播特点分不开。

(一)传播资源丰富、传播速度快

与传统小说相比,网络小说更新周期快、种类多,甚至批量生产,更重要的是网络小说想象力丰富,适应时代和环境的能力强。而且,网络小说传播多以连载形式,字数动辄数十万,甚至数百万,文字中还插入图片、声音、影视片段等传播符号,将语言、媒介、音像等直观传播媒介融为一体,带来了极其丰富的传播资源。据《2016 年数字阅读白皮书》数据,2016 年我国数字阅读内容增幅达 88.2%,其中原创占比 79.7%。[①] 从知网网络小说中文发文量、网络小说中文环比增长率截图,也可以看出二者都是曲线式上升,尤其是 2015 年网络小说中文环比增长率更是超过 300%,说明网络小说发展快速,正逐渐成为学术关注的热点。

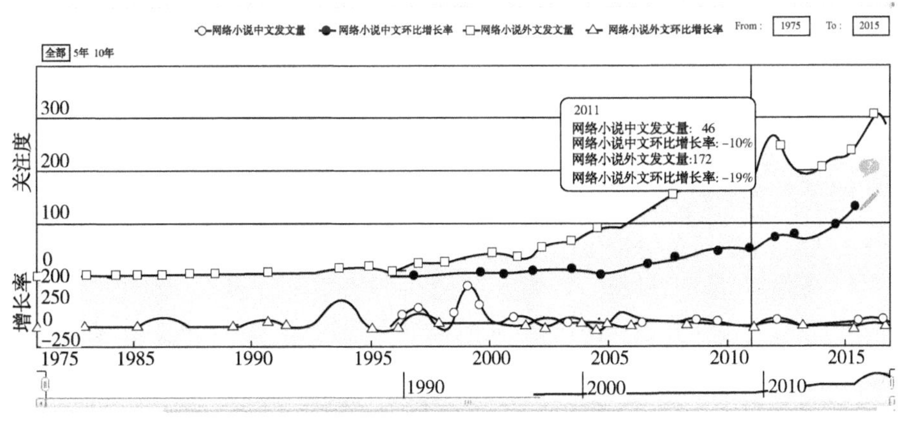

知网“网络小说”检索指数分析结果截图

(二)传播方式便捷、互动性强

新媒体作为网络小说的载体,不仅扩大了网络小说的传播范围,而且大大提

---

①2016-2017 中国数字出版产业年度报告[EB/OL].http://www.cjiyou.net/html/2017-07/451444.htm.

高了网络小说的传播速度和互动性。首先,网络小说的传播线路是双向而非单向的。传播线路是单向还是双向由传者与受众间互动的程度决定的,当两个以上的人发送和接收信息的频率相等时,即是双向传播。① 与传统小说的传播相比,网络小说传播受众能借助新媒体平台向作者反馈意见,与其他受众交流;作者也能借助新媒体平台与受众交流,并根据受众的反馈意见修改、调整后期写作,互动及时且充分。传统小说的传播受众的确也能“顶嘴”②,这种“顶嘴”与网络小说的互动性相比就迟滞得多,频率根本不在一个频道上。其次,网络小说传播方式便捷。与传统小说相比,网络小说省去了审核、出版、印刷等中间步骤,作品完成作者鼠标一点即与受众见面。新媒体传播方式的便捷,也调动受众参与的主动性、积极性,使网络小说作者与受众、受众与受众间的互动频率相等,大大提高了网络小说的关注度,扩大了影响,传播效率得以提升。第三,网络小说传播媒介直观,增强了受众的互动性体验。如网络小说《火星之恋》,作者在讲述男女主人公爱情故事的过程中,不断插入图片、音乐、影像资料,受众在阅读时只要点击鼠标,美国航天探测器从太空发回的图片、背景音乐、美国宇航员登月的影像资料等都能一一弹出,增强了受众立体体验直观材料的感受,使传播效果进一步提升。

总之,正如《琅琊榜》作者海宴所说:“可爱宽容的读者们从连载开始就不断地推动我、帮助我,热心地为《琅琊榜》画插图、写评论、编曲填词,甚至在整整三年后,还鼓励我、帮助我这个落伍的非时尚爱好者开通了微博,从而能够保持与大家信息上的持续交流。从这个层面上说,是读者们成就了这本书。”③

(三)情节设计夸张、脱离现实

网络小说主要依靠点击量盈利,有作者为此情节设计夸张,脱离现实,如大量修仙、穿越小说。部分网络小说传播内容更是粗俗不堪,为提高关注度充斥大量暴力、性描写,给受众以强烈、直接的感官刺激。甚至作者自身心智尚不成熟,生活经验缺乏,责任意识淡薄,写出来的网络小说过分集中于网络游戏、儿女情长,严重脱离现实,给受众尤其是年轻受众带来不良示范。如《微微一笑很倾城》内容过度集中于恋爱、游戏,虽无伤大雅,但会误导年轻受众“似乎大学就是

---

①[美]哈罗德·拉斯韦尔著,何道宽译.社会传播的结构与功能[M].北京:中国传媒大学出版社,2015:43.

②[美]哈罗德·拉斯韦尔著,何道宽译.社会传播的结构与功能[M].北京:中国传媒大学出版社,2015:3.

③海宴.琅琊榜[M].成都:四川文艺出版社,2014:860.

谈恋爱、打游戏”；游戏里可以随便结婚离婚，“‘前夫’转眼就娶了别的女人”①也无所谓；结婚更是超豪华，“高级酒楼包场，上百发的礼花，锣鼓开道，八人大抬花轿，现场每人派发888金的红包”②；男主人公“外表清俊雅致，风采绝佳，篮球、游泳、琴棋书画无所不能”……这些内容严重脱离现实。大学首先是学习，但网络小说《微微一笑很倾城》男女主人公是大学生，小说却极少部分涉及学习的内容，极少涉及部分无非也是图书馆占座位，其余不是“代课”，就是称系主任是“灭绝师太”等内容，如：“这天，微微跟一个买家约好八点交易，谁知道学校老师却忽然调课到晚上，微微不得已，只好让肖奈代劳。”③“倒塌……不要提实习，我还没弄到章呢”④大学上课可以“代”？大学实习只是盖个章？笔者认为，虽然不要求每一部网络小说都一定传播正能量，但底线是不能误导受众，特别是年轻受众。

（四）逻辑混乱、质量低下

首先，新媒体传播的隐蔽性、自由性使作者责任感大幅度降低。网络小说由于省去了审核、出版、印刷等中间环节，作者与读者在新媒体平台几乎是“面对面”传播。新媒体给网络小说提供了较大的自由传播空间，没有主管部门的审核，不用担负传播社会认可的价值观念——社会主义核心价值观的责任，作者完全出于个人兴趣爱好写作，部分作者写作网络小说甚至仅仅为满足情绪宣泄，导致网络小说社会责任意识淡薄，严肃、深刻的主题很少涉及，整体质量低下。如传播爱情至上理念、对婚姻的自由随性、生活的奢侈豪华……这些享乐主义、自由主义，严重背离了社会主义核心价值观内容。其次，网络小说片面追求速度和娱乐至上，导致部分作品逻辑混乱，语言粗俗，质量低下。因片面追求速度，导致错字别字连篇，更谈不上谋篇布局、反复润色，逻辑混乱在所难免。如《斗破苍穹》中的男主角“四岁练气，十岁拥有九段斗之气，十一岁突破十段斗之气，成功凝聚斗气之旋，一跃成为家族百年之内最年轻的斗者”！⑤ 如此“超能”，怎么会偶然间失去力量，遭遇挫折；在失去力量，遭遇挫折后还能得“高人”指点重获力量。如果“高人”力量如此“超能”，为什么“高人”不是主人公？逻辑显然混乱，也拉低了网络小说的质量。

---

①顾漫.微微一笑很倾城[M].郑州：花山文艺出版社，2014：2.

②顾漫.微微一笑很倾城[M].郑州：花山文艺出版社，2014：4.

③顾漫.微微一笑很倾城[M].郑州：花山文艺出版社，2014：266.

④顾漫.微微一笑很倾城[M].郑州：花山文艺出版社，2014：237.

⑤天蚕土豆.斗破苍穹[M].武汉：湖北少年儿童出版社，2010：52.

第二节　网络小说给社会主义核心价值观传播带来的机遇与挑战

伴随新媒体的迅猛发展，人们生活日益网络化、数字化、信息化。人们可以随时随地阅读网络小说，并就网络小说内容随时随地地互动，网络小说的读者群体越来越庞大。网络小说丰富的传播资源，快捷的传播方式，给社会主义核心价值观传播带来无限机遇。同时，部分网络小说逻辑混乱，严重脱离现实，传播一些不良思想也给社会主义核心价值观传播带来挑战。网络小说如何弘扬真善美，倡导主流意识形态，做到基调昂扬向上，充分传播社会主义核心价值观，便是本节的研究目的所在。

一、网络小说带给社会主义核心价值观传播的机遇

据阅文集团 2016 年网络文学发展报告数据，2016 年网络文学用户规模首次超过 3 亿（相当于我国春节期间的旅游人次），成为移动互联网核心内容和国内最大的 UGC 文化产品之一。其中经常看网络小说的人群比例高达 20.24%，偶尔看网络小说的人群比例达 42.26%。写作网络小说不会一蹴而就，部分长篇网络小说需要几年才能完成写作，受众自然不能经常看，因此偶尔看网络小说人群占比较高就能理解。经常看和偶尔看网络小说人群高达 62.5%。

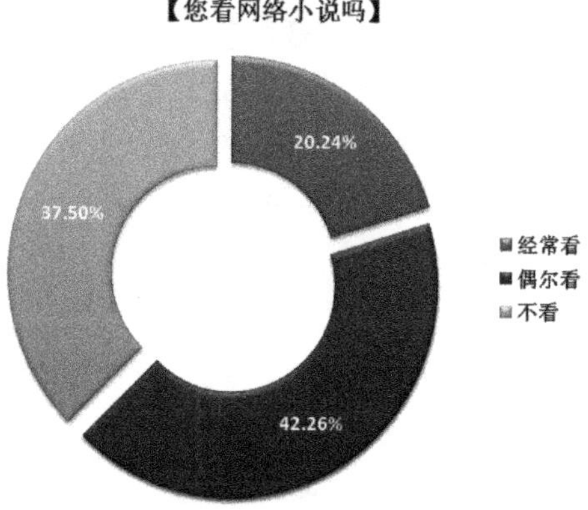

阅文集团 2016 网络文学发展报告截屏①

①据调查 62.5%的人会看网络小说[EB/OL].http://www.sohu.com/a/202409668_100049707.

(一)网络小说拓宽社会主义核心价值观的传播渠道

传播过程的有效性由促成合理判断的程度决定。合理的判断达成传播目标。在人类社会中,凡是有助于生存或有助于满足群体某一具体需求的传播,都是有效传播。① 网络小说的创作速度、传播速度、受众的衍生行为产生等,都是传统小说无法比拟的。网络小说因为满足了受众精神娱乐的需求,促成受众的合理判断,从而达成社会主义核心价值观的有效传播,实现其影响力。形形色色的中文小说网站上,每天都有海量网络小说发布,而且篇幅巨大,百万字以上的网络小说层出不穷,其用户规模和使用率更是节节攀升。以唯一官方网站、我国最大文学阅读与写作平台——起点中文网为例(2015年)。

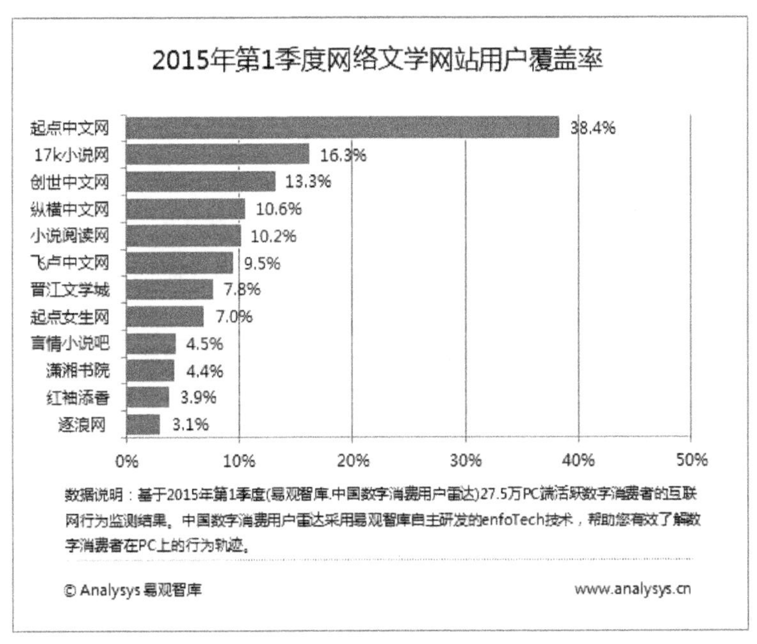

2015年第1季度网络文学网站用户覆盖率

首先需要说明的是,文学是一种艺术,现代汉语词典将“文学”解释为“以语言文字为工具形象化地反映客观现实的艺术,包括戏剧、诗歌、小说、散文等”②;将“小说”解释为“一种叙事性的文学体裁,通过人物的塑造和情节、环境的描述

①[美]哈罗德·拉斯韦尔著,何道宽译.社会传播的结构与功能[M].北京:中国传媒大学出版社,2015:50.

②中国社会科学院语言研究所词典编辑室.现代汉语词典[M].北京:商务印书馆,1991:1205.

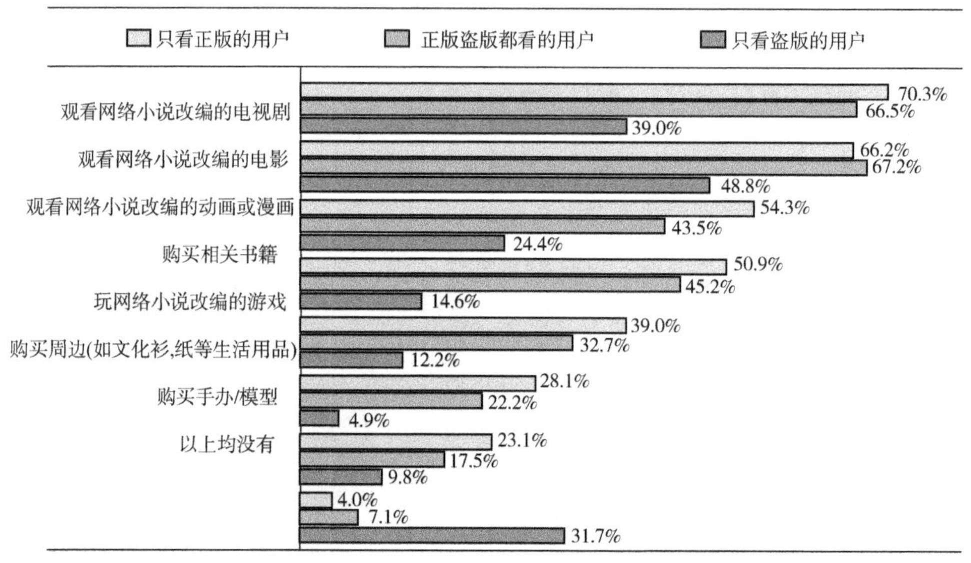

2015 年我国正版及盗版网络文学用户的衍生行为

来概括地表现社会生活的矛盾”。① 可见,小说是文学艺术写作形式中的一种。经过查阅,笔者发现各中文网站提供的主要是小说,几乎不涉及戏剧、散文、诗歌等其他写作形式,因此,截图中所说的网络文学实际就是网络小说。

笔者于 2018 年 6 月 3 日在起点中文网搜其全部作品,作品分类选择“男生”,共有 921519 本相关作品,其中总字数 100—200 万字的共有 8459 本相关作品,200 万字以上的有 4035 本相关作品。作品分类选择“女生”,共有 385329 本相关作品,其中总字数 100—200 万字的共有 6204 本相关作品,200 万字以上的 1426 本相关作品。会员总点击更是无法计数,笔者以截图说明,并统计出其中点击上千万的共有 24 本相关作品。伴随网络的发展而不断发展的网络小说,其大规模的传播为社会主义核心价值观提供了新的传播平台和渠道。“物质贫乏不是社会主义,精神空虚也不是社会主义。”②网络小说属精神文化产品,精神文化产品具有传播主流价值观,传播高尚思想境界、积极人生态度和健康生活情趣的社会责任。融社会主义核心价值观传播于网络小说绝非一日之功,需适应网络快速形势,正确运用新媒体传播理论,把社会主义核心价值观渗透在网络小说

①中国社会科学院语言研究所词典编辑室.现代汉语词典[M].北京:商务印书馆,1991:1269.

②本书编写组.社会主义核心价值观培训教材[M].北京:新华出版社,2014:199.

中,使社会主义核心价值观更及时、形象、生动地表现出来,真正实现“百姓日用而不知”的传播效果。

(二)网络小说完善社会主义核心价值观的传播体系

按照拉斯韦尔的经典传播学理论,即谁(Who)——向谁(To Whom)——传播了什么(Says What)——通过什么渠道(In Which Channel)——取得什么效果(With What Effect),传播体系完整与否取决于“5W”明确与否。传播主体、媒体、受众是社会主义核心价值观传播的三个最重要的要素。借用周小华的“马克思主义传播的主体力量”①,社会主义核心价值观传播的主体力量有中国共产党和政府、高校、科研院所与社会化大众传播机构等。伴随新媒体的发展,受众在社会主义核心价值观传播中的地位越来越受到重视,社会主义核心价值观传播的目标将由原来的获取“媒体支持”转向获取“受众支持”,也就是说,受众也转化为社会主义核心价值观传播的主体力量。网络小说是借助新媒体传播,使社会主义核心价值观传播主体力量增强,受众支持增加,传播范围更广,完善了社会主义核心价值观的传播体系。

首先,网络小说借助新媒体的快速发展而发展,网络给予了网络小说无限的发展空间,各类小说网站、中文网站应运而生。如前文提到的“起点中文网”,提供的网络小说不仅数量庞大,而且点击率高,其丰富的题材为社会主义核心价值观传播提供了充足的空间。其次,网络小说借助新媒体平台,不仅传播速度快,而且传播范围广,丰富了社会主义核心价值观的传播形态。与传统小说传播相比,网络小说省去了审核、出版、印刷等中间环节,大大加快了传播速度。网络终端产品手机的普及,也拓展了网络小说的受众数量,这些都使得社会主义核心价值观传播面更广,形态更丰富,体系更完整。传统媒体无论在传播规模、传播形态,还是在传播效果上都存在较明显的不足,如针对性不强,传播渠道窄,传播效果不好,对党和政府依赖性大等,都无法满足社会主义核心价值观传播的需求。网络小说借助新媒体平台能增强社会主义核心价值观传播针对性,拓宽其传播渠道,提升其传播效果。一定程度上网络小说传播出受众对急速变化世界的无奈、迷茫和不知所措,缓解了受众对现实世界的焦虑和紧张,使其情感得到释放和宣泄,这种情感释放和宣泄必须与社会主义核心价值观相吻合。共同的价值观是人们思想的基础,是党和政府体现执政能力、维护社会秩序的基本内容。② 因此,无论是党和政府,还是高校、科研院所、社会化的大众传播机构,哪怕是受众自身,都有责任运用先进的传播手段

---

①周小华.基于新媒体技术的马克思主义传播[M].北京:国家行政学院出版社,2012:15.

②陆小华.新媒体观[M].北京:清华大学出版社,2008:273.

传播社会主义核心价值观,不断增强社会主义核心价值观感召力、影响力,使社会主义核心价值观在网络小说传播中占据应有的主导地位。

二、网络小说带给社会主义核心价值观传播的挑战

网络小说对社会主义核心价值观传播是把双刃剑。一方面为社会主义核心价值观提供了传播载体,使社会主义核心价值观传播渠道得以拓展,传播体系得以完整;另一方面网络小说也使受众接触大量消极负面价值观念并受其影响,这种影响呈现出一种多元化、复杂性状态。如何趋利避害,将社会主义核心价值观渗透在网络小说中进行传播,使社会主义核心价值观成为网络小说的价值航标,让受众阅读网络小说时受到价值引导,真正实现内心认同并自觉践行社会主义核心价值观,形成昂扬向上的公民品格和从德向善的价值风尚。

(一)网络小说中负面价值观影响社会主义核心价值观传播

网络小说为增加点击量,刻意迎合一些受众渴望飞黄腾达、浪漫爱情、超能量等心理需求,对恋爱、婚姻、家庭、幻想等方面进行脱离现实的描述,甚至充斥色情、暴力内容,不同程度地对爱情至上、享乐主义、仙缘巧遇等不良思想进行了传播,这一定程度上影响到社会主义核心价值观的传播。如网络小说《很纯,很暧昧》讲述的是高中生杨明,他逃课作弊、打架斗殴,标准差生一个,却于高考前偶然获得特异功能——一副神奇透视眼镜,通过眼镜能看清别人的想法,杨明从此生活变得丰富多彩。小说类型虽写的是都市异能,却集超能、青春、奇幻、言情、社会人情……于一体。作者率性而为,为追求点击率,小说充斥强烈、直接的感官刺激描写,只注重对所谓的"自由""享乐""权力""爱情至上"的追求,毫无社会责任和良心的担负,为社会主流价值观念的形成、公民社会主义核心价值观的内化带来负面影响,影响社会主义核心价值观的传播效果。

(二)受众沉溺网络小说削弱其对社会主义核心价值观的关注

与传统小说相比,网络小说种类繁多、更新周期快,甚至是批量生产,数十万,甚至上百万字的网络小说层出不穷,受众如果沉溺其中,会大量消耗其时间、精力,精神变得麻木懈怠,削弱其对社会主义核心价值观的关注和吸引。笔者通过百度搜索得到数据:以"文学"为关键词百度到相关结果1亿个,以"网络文学"百度到相关结果1150万个,以"网络小说"百度到相关结果1400万个(截止时间2018年6月5日),如连载于起点中文网的网络小说《很纯,很暧昧》(作者鱼人二代)总字数600多万字,完整读完会耗费受众大量时间、精力,受众从中得到却是负能量、负面价值观思想,这无论于公民个人层面,还是社会层面、国家层面社会主义核心价值观传播都毫无益处。

第三节　网络小说传播社会主义核心价值观的典型案例

社会主义核心价值观的传播阵地只能不断拓展和巩固，对新传播阵地的出现不能熟视无睹。当网络小说正日益成为人们阅读的主要选择，忽视网络小说对社会主义核心价值观传播的作用或看轻网络小说对社会主义核心价值观传播的影响是不可取、也是不明智的表现。新媒体使“人人成为作者”变成现实，良莠不齐、泥沙俱下的网络小说也应运而生，在这样的背景下，我们应精心挑选出影响大且典型的社会主义核心价值观传播的精品网络小说，有效引导人们网络小说的阅读行为显得尤为重要，同时也为网络小说的未来发展指明方向。

一、《琅琊榜》中的价值观传播

《琅琊榜》虽是一部架空历史类网络小说，但并未影响其对文明和谐价值观的有效传播。《琅琊榜》以昭雪冤案、振兴山河为主线，讲述了“麒麟才子”梅宗主才冠绝伦，以病弱之躯拨云雾、除奸佞，昭雪 13 年前冤案的故事。小说中描写的大梁王朝虽风雨如晦却依然跳荡着勃勃生机，塑造的主人公江左盟的当家宗主梅长苏更是铁骨忠魂、百折不弯，以一颗不灭赤子之心，为达报国仇家恨的目的虽手段诡谲却正能量满满。其他人物性格也十分丰满，如萧景琰坚韧、浩气；萧景睿温雅、柔和；言豫津侠义、洒脱；小飞流纯粹；霓凰郡主更是军人铁血、战场狼烟，处处把保国护民的责任扛在肩上。他们蕴含有社会主义核心价值观于其中。麒麟才子梅长苏在矛盾处理中见招拆招，游刃有余，但面对兄弟情义、挚友疑云，始终满怀浩然长存的“正义”和荡气回肠的“真情”。

（一）书写家国情怀：传播文明、和谐的价值观内容

“文明”与“野蛮”相悖，是人类改造物质世界和精神世界所取得的成果的总和，是人类文化发展的积极成果和进步状态；“和谐”是对立事物之间在一定条件下，具体、动态、相对、辩证的统一，是不同事物间相辅相成、相互合作、互惠互补、共同发展的关系。①《琅琊榜》主线是“昭雪冤案、振兴山河”，这正契合社会主义核心价值观国家层面家国情怀内容。为国、为家，赴汤蹈火、忍辱负重、忠贞不贰的家国意识的描述，契合了受众的情感需求，反映了受众的内心呼唤，既引人入胜又启迪心灵，十分符合我国传统价值观和传统文化，不折不扣地传播出文明、和谐的社会主义核心价值观的价值取向和价值追求。

---

①本书编写组.社会主义核心价值观培训教材［M］.北京：新华出版社，2014：114—126.

《琅琊榜》和《甄嬛传》所体现出的三观有什么不同？

甄嬛传和琅琊榜的区别应是在世界观上。
甄嬛传是一幕悲剧。主角从一开始的心存善念，为爱情，为家族，为生存，一步一步逐渐参与宫廷角逐，被黑暗浸染，最终成为宫城中那些魑魅魍魉中的一员。是无奈，也是必然。甄嬛传的世界观大约是"为了生存，必须要斗下去。"无论什么人，参与争斗是不可避免的。想要活下去，活得好，必须要斗。
琅琊榜则不同。琅琊榜将党争视作不正之风。两大主角，靖王本身就明确表示反对权谋，厌恶谋士；梅长苏身为谋士，则带有深深的自厌情绪。琅琊榜的主题，是反党争。梅长苏倾其一生，熬干心血，只为达成两个目的：为赤焰平反；推靖王上位。前一个姑且不论，推靖王上位则是因为靖王可以开创一个不再为一己私利而争斗不休的时代。
若以战争比喻争斗，甄嬛传是一曲战争悲歌，刻画的是每一个身处战争身不由己的人。琅琊榜则是一部以战止战的壮曲。它们的中心思想都带有对"斗争"的厌恶。只不过甄嬛传着眼于无奈，琅琊榜更注重消弭。甄嬛传是同流合污，琅琊榜是力挽狂澜。甄嬛传是现实，琅琊榜是理想。三观有区别，但没有对错。

受众比较《琅琊榜》和《甄嬛传》三观

（1）内容设计蕴含中华优秀传统文化。

社会主义核心价值观是对中华传统文化的创新和升华，中华优秀传统文化是社会主义核心价值观的价值来源，为涵养社会主义核心价值观提供了源头活水。中华优秀传统文化中凝聚有社会主义核心价值观个人道德的培养、家庭美德的传承和社会公德的构建。《琅琊榜》将社会主义核心价值观的时代价值与中华优秀传统文化的丰富内涵有机融合，实现了"要润物无声，运用各类文化形式，生动具体地表现社会主义核心价值观，用高质量高水平的作品形象地告诉人们什么是真善美，什么是假恶丑，什么是值得肯定和赞扬，什么是必须反对和否定"①的目的。

网络小说《琅琊榜》以家国情怀内容为基础，充分体现主流意识形态，弘扬文明、和谐的价值取向和价值追求。《琅琊榜》用中国传统文化中"士"的人物形象诠释社会主义核心价值观。故事主人公梅长苏忍辱负重13年，呕心沥血，只为其远大的抱负——开创文明、和谐的社会。比如，在第三十五章《覆巢之下》中，在萧景睿嘉宾云集的生日宴上，莅阳长公主、谢侯爷、卓庄主、大楚来客、掌镜使夏冬等人，在梅长苏的谋略下将谢府闹得天翻地覆、情绝义断……大楚联姻使团自然也看到了大梁朝中内斗，有谢玉这等不顾国家利益的弄权之人。小说主人公梅长苏不忘处理后患，梅长苏与蒙挚对话：

①本书编写组.社会主义核心价值观培训教材[M].北京：新华出版社，2014：2.

"蒙挚素知他的性情,走这一步虽然必需,虽然不悔,但心中难免苦涩。当下不敢多言,只默默陪他,一路无语进了苏宅。

"'你让晏大夫诊一诊,如果没什么事,早些休息吧。'临告辞前,蒙挚低声叮嘱了一句。

"梅长苏却似没在听他说话般,目光闪动着,不知在想些什么。蒙挚怕打断他的思路,自己慢慢转身,准备就这样悄然而去,谁知刚走了几步,就被梅长苏叫住。

"'蒙大哥,后日在槿榭围场,安排了会猎吧?'

"'对。是今年最后一次春猎。'

"梅长苏眯了眯眼,语气凛冽地道:'这次会猎陛下一定会邀请大楚使团一起参加,你跟靖王安排一下,找机会镇一镇宇文暄,免得他以为我大梁朝堂上的武将尽是谢玉这等弄权之人,无端生出狼子野心。'

"蒙挚心中微震,低低答了个'好',但默默半晌后,还是忍不住劝道:'小殊,你就是灯油,也不是这般熬法。连宇文暄你都管,管得过来吗?'

"梅长苏轻轻摇头,'若不是因为我,宇文暄也没机会见到我朝中内斗,不处理好他,我心中不安。'

"'话也不能这么说,'蒙挚不甚赞同,'太子和誉王早就斗得像乌眼鸡似的了,天下谁不知道?大楚那边难道就没这一类的事情?'

"'至少他们这几年是没有的。'梅长苏眸中微露忧虑之色,'楚帝正当壮年,登基五年来政绩不俗,已渐入政通人和的佳境,除了缅夷之乱外,没什么大的繁难。可我朝中要是再像这样内耗下去,一旦对强邻威慑减弱,只怕难免有招人觊觎的一天。'

"'你啊……'蒙挚虽无可奈何地向他叹气,但心中毕竟感动,用力拍拍梅长苏的肩膀,豪气十足地保证道,'你放心,猎场上有我和靖王在,一定显出军威让宇文暄开开眼界,回去南边老老实实待几年。再说,南境还有霓凰郡主镇着呢。'

"'未雨绸缪不留隐刺总是好的,让大楚多一分忌惮,霓凰便可减轻一分压力。后日就拜托你们了。'梅长苏笑了笑,神情放轻松了些,'你快走吧,我真是觉得冷了。'"①

梅长苏的羸弱之躯、对朋友萧景睿的内心苦涩、强邻的政通人和蒙挚的担心感动……无不是为烘托出梅长苏忧国忧民、顾全大局的责任担当和未雨绸缪,生

①海宴.琅琊榜[M].成都:四川文艺出版社,2014:440-441.

动形象地传播出主人公对家国的殷殷期盼和拳拳之心,与文明、和谐价值追求相契合,让受众产生情感共鸣,实现了社会主义核心价值观的有效传播。

同样,在最终章《情义千秋》中,当梅长苏已经决定随蔺晨一起"游山玩水、修身养性"后,大梁却遭遇内忧外患,三个强邻同时发动攻击。面对狼烟四起,国土残缺,江山飘摇,百姓痛失家国的局面,太子萧景琰欲亲征。

"'诸卿之意,我自然明白。可是皮之不存,毛将焉附?大梁的生死存亡,岂不比我一人安危更加重要?'"①

……

等大家都退出之后,萧景琰才起身走向梅长苏道:'看你的意思,似乎对于将帅的人选,已经有了大概的想法?'

'是。'

'别跟我说你要去,就是我去也不会让你去的。'

'那我们就先说说别的。'梅长苏也没强争,'这场战事必须动用赤焰旧将,这一点殿下没有异议吧?不是我自夸,虽然带的不是熟悉的兵,但赤焰人的声名摆在那里,首先就不需要担心属下兵将是否心服的问题。'

'这是当然。对赤焰旧将而言,立威这个过程并不难,大家心里都是敬服的。'萧景琰赞同道:'再说沉冤方雪就临危受命,只会令人感佩。若派了其他人去,怕只怕将士们第一个念头就是——又要卖命为大老爷们挣功劳了……'

'我粗排了一下,东海让聂铎去是最合适不过的,你尽可放心;夜秦没什么好商量的,暂且不说。北燕拓跋昊率的五万铁骑一路狂飙,后备却有问题,不像是做足了功夫,有多大企图的样子,目的很可能只是取得胜果之后,跟我们谈判,得到金银财帛,或者要回四十年前割让给我们的三州之地……'

'没错,我也是这么想的,兵分两路,聂锋带七万人迎击北燕,大渝那边就是我……'

'景琰,'梅长苏按住他的手臂,轻轻摇着头,'你听我说,先听我说好不好?'

'好,你说吧。'萧景琰一挑眉,'我看你能说出多大一朵花来。'

'首先,你不能去。这么大的一场战事,除了前线厮杀以外,后方的补给调度支援更加重要。不是我信不过皇帝陛下,而是根本就不能信他。我敢肯定,你一旦轻出,后果不堪设想,这一点,你千万不要心存侥幸。'

……

'身为主帅,首要职责是统筹全局,排兵布阵,这些的确不是蒙大哥所长,需

①海宴.琅琊榜[M].成都:四川文艺出版社,2014:848.

要设法弥补……'

'……可是小殊,打仗行军,那是要体力的!'

'景琰,你相信我,我最先考虑的就是自己的身体状况,这一点不成问题。当前的局势如此危殆,也由不得我冒险任性啊!'

'北境,是我熟悉的战场,大渝,是我熟悉的对手。……也许骨子里还是一个军人,即使是在这漫漫十三年的雪冤路上,我也随时关注着大渝军方的动向,没有丝毫放松。说句不怕你恼的话,就算是你,也未必比我更有制胜的把握,更遑论他人。择适者而用,是君主的首责,而你我之间,不过私情而已。景琰,大梁的生死存亡,难道不比我一人安危更加重要?'

……

'国难当头,岂有男儿不从军的?'

……

'林殊虽死,属于林殊的责任不能死,但有一丝林氏风骨存世,便不容大梁北境有失,不容江山残破,百姓流离'。'就公义而言,北境烽火正炽,朝中无将可派,我身为林氏后人,岂能坐视不理,苟延性命于山水之间?从私心来讲,虽然有你,但我终究已是去日无多,如能重披战甲,再驰沙场,也算此生了无遗憾,所得之处,只怕远远胜过了所失……'"①

梅长苏在说服萧景琰、蔺晨出征北境的分析中,一名具有高度家国责任感的将帅人才形象栩栩如生地展现出来。"皮之不存,毛将焉附"用受众耳熟能详的古语,展现宗主梅长苏以大局为重,以家国责任担当为要的优秀品质,能吸引受众注意力,也更具有说服力,传播效果更明显。梅长苏与萧景琰的对话,被作者用充满激情的笔调刻画,透视出人性的光辉、男儿的光荣与梦想,引领受众对社会层面、个人层面价值内容的深沉思考。如"当前的局势如此危殆,也由不得我冒险任性","择适者而用,是君主的首责,而你我之间,不过私情而已"等,字里行间传播出个人价值与家国责任、社会价值的选择中,应当以人民安康为首责,契合的也正是文明、和谐的价值目标和追求,将社会主义核心价值观生动形象地融于其中,潜移默化告诉受众人生价值评价和选择的要义——个人层面价值目标须体现或服从国家层面、社会层面价值目标,才是真正意义上的人生价值实现。

(2)人物塑造传播家国情怀。

家国情怀是中华优秀传统文化的重要内容,是中国传统社会最具影响力的

①海宴.琅琊榜[M].成都:四川文艺出版社,2014:853-854.

政治思想之一,早已深深刻在中华儿女血脉里,深刻影响中华民族两千余年。家国情怀是社会主义核心价值观的价值来源,为社会主义核心价值观提供了思想基础和文化传统。社会主义核心价值观部分内容是家国情怀的升华和创新,其传播贯穿着中华优秀传统文化之一——家国情怀思想的传播。家国情怀思想最早可追溯到西周"天子建国,诸侯立家,卿置侧室,大夫有二宗"。① 春秋时期《论语》中有:"子曰:小子何莫学夫诗? 诗可以兴,可以观,可以群,可以怨。迩之事父,远之事君,多识于鸟兽草木之名。"②为什么要学诗呢? 因为《诗》中有先王教导人们处理家庭、社会与国家关系的原则,能够美教化、厚人伦、成孝敬。个人是基石,家庭是纽带,国是大"家",在家尽孝上升到国家层面就是为大"家"——国尽忠。富强、民主、文明、和谐的价值目标,自由、平等、公正的价值导向,敬业、诚信、友善的价值准则,正是中国传统家国情怀当代价值的体现。

"只要人还是文艺活动的最终目的,关涉人的伦理道德就不会从我们的视野中消失。"③《琅琊榜》作者海宴有意无意中把自己的家国情怀的价值观念糅合其中。小说中从未出场的皇长子萧景禹,忠诚、信念、明亮、温暖,有情有义,充满了家国责任感。小说中萧景禹人物形象刻画都是通过其他人物的描述或表情来展现,如通过梅长苏识破言阙筹谋"除夕血案",言阙的眼睛来生动展现:

"那双常年隐蔽低垂的眼眸并不像他的表情那样平静,虽然年老却并未浑浊的瞳仁中,翻动着的是异常强烈复杂的情绪、有震惊、有绝望、有怨恨、有哀伤,唯独没有的,只是恐惧。

"可言阙明明应该感到恐惧的,因为他所筹谋的事,无论从哪一个角度来看,都是大逆不道,足以诛灭九族的,而这样一桩滔天罪行,显然已被面前这清雅的书生握在了手中。

"那种眼神,使他看起来就如同一个在山路上艰险跋涉,受尽千辛万苦眼看就要登顶的旅人,突然发现前方有一道无法逾越的鸿沟,正冷酷地对他说:'回头吧,你过不去。'"④

小说在反复铺垫梅长苏身上背负沉重重担后,萧景禹逐渐从其他人物描述或表情中"出场"。当小说用言阙的眼神告诉受众,萧景禹生性贤仁,以家国大局为重,哪怕沉冤十几年,依然有人为他愿冒"足以诛九族的滔天罪行",为其"报仇雪恨",被识破后没有恐惧,只有绝望、哀伤、怨恨,从侧面展示其为国为

---

①杨伯峻.春秋左传注[M].北京:中华书局,2009:94.

②(宋)朱熹.四书集注[M].长沙:岳麓书社,1987:259.

③赵红梅,戴茂堂.文艺伦理提纲[M].北京:中国社会科学出版社,2007:156.

④海宴.琅琊榜[M].成都:四川文艺出版社,2014:297.

家、仁义道德的人物性格和职责担当,满布家国情怀传播于其中。

小说第六十八章“血色清明”中,梅长苏对陛下陈述:

“据说祁王当年临死时,可是命令宣旨官将陛下您处死他的诏书接连念了三遍来听呢,听完后他也只是说了一句‘父不知子,子不知父’,便眼也不眨地将毒酒饮下……陛下,您可知道他这句话是何意思?①

“梅长苏面无表情地看着他,继续道:‘陛下若知祁王,当不会怀疑他有大逆谋位之心;祁王若知陛下,也不至于到最后还不肯相信您真的要杀他……’

“‘天下,乃是天下人的天下。’梅长苏凛然道,‘如无百姓,何来天子?如无社稷,何来主君?将士在前方浴血沙场……祁王一心为国料理朝政,勤德贤能之名,是桩桩实绩堆出来的,与陛下但又不同政见,都是当朝当面直言,并无半丝背后苟且。可这份光明忠直,陛下却只看得见‘顶撞’二字……祁王当年饮下毒酒时,心中是何等的心灰意冷,何等的痛彻肺腑,陛下只怕难以体会。但就算是当年父子情义,为了祁王宁死不反的一份心,请陛下真心实意查证一下他的清白……’”②

梅长苏对陛下的这段陈述,也是从侧面向受众传播祁王忠贞不贰,以家国大业为重,宁死不反的责任意识,引发受众深沉思考家国情怀中国家安全、利益高于一切,进而产生情感共鸣,实现社会主义核心价值观的有效传播。

主角梅长苏更是虽羸弱文士,却能举重若轻。小说中“遥映人间冰雪样,暗香幽浮曲临江,遍识天下英雄路,俯首江左有梅郎”,到琅琊阁主的评价“江左梅郎,麒麟才子,得之可得天下”,无不与家国情怀紧密相连。梅长苏活着就是为肩负雪洗赤焰七万男儿冤情和扶持一个有情有义、公允无私的明君的家国重担。正如侯鸿亮所说:“海宴将浩气给了萧景琰,将一颗赤子之心给了林殊。”③小说中处处塑造麒麟才子为国为家,呕心沥血的情怀。

“殿下尽可以用任何手腕来考验我、试探我,我都无所谓。因为我知道自己想要忠于的是什么,我从来都没有想过要背叛。”④

用萧景睿的话说是:“苏兄说过立君立德,所谓君明臣真,方为社稷之幸。待民以仁,待臣以礼,非威德无以致远,非慈厚无以怀人。时时猜忌、刻薄寡恩的君上,有几个成得了流芳百世的明君贤君?我想苏兄的痛苦,莫过于不能扶持一

①海宴.琅琊榜[M].成都:四川文艺出版社,2014:837-838..

②海宴.琅琊榜[M].成都:四川文艺出版社,2014:837-838..

③海宴.琅琊榜[M].成都:四川文艺出版社,2014:推荐序.

④海宴.琅琊榜[M].成都:四川文艺出版社,2014:290.

个能在德行上令他信服的主君吧……"①

在小说第二十四章"除夕血案"中，梅长苏对言阙所言：

"所以你筹谋多年，就只是想杀了他？"②

"可是杀了之后呢？祭台上皇帝灰飞烟灭，留下一片乱局，太子和誉王两相内斗，必致朝政不稳，边境难安，最后遭殃的是谁……你闹得天翻地覆举国难宁，最终也不过只是杀了一个人！"③

"'想那日束发从军，想那日霜角辕门，想那日挟剑惊风，想那日横槊凌云……流光一瞬，离愁一身，望云山，当时壁垒，蔓草斜曛……'歌声中，梅长苏起身推窗，注目天宇，眉宇间战意豪情，已如利剑之锋，烁烁激荡。"④

小说尾声，强虏被击退，边防已稳固，朝政改良、家园建设都在有序快速推进。但作者却用萧景琰"抄写战事中牺牲的亡者名单"来反衬其家国情怀，增强了小说的感染力、吸引力。

"从最低阶的士兵开始抄起，笔笔认真。可是每每写到最后一个名字时，他却总会丢下笔伏案大哭，悲恸难以自抑，连已怀有身孕的太子妃，都无法从旁劝止。"⑤

雪冤不仅仅是雪冤，而是关系家国命运。梅长苏把忠于国家，把朝政稳定、边境安宁，把百姓安康看的比雪冤重。君明臣真，才是社稷之幸，强化出热血男儿的家国情怀，引受众无限深思。尤其是小说结尾，梅长苏风华灼灼，战意豪情，充满责任感的形象给受众留下深刻印象，温暖、明亮的主人公角色引发受众情感共鸣，真正实现用"文化熏陶"的形式，高品质、高水平的作品形象、生动、具体地传播社会主义核心价值观。

（二）蕴含的恋爱观：传播诚信、友善的为人准则

恋爱观是人们关于恋爱问题的基本看法和根本观点。⑥ 恋爱观是价值观、人生观、世界观的重要组成部分，一般通过知识、情感、意志、行为表现出来。⑦网络小说类型多种多样，一般中文网站都把网络小说分类为言情小说、仙侠小说、都市小说、游戏小说、灵异小说、历史小说等，而《琅琊榜》在中文网站一般归

---

①海宴.琅琊榜[M].成都：四川文艺出版社，2014：362-363.

②海宴.琅琊榜[M].成都：四川文艺出版社，2014：300.

③海宴.琅琊榜[M].成都：四川文艺出版社，2014：300.

④海宴.琅琊榜[M].成都：四川文艺出版社，2014：855.

⑤海宴.琅琊榜[M].成都：四川文艺出版社，2014：855.

⑥黄蓉生，宋春宏.思想道德修养[M].北京：中国人民大学出版社，2003：86.

⑦钟佩霖.当代艺术院校新生恋爱观现状与对策——以四川音乐学院为例[J].教书育人（高教论坛），2016(2)：62.

类到古代言情类。作为言情类网络小说的《琅琊榜》,从 2007 年初开始在网上连载,点击量长期为起点中文网榜首,九界网最热门点击。实体书更是好评如潮,一版再版,豆瓣读书评分高达 9.1 分。笔者于 2018 年 5 月 18 日购买的《琅琊榜》实体书已是第二版第六次印刷,可见其销售火爆程度。《琅琊榜》之所以吸引读者,也是因为对爱情的描写,蕴含的恋爱观传播出社会主义核心价值观个人层面的内容。

第一,只有顺应社会主流价值观的恋爱观才是正确的恋爱观。恋爱观是社会伦理道德观念、文化、经济在恋爱问题上的反映。社会主义核心价值观是我国社会的主流价值观,主流价值观是人们思想的基础,是社会秩序得以维护的保证。在社会主义社会,只有顺应社会主义核心价值观的恋爱观才是正确的恋爱观。“网络小说”是“网络”与“小说”融合的产物,“网络”和“小说”都能吸引受众,“网络小说”更是具有天然吸引受众的优势。社会主义核心价值观传播须利用好网络小说吸引受众的天然优势,打造好社会主义核心价值观的网络小说传播平台,满足受众的多层次需求,构建社会主义核心价值观传播的新格局,以保持社会主义核心价值观的传播活力。

第二,《琅琊榜》蕴含的恋爱观,顺应社会主流价值观。梅长苏与霓凰、夏冬与聂锋、霓凰与聂铎、谢琦与卓青遥的爱情故事都丰富饱满,把价值观念、人伦情感进行了结合,彰显出正面的、积极向上的精神力量,传播了社会主义核心价值观。小说没有一处亲昵描写,却让人印象深刻。其中林殊与霓凰的坚贞爱情,从年少时的两小无猜,青梅竹马,到劫后余生的第一次“相识”,经历过艰难困苦越发坚贞持久,弥足珍贵,但主人公想的却是责任、信任,让受众敬意油然而生,增强了小说的故事性、可读性和感染力,润物无声中将社会主义核心价值观加以传播。

小说第二十一章,霓凰想确认梅长苏就是林殊时的部分描写:

“已经错过的岁月,和已经动过的心,都像是逝去的河水,永远也无法倒流。我已经累了十二年,不想再看到身边重要的人因为我的存在而痛苦……”①

“可唯有这个人、这个怀抱,能够让她回到自己娇憨柔软的岁月,纵情地流泪,无所顾忌地撒娇。没有热烈涌动的激情,没有朝朝暮暮的相思,有的,只是如冬日阳光般暖暖又懒懒的信任,仿佛可以闭上眼睛,重新变回那个永远无忧无虑,让他背着四处奔跑的小女孩……”②

---

①海宴.琅琊榜[M].成都:四川文艺出版社,2014:265-268.

②海宴.琅琊榜[M].成都:四川文艺出版社,2014:265-268.

“不管过去多少年，不管世事如何变迁，纵然有一天各寻各的爱情，各结各的佳侣，纵然将来儿女成行，鬓白齿松，林殊哥哥也依然是她的林殊哥哥。”①

“我知道，你现在要做的事很难，我不会给你添麻烦的。”②

“‘不行，’霓凰郡主柳眉轻扬，‘你在京城势单力薄，起码我要留下来帮你……’”③

“霓凰看着他素白清減的容颜和咸淡安宁的微笑，心中突然甚觉酸楚，又不想再惹他难过，自己勉强忍了下去，语调微颤地道：‘林殊哥哥，你要小心……’”④

小说的情感设置是从激动到冷静，阐释的是爱情的核心因素——责任。作者在处理霓凰和梅长苏的爱情中，融合了双方相互坦诚、尊重、理解和执着，不忘责任意识、大局意识的价值观念，契合了社会主义核心价值观个人层面的诚信、友善的做人做事准则，属正确的恋爱观。

“只是淡淡的一个眼神，浅浅的一个微笑，便能激起生死莫逆的信任之感，和温暖心腹的浓浓亲情。……只是那姣姣红颜上的风露清愁，依然鲜明地表露出她肩上的千钧之担与心中的沉沉重负。

‘林殊哥哥，霓凰此去，短时不能相见。’……

‘林殊哥哥，你……也要保重……’

梅长苏向她温和地一笑。多余的话，不必再说，甚至连聂铎也不必再多谈起。只要彼此知道彼此的牵挂，知道彼此心中最纯洁、最柔软的那个部分，就已经足够。”⑤

这是小说第三十一章《大楚来客》中的描述，短短数语，即将责任、信任、牵挂、倾慕等情感淋漓尽致地展现给受众，既有正确恋爱观的传播，更有使命感和责任感的传播，实现了用以情感人的方式传播社会主义核心价值观。

小说中还不断有“此生一诺，来世必践”，“上善若水，爱你就像爱家国”，名曲《凤求凰》中的“曲中凤兮凤兮，四海求凰，比翼翱翔之意，竟如同潇湘腻水，触人情场”等爱情金句，就是在告诉受众正确的恋爱道德、恋爱责任须社会主流价值观引领，传播出顺应社会主流价值观的恋爱观不仅应具有强烈的社会责任感，而且也应高度自觉地践行其要求的思想。作者纯熟驾驭故事要素的技巧和精彩

---

①海宴.琅琊榜[M].成都：四川文艺出版社，2014：265-268.

②海宴.琅琊榜[M].成都：四川文艺出版社，2014：265-268.

③海宴.琅琊榜[M].成都：四川文艺出版社，2014：265-268.

④海宴.琅琊榜[M].成都：四川文艺出版社，2014：265-268.

⑤海宴.琅琊榜[M].成都：四川文艺出版社，2014：383.

感情线索的巧妙设置，使故事更具有感染力和说服力。

（三）教育思想：涵化诚信、友善、文明、和谐的价值观

网络小说《琅琊榜》中主人公梅长苏表面虽一向低调，云淡风轻，一举一动却都含有深刻的教育思想。对少年飞流、庭生的言传身教，成就了一个武功奇绝的护卫和一个长林王；作为天下第一大帮江左盟的当家宗主，梅长苏并不过分拘管下属，却能把江左十四州打理得民生安康，条理有序。小说中涉及的恪守承诺、尊崇礼仪、敬业精业等教育思想，无不是社会主义核心价值观的有效传播。

（1）恪守承诺教育：诚信友善内容的传播。

“诚”在《中庸》中是一个最高范畴，是“天之道”“至诚之道”，是上天赋予人的本性与道理。至诚之人，不仅自己取得成就，而且自觉及于万物，行于他人，成就他人、他物、自己。小说《琅琊榜》中梅长苏、靖王、祁王、景睿等，都是择理明善，固执坚守，不懈追求生命价值的崇高境界。社会主义核心价值观传播需强化对诚信的价值认同。通过价值认同形成价值共识，是弘扬和培育社会主义核心价值观的基本前提。①

第一，小说传播“自己先做到诚信”的价值共识。小说第一章《初临帝京》中，梅长苏怕麻烦化名苏哲，因飞流卓绝武功暴露不得不对谢玉实话实说：

“算了，如果你爹实在追问得紧，你就实招了吧……想想也确实不能让你为了遮掩我，说谎欺骗自己的父亲。”②

小说第十八章《覆手为雨》中，当飞流找不到庭生送他小鹰，蔺晨教他撒谎，飞流恼羞成怒，蔺晨嘲笑飞流学不会撒谎时，梅长苏柔声安慰：

“没关系，慢慢学嘛。我们飞流最聪明了，那么难的武功都学得会，怎么可能学不会撒谎。放心，如果蔺晨哥哥嘲笑你的话，苏哥哥帮你打他。”③

梅长苏柔声安慰中实际是“不撒谎不是因为学不会，而是不能撒谎”，可见梅长苏教育飞流时无不渗透诚信教育理念。

第四十二章，静妃看了《翔地记》中梅长苏的批注后，作者借静妃之口传播诚信价值观，实际也是对梅长苏人格特征的评价与刻画，“霁月清风、疏阔男儿”“诚信得力之人”“至诚之人”，小说原话这样描写：

“静妃浅浅一笑，神情有些落寞，‘让我想起一些过往岁月，旧日情怀……对了，这书上的批注，就是你常常说的那位苏先生写的吗？’

---

①本书编写组.社会主义核心价值观培训教材[M].北京：新华出版社，2014：157.

②海宴.琅琊榜[M].成都：四川文艺出版社，2014：17.

③海宴.琅琊榜[M].成都：四川文艺出版社，2014：219.

‘是。’

‘读那批注文辞，应是霁月清风，疏阔男儿，怎么听你说起来，好像这位苏先生却是位心思深沉、精于谋算之人？’

‘苏先生是个多面人，有时老谋深算到让我心寒，有时却又觉得他也不失感性。’靖王浓眉微挑，‘怎么？母妃对他很感兴趣？’

‘你胸怀大志，要为兄长忠臣申冤雪耻，要匡扶天下整顿朝纲，母妃以你为傲。只可惜我力弱，对你没有太多助益，当然唯愿你身边能有诚信得力之人，可以辅你功成。’静妃秋水般澄澈的眸子微微荡了荡，语气温润，‘这位苏先生我看就很好，他舍了太子、誉王那边的捷径，一心相助于你，可谓至诚。你一向待人公正，我很放心，本没什么好叮嘱的，只是觉得像苏先生这样的人才难得，你对他应该要比旁人更加厚待几分才行……’”①

寥寥数语，一个守诚信，勇担当的人物栩栩如生地站在受众面前，作者潜移默化地将社会主义核心价值观融入受众精神生活、娱乐消遣中，实现了使社会主义核心价值观成为人们日常生活基本遵循的传播目的。

第二，小说传播“赞赏诚信之人”的价值观点。当谢弼想引梅长苏见皇后娘娘、莅阳长公主、霓凰郡主三个位份很高的人时，萧景睿对谢玉的话语：

“‘你在邀请苏兄来金陵时，心里究竟作何打算我不管，我只知道我请他来是修养身体的，外界纷扰一概与他无关。’萧景睿目光坚定，分毫不让，‘誉王也好，太子也罢，你要选择什么样的立场，你要偏向谁，那是你自己的事，父亲都不管你，我更加不管。可苏兄是局外人，就算他手握天下第一大帮，是个可倚重的奇才，你也不能完全不问他的意思，就虚言相邀，玩弄一些小手段来迫他卷入纷争。即便苏兄只是个陌生人，你这种做法有违做人应有的品性……’”②

梅长苏对萧景睿赞赏道：“……恢复了他平时温雅感觉，表情柔和，目光清澈……本以为他只是个单纯亲切的孩子，却没想到对于友情，对于做人的品德，这个年轻人竟有着如此坚定而又不容更改的原则。”③

小说《琅琊榜》将萧景睿与谢弼的价值观对照，萧景睿恪守承诺的性格特征充分展现在受众面前。紧接着，小说进一步用萧景睿表情“目光坚定，分毫不让”和“表情柔和，目光清澈”前后对照渲染，通过价值主体的互动，实现了价值要素的对接，萧景琰诚信友善，说一不二的性格，增强了感染力，让受众印象深刻，达成内心的价值认同，传播效果明显。

---

①海宴.琅琊榜[M].成都：四川文艺出版社，2014：525.

②海宴.琅琊榜[M].成都：四川文艺出版社，2014：21.

③海宴.琅琊榜[M].成都：四川文艺出版社，2014：22.

第三，小说传播“诚信是做人的根基”的价值取向。同样是小说第四章《麒麟才子》中，梅长苏教育祁王遗腹子庭生：“你要先看这几本书，这些是基础，句读文风都是最简洁明快的，为人的道理也清楚。就像盖房子，根基要正，上面才不会歪斜，如果一味地杂读，不能领会真意，只会移了性情……”①

盖房子根基要正，扣扣子要扣好第一颗，“凿井者，起于三寸之坎，以就万仞之深。”社会主义核心价值观传播要从基本做起，从受众做起，让社会主义核心价值观成为受众的基本遵循，并身体力行推广到全社会去。

小说中靖王萧景琰更是又刚又正又直，认死理，视艰险如平坦，无论面对多少薄待与不公，依然不会软下背脊，融于字里行间的坦诚、信任处处可见，真正实现了潜移默化将诚信内容进行有效传播，达到受众日用而不觉的传播目的。如：

“既然与你合作，又何必遮遮掩掩。”②

“纯臣越多，权谋就越少”③

“人情中若无真情，要之何用？交结良臣，手腕无须太多。与人交往只要以诚相待，何愁他们对我没好感？”④

“人只会被朋友背叛，敌人是永远都没有‘出卖’和‘背叛’的机会的。”⑤

总之，小说中梅长苏答应的事情就会恪守承诺，对靖王承诺将庭生从掖幽庭接出来，尽管困难却依然想尽办法做到。小说处处传播诚信价值观，有意无意中让受众接受、认同并践行诚信价值观。

(2)文明礼仪教育：文明和谐内容的传播。

“礼仪”由“礼”和“仪”组成。“礼”是教育的指导思想，是教育实践的重要内容，几乎涵盖我国传统文化的全部内容。⑥ 礼仪是维系人类社会正常生活而要求全体社会成员共同遵循的基本的行为规范，包括约定俗成的风俗、习惯、传统等。⑦ 文明礼仪教育和社会主义核心价值观都是以中华优秀传统文化为思想根源。我国传统文明礼仪思想中的“仁爱、谦恭、向善、和谐”等思想，与社会主义核心价值观——文明、和谐、诚信、友善等内容是相一致的。

---

①海宴.琅琊榜[M].成都：四川文艺出版社，2014：44.

②海宴.琅琊榜[M].成都：四川文艺出版社，2014：126.

③海宴.琅琊榜[M].成都：四川文艺出版社，2014：226.

④海宴.琅琊榜[M].成都：四川文艺出版社，2014：287.

⑤海宴.琅琊榜[M].成都：四川文艺出版社，2014：290.

⑥刘永希.以文明礼仪教育为载体培育社会主义核心价值观[J].当代教育实践与教学研究，2018(4)：218.

⑦刘永希.以文明礼仪教育为载体培育社会主义核心价值观[J].当代教育实践与教学研究，2018(4)：218.

小说《琅琊榜》将礼仪教育融合于其中，帮助受众认知、认同中华优秀传统文化，认知、认同并践行社会主义核心价值观，以形象、生活、简洁化的形式进行社会主义核心价值观于文明礼仪教育中。小说处处传播对中华传统文明礼仪尊崇，梅长苏对飞流的教育，对朋友萧景睿、言豫津等言行中时刻穿插有文明礼仪教育，如：

“入府打扰，自当拜见主人。”①

“侯爷回府，你怎能不去迎接请安，如果为了陪我连身为人子的礼数都忘了……”②

小说第一章《初临帝京》中，飞流因在房檐上跑被发现被迫与蒙挚交手后，看到飞流一脸惶恐的表情，梅长苏对飞流的教育：

“‘不是啦，不是飞流的错，是那个大叔把你拦下来，你才跟他动手是不是？’

“‘所以啊，我们飞流一点儿错都没有，都是那个大叔不好！’

“‘不过以后呢，我们飞流出门的时候，就顺着路从大门走出去，回来呢，也要顺着路从大门走回来，不要再在墙上啊，房檐上跑了。这里的人胆子很小，眼力却很好，一不小心看见了飞流，会把他们吓到的……记住了吗？’”③

梅长苏教育飞流的这短短几句话中，细心、耐心地用爱安抚后，明确指明如何做，直截了当教育孩子尊崇礼仪文明——“顺着路从大门走出去，走回来，不要在墙上、房檐上跑”。最后还讲明原因。既展示如何教育孩子，也将日常礼仪、深刻道理融于其中进行传播，激发受众对比、思考传统文明礼仪与现代社会文明价值观的关系，进而加深受众对文明核心价值观的认知，产生共鸣，从内心接受并践行社会主义核心价值观。

小说第一章《初临帝京》中，当莅阳长公主听到清灵的琴音，陡生涤尘洗俗之感时，问道：

“‘这是何人抚琴？意境非凡啊。’

“萧景睿仰首细听了片刻，答道：‘这是孩儿的一个朋友，姓苏名哲，受孩儿之邀来金陵小住修养，目前就下榻在雪庐。’

“‘娘是否想要见见此人？’谢弼忙问道。

“莅阳长公主淡淡一笑：‘既是景睿的友人，你们好生招待就是了，何须见我？’

“‘可是此处听不真切，不如孩儿请苏兄进内院，隔帘为娘亲抚琴如何？’谢

---

①海宴.琅琊榜[M].成都：四川文艺出版社，2014：4.

②海宴.琅琊榜[M].成都：四川文艺出版社，2014：49.

③海宴.琅琊榜[M].成都：四川文艺出版社，2014：17.

弼建议道。

“莅阳长公主眉间略略一蹙，但辞气仍然温和：‘弼儿，这位苏先生来此是客，并非取乐的伶人，岂能这样召来唤去？日后若有机缘，我自能再闻琴音，若无机缘，亦不可强求。’”①

三人简单的对话中，传递出莅阳长公主对文明礼仪的尊崇。文明礼仪须置于个人需求前，莅阳对谢弼、萧景睿的教育，潜移默化中也让受众受教。小说通过具体的文明礼仪教育，从抽象到具体，从知识说教到行为践行的转变，促使受众内心认同文明价值观，进而实现精神追求的内化和自觉行动的外化。

总之，传统文明礼仪教育只有诉诸日常，才谈得上真正的继承与发展。网络小说《琅琊榜》将中国博大精深的文化气息、丰富的文明礼仪深植其中，如中国古代士子风骨的正义忠直，传统礼仪的尊师重教、重情义轻利益，对传统服饰、礼仪、车马、医药、音乐、餐饮、武术等的描写，实现了寓教于乐、润物无声传播社会主义核心价值观于受众日常生活的目的。

(3)职业道德教育：敬业价值观的传播。

敬业，是敬重、认同、珍惜、热爱自己所从事的职业。敬业是中华民族的优良传统，是职业精神的集中体现，也是社会主义核心价值观对个人职业方面的道德要求。社会主义核心价值观中的敬业包括四个层次的内容：第一个层次侧重于职业态度方面的要求，要求从业者干一行爱一行；第二个层次强调工作效果，即要求从业者尽职尽责，兢兢业业；第三个层次强调开拓进取的创新创业精神，即不墨守成规，开创个人新事业；第四个层次强调把职业作为生命信仰，即把事业化为生命的内在需求，敬业就是为人民谋幸福、为民族谋复兴。② 这四个层次的内容既相互联系又相互区别，是一个有机统一体，相互将构成一个层层深入的价值结构系统。网络小说《琅琊榜》从四个层面处处传播敬业价值观，让受众在娱乐中体验、思考职业与事业、敬业与信仰、敬业与幸福感之间的逻辑关系，从而实现受众的内心认同和接受，并在行动中自觉践行敬业价值观的目的。

小说中出现的人物，梅长苏，言阙，梅宗主的小护卫飞流，手下十三先生、黎纲、童路、甄平等，主治医生晏大夫，禁军统领蒙挚，悬镜司掌镜史的夏春、夏秋、夏冬，妙音坊的宫羽，赤焰旧将卫峥、聂锋、聂铎，镇守南境的总帅霓凰等，几乎每一个都堪称敬业楷模，分别从四个层次为受众阐释敬业要求、工作效果、敬业精神、事业信仰，也正因为此才吸引受众阅读，为受众留下深刻印象。

---

①海宴.琅琊榜[M].成都：四川文艺出版社，2014：13.

②杨业华，沈雅琼，许林清.社会主义核心价值观之敬业探析[J].思想理论教育导刊，2015(10)：62-63.

第一，梅长苏把敬业作为生命信仰。梅长苏——天下第一帮“江左盟”的当家宗主，曾经的赤焰少帅林殊，赤焰大帅林燮和晋阳公主的独子，从小聪明机智，读万卷书，十三岁上战场，绝谋奇兵，战无不胜。十七岁时因赤焰军遭人陷害全军覆没，林殊侥幸存活，从此羸弱多病，虽满腹机诡，却始终不忘赤子之心。这正是将“敬业”价值观第四个层次强调的“把职业作为生命信仰”，“把职业化为生命的内在需求”，“敬业就是为人民谋幸福、为民族谋复兴”直接呈现给受众。

例如，小说第十六章《杀机渐迈》中，当梅长苏遭遇北燕使臣拓跋昊攻击，后续处置是“直接放走拓跋昊”。梅长苏说明了原因：

“‘抓到了又能怎样？’梅长苏淡淡地道，‘杀了他，还是一直囚着他？’

“蒙挚似乎没想过后续处置的问题，有些踌躇。

“‘他是北燕神策上将，燕帝的爱婿，无论是杀是辱，燕帝和拓跋家主都不会善罢甘休。到时为了一个拓跋昊，若是导致两国纷争，边境不安……’”①

梅长苏在阐述“直接放走拓跋昊”的原因中，藏入敬业就是“为人民谋幸福，为民族谋复兴”，敬业就是让“边境安宁、百姓乐业”。

第二，言侯爷视敬业为生命内在需求。小说就言侯爷，手执王杖出使大渝，在大渝宫阶上舌战群臣，解一时危机，青春豪气，热血英雄，勒马封侯、视事业为生命内在需求的敬业形象进行了出色的塑造。

“当年大渝、北燕、西漠三国联盟，意图共谋大梁，裂土而分。其时兵力悬殊，敌五我一，绵绵军营，直压入我国境之内。这名使臣年方二十，手执王杖栉节，只带了一百随从，绢衣素冠，穿营而过，刀斧胁身而不退……在宫阶之上辩战大渝群臣，舌利如刀……不比蔺相如失色。”②

“想乌衣年少，芝兰秀发，戈戟云横。坐看骄兵南渡，沸浪骇奔鲸。转盼东流水，一顾功成……”③

小说第四十七章《行兵布阵》中，言阙为梅长苏救卫峥重涉朝局，作者这样描述言阙：

“仰首痛饮，掷杯低吟，这位早已英气消磨的老侯爷的脸，在倾吐往事时却显得那么神采奕奕，丝毫不见委顿苍老的模样。”④

“为父不喜欢党争，那太丑恶，会吞噬太多的美善……但这一次，我决定尽全力帮他，付出任何代价也在所不惜，因为他和靖王的这个决定……实在让我感

---

①海宴.琅琊榜[M].成都：四川文艺出版社，2014：199.

②海宴.琅琊榜[M].成都：四川文艺出版社，2014：295.

③海宴.琅琊榜[M].成都：四川文艺出版社，2014：295.

④海宴.琅琊榜[M].成都：四川文艺出版社，2014：583.

到震动。明知是陷阱，是圈套，利弊如此明显，但仍然要去救，所为的，只不过是往日的情义和公道……"①

小说用短短几百字，将一个视事业为生命内在需求——大战大渝群臣，本已英气消磨的脸却因事业神采奕奕，甚至明知难为也愿意付出任何代价在所不惜的敬业形象栩栩如生地呈现给受众，让受众潜移默化中心生敬意，实现敬业价值观的传播。

第三，护卫小飞流敬业形象塑造中更是涉及职业态度、职业道德、职业创新。

小说《琅琊榜》中小飞流武功卓著，与排名琅琊高手榜第二的禁军统领、大梁第一高手蒙挚交手也只是略逊半分。就如《琅琊榜》推荐序中侯鸿亮所说，海宴"将纯粹给了飞流"。而作者海宴自己评价飞流为"有些卡通的人物，本意是用他来调节故事气氛，平衡过于尖锐和苦涩的部分，后来有这么多读者偏爱他……"②甚至有受众认为，如果没有小飞流，梅长苏将无法在金陵翻云覆雨。

护卫飞流常常不见人影，却在梅长苏遇到危险时定能第一时间出现，哪怕是正在睡觉，也能立即醒来，化险为夷。这传播的不正是敬业价值观中第一层次职业态度和第二层次工作效果的阐释。如小说第一章《初临帝京》中，作者写道：

"萧景睿也道，'飞流都睡着好久了。'

大家回头一看，果见飞流和衣躺在床上，也没放帐帘下来，闭目睡得很香。

'都睡着了感觉还像个冰块……'言豫津刚发表了一句评论，飞流的眼睛突然睁开，吓得他赶紧指着萧景睿道：'是他说的！'

飞流的双眼无焦距地睁了一小会儿，瞬间又重新闭上。

'放心，你的声音他已经认得了，'梅长苏莞尔道，'如果陌生人的声音，飞流就会立即醒过来。'"③

同样是小说第一章《初临帝京》中，萧景睿与梅长苏下棋，二人对话展现飞流对命令的执行力。

"'苏兄棋艺虽好，但天生不擅计数……'

'你别得意，等我教会飞流，有你哭的时候呢。飞流虽然不像一般聪明人那样能够心思百转，但专注力却极是惊人，我所认识的人中，没一个及得上他的。'"④

---

①海宴.琅琊榜[M].成都：四川文艺出版社，2014：583.

②海宴.琅琊榜[M].成都：四川文艺出版社，2014：860.

③海宴.琅琊榜[M].成都：四川文艺出版社，2014：11.

④海宴.琅琊榜[M].成都：四川文艺出版社，2014：14.

同样是第一章初临帝京中，作者写道：

“飞流对梅长苏的命令一向是不假思索地服从，立即收住剑势，向后退了一步。”①

小说第十三章《荒园遗骸》中写道：

“飞流因心智所限，反而心无旁骛，玩的时候也练功，练功对他来说就是玩，加之武学资质上佳，一般人就算再多一倍勤谨，也难追上他的速度。”②

小说处处表现小飞流职业态度——执着、专注、心无旁骛、无条件地不假思索地执行命令，甚至睡觉都睁一只眼睛。这样的工作效果就是几乎都能化险为夷，保护好了江左盟的当家宗主梅长苏。

小说第二十章《魔高道高》中，蒙挚和飞流因梅长苏故意挑动再次交手时，作者对飞流武功特点的描述道：

“飞流武功的特点，一向是奇诡莫测，对上夏冬和拓跋昊那种同样走身法招式路线的人，自然更占优势，但一遇到蒙挚这种周正阳刚的武功类型，就不免处处受制。何况单以内力来说，小小年纪又曾受过重伤的飞流，还是远不及少林正宗心法扎扎实实练出来的蒙挚。

不过就是因为明显不是蒙挚的对手，飞流的斗志才更加旺盛，脑中毫无杂念，所有注意力全都集中在目前的比拼之中。没过多久，蒙挚就发现了一件令人惊讶的事。

飞流竟然可以在交手中记忆对手的劲力、气场特征，并即时对自己进行相应的修正。

也就是说，当你曾经用一招制住过他的一招后，就休想再用同样的一招在他身上奏效，除非你加强劲力，或改变气场的流向。否则飞流一定可以击破此招，逼你用后招补救。”③

小说阐释飞流敬业价值观中的职业态度、工作效果和开拓进取的创新创业精神。尤其是创新创业精神的阐释，在脚踏实地，周正阳刚，扎扎实实地练好基本功的基础上进行修正、创新。飞流通过记忆对手的劲力和气场，进而修正、创新自己的招式，以击破对手的招式，这就是敬业精神所强调的勤勉努力、专心致志做事的内容。创新创业精神，实际要求就是不墨守成规，工作过程中要敢于创新创业、开拓进取。

网络小说《琅琊榜》用浪漫主义情怀和现实主义精神观照生活，用真善美战

---

①海宴.琅琊榜[M].成都：四川文艺出版社，2014：15.

②海宴.琅琊榜[M].成都：四川文艺出版社，2014：159.

③海宴.琅琊榜[M].成都：四川文艺出版社，2014：249.

胜假恶丑，用光明驱散黑暗，让受众在阅读过程中感受温暖善良、积极向上的强劲力量；感受"敬业之美""精业之美""信仰之美"；感受主人公梅长苏虽道路崎岖，重担在肩，但最终沉冤得以昭雪，理想得以实现。小说所传播的爱情不染杂质，友情未被辜负，最后还有目标可以奋斗，有理想、有热血得以延续，既满足了受众的心理需求和审美倾向，又符合社会主流价值观的价值取向。一种价值观要真正发挥作用，必须融入人们日常生活，让人们在生活实践中领悟它、感知它、体验它。必须运用各类文化形式，生动具体地阐释社会主义核心价值观，用高水平、高质量的作品形象生动地告诉人们什么应该弘扬，什么应该贬斥，所有这些，《琅琊榜》都做到了。正如作者海宴在《再版后记》中所说："最先诞生的人是萧景禹，那位从来没有正面出场过的皇长子。他是我最喜欢的那一类人，风华灼灼，充满了责任感，有着蓬勃的青春和热烈的理想，虽然总是因为过于乐观和天真而失败，但世人却永远不会因为他们的失败而降低对他们的尊敬。十三年前的那群人是围绕萧景禹而设定出来的，忠诚、信念和情义是我为他们粘贴的标签。也许这样的设定很片面单一，不够丰满，但却使整本书行文的基调不那么晦暗，保留了明亮，保留了温暖。"①

二、网络小说《扶摇皇后》中的价值观传播

天下归元著作的网络小说《扶摇皇后》于 2010 年由潇湘书院连载首发，总字数 138.7 万字，共 457 章。小说主要讲述主人公孟扶摇，从底层混混人士，经历穿越五洲大陆，不惧逆流最后扶摇直上的励志故事。小说以爱情为主线谋篇布局，融合亲情、友情，包括盗墓、穿越、武侠、悬疑、宫斗等元素，以雄浑的笔力，幽默的语言，丰富的想象力，巧妙的情节设计，层层递进，将价值观蕴含其中，给读者耳目一新的文字享受和体验。《扶摇皇后》小说点击数位列《2017 年胡润原创文学 IP 价值榜》第 40 位，豆瓣评分高达 8.1 分，被评为网文界第一次"京都论剑"五部优秀作品之一，荣获"2011 优秀女性文学"奖。作者天下归元也因此荣获"2011 优秀女性文学新人"称号。根据《扶摇皇后》改编制作的古装女性励志电视剧《扶摇》全网点击率更是突破 15 亿。每个人都必须将培育和践行社会主义核心价值观看成自己必须履行的社会责任。只有这样，社会主义核心价值观才能成为全社会的价值共识，推动人们将社会主义核心价值观自觉转化为个人行为，形成人人践行社会主义核心价值观的生动景象。核心价值观的生命力在于实践，在于每一个社会成员自觉行动。参与面越广，践行核心价值观的社会基

①海宴.琅琊榜[M].成都：四川文艺出版社，2014：860.

础就越深厚。笔者根据小说的三大要素——人物形象、故事情节、环境描写分析《扶摇皇后》如何将文明、和谐价值观涵化其中并广泛传播。

(一)人物形象塑造涵化敬业、友善价值观

网络小说《扶摇皇后》塑造了形形色色的人物形象,通过这些人物形象的性格、行为、精神、内心独白等直接传播或间接烘托社会主义核心价值观,潜移默化中吸引了受众的注意力,满足受众审美需求和情感体验,实现了社会主义核心价值观的有效传播。

1.人物性格

性格是指对人、对事的态度和行为方式上所表现出来的心理特点,如英勇、刚强、懦弱、粗暴等。① 通常而言,在小说创作初期,作者就会构思好人物性格,再根据人物性格设计故事情节。网络小说《扶摇皇后》女主孟扶摇虽底层奴婢身,却独立、坚毅、勇敢、聪慧、明艳,强不应凛权,弱不应屈辱;男主长孙无极历尽艰难险阻,最终击破穹苍阴谋,守护五洲安泰;配角天煞烈王战北野骁勇善战,执着明朗……堪称寓敬业、友善价值观于其中的典范。

小说将女主孟扶摇性格塑造成了一个独立、坚毅、勇敢,也乐于助人、敬业进取的形象,这些优秀品质无疑是小说成功的关键,也是价值观的体现。孟扶摇为练成绝世武功"破九霄",历尽生死磨难,时刻不忘精进自身实力,敬业、友善价值观的反映。如小说第十三章,这样描述孟扶摇:

"哎,听他的口气,好像知道了什么,但是孟扶摇实在不想遇事就习惯性的去依赖谁,她将来要周游列国,要远赴穹苍,要面对危险而未知的未来,这些事都是她自己的,没有理由指望谁去一路替她挡下,她必须学会自己面对敌意和风雨,学会自己解决问题,学会在一路前行中,照顾自己并提升实力。

这也是老道士一脚踢她出师门,要求她历练江湖的原因,'破九霄'功法必须入世修炼,在大千世界和无数次生死对战中经受经验的打磨,才有可能真正攀上高峰。"②

小说寥寥数语,将孟扶摇独立、担当、不畏艰难努力提升自己的性格特征刻画出来,作为精神需求必须流回现实世界,才能焕发出生机和活力。小说《扶摇皇后》将敬业价值观融注于人物性格特征,受到广大受众的追捧,反映了人民群众对这价值观的追求和认同,也正是人民群众精神需求得到满足的体现。

小说第九章《天下之杰》,中孟扶摇向消息灵通的姚讯打听"疯女人提及的

---

①中国社会科学院语言研究所词典编辑室.现代汉语词典[M].商务印书馆,1991:1293.

②无极之心.第十三章.绿珠之会[EB/OL]. https://www.xxsy.net/info/244402.html.

关于长孙无极的内幕”，小说通过姚讯的话侧面描述男主长孙无极的丰功伟绩，实则就是其性格特征的描述：

“孟扶摇被逼着听了一整晚太子殿下的丰功伟绩。

七岁绘无极国军事舆图，将无极国两线兵力兵制改革调整，硬是将原先区区十万军扩展成七十万，分别钳制临疆三国。

十岁无极国南疆叛乱，南戎和北戎部落为争夺肥沃草野爆发战争，祸及周边各州百姓，还是少年的长孙无极千里驱驰，只带着十名护卫深入乱区，所有人都以为这少年有去无回，不想三天后，微笑的少年左手牵着南戎族长，右手拉着北戎族长走出大帐，两个彪悍汉子，当着千万士兵的面，一个头磕下来，生死仇敌从此成了生死兄弟。

当时十岁少年负手微笑，莽莽草原上他身躯最矮，却令十万戎兵在他脚下齐齐矮身屈膝，无人敢高他一头。

十三岁临江王叛乱，计划先斩杀长孙无极，设宴邀请太子，长孙无极轻衣简从应邀而至，酒过三巡，临江王按规矩来敬酒，端着无色无味的毒酒，身后跟着改装过的名刺客疏影，长孙无极将毒酒一饮而尽，将酒杯放回托盘时，搁下杯子的手突然就穿过了正在得意的临江王的胸膛，生生抓出了疏影的心。

满堂震惊里，长孙无极慢条斯理收回手，将含在口中那一口毒酒喷在了临江王脸上，指着脸部立刻溃烂的临江王尸体，微笑道，‘你定然无脸再见我长孙氏皇先祖，侄孙替你省事了。’

……

好在十五岁后，长孙无极突然沉静了许多，再没动不动就做件大事来惊世骇俗，他甚至从未参与过各国政治争斗，对版图扩张也好像没什么兴趣，始终甘于位居天煞之下，做五洲大陆的第二大国，也幸亏他终于低调，否则只怕各国暗杀团也会抢先惦记着他，他在暗杀名单上的名次，只怕也要挪挪前了。

正因为长孙无极惊才绝艳，于国有巨大贡献，所以无极国皇帝特意以国号赐名长孙太子，这在五洲大陆，是至高无上的莫大荣耀。

姚迅最后用一句极其感叹的语句结束了自己的长篇大论——长孙无极，天下之杰！”①

短短数百字，将长孙无极足智多谋，临危不惧，始终将江山社稷，百姓安危置于首位的性格特征淋漓尽致表述出来。长孙无极无论是钳制临疆三国，还是平定南疆叛乱，应对临江王的暗害，不扩充版图，不参与各国政治斗争，甘居梧州大

①无极之心.第十三章.天下之杰[EB/OL].https://www.xxsy.net/info/244402.html.

陆的第二大国……目的都是为五洲大陆百姓安居，正是将和谐价值目标渗透其中进行生动、形象地传播的体现吗。

2.人物行为

行为是指受思想支配而表现在外面的活动。① 网络小说中人物所做之事，所行之为，是推动故事情节发展的一大动力，是揭示小说主题与内涵的最核心力量。《扶摇皇后》通过人物的所作所为来深化主题思想，间接反映和谐价值观，将其进行了润物无声式的传播。

小说第十七章《所必为》中，孟扶摇面对本应“美丽，祥和，戎汉和睦杂居”，却因戎人叛乱，“空气里充满暴戾、杀气、挑衅、火药桶般欲待爆裂的不安分张力，令每个身入其中的人，都不自觉的嗅见了危险的气息”②的姚城，大声喊出“有所不为，有所必为，但为此故，虽死无悔”的处事原则并出手相助，作者借助主人公“有所必为”的做事原则传播出对美丽、祥和的姚城的期许，正是对社会和谐价值目标的体现。戎人的“暴戾、杀气、挑衅”，更衬托出社会和谐，人民幸福安康可贵，引受众深思并珍惜今天的来之不易。

孟扶摇无论什么时候，不忘刻苦训练，精进自身实力，这正是“敬业”精神的传播，也是今天国家所倡导的“工匠精神”的表达。小说《风起太渊》第二十二章中，孟扶摇在客栈歇下，就急急开始练功。小说这样描述：

“这天已经到了太渊燕京近郊，三人找了客栈歇下，孟扶摇一住下就急急开始练功，这几日勤奋巩固，她自己觉得，破九霄第四层功法已经将要圆满了。”③

其中的“急急开始练功”，“勤奋巩固”，追求“圆满”，正是社会主义核心价值观“敬业”精神中积极向上人生态度的反映。

同样，小说中《天煞雄主》第四章这样借战北野之口描述孟扶摇：

“都是因为扶摇，这个在任何劣境中都绝不放弃，能从不可能中拼出可能的奇迹般的女子！”④《无极之心》第三十一章通过长孙无极道出扶摇的执着坚韧：

“扶摇，知易行难，虽千万人吾往矣，说起来慷慨激烈，真要做，千万人中却也没有一个。” ⑤

“孟扶摇当时就倒抽了一口凉气，问宗越需要达到什么样的级别才可以顺利过关，宗越看了她一眼，道，‘你拥有的这种马马虎虎的功法，如果能练到第八

①中国社会科学院语言研究所词典编辑室.现代汉语词典[M].商务印书馆，1991：1291.

②无极之心.第十七章.有所必为[EB/OL].https://www.xxsy.net/info/244402.html.

③风起太渊.第二十二章.大风将起[EB/OL].https://www.xxsy.net/info/244402.html.

④天煞雄主.第四章.此心坚执[EB/OL].https://www.xxsy.net/info/244402.html.

⑤无极之心.第三十一章.两心之战[EB/OL].https://www.xxsy.net/info/244402.html.

九层，大概是可以过了。'号称绝世的'破九霄'，到了宗越嘴里竟然就只是马马虎虎的功法，还得练到接近顶级才'大概可以过'，孟扶摇苦着脸，这才明白自己从市井中听来的消息还是不够准确，看来最艰难的未必是收集七国令牌穿越七国，而是自己本身的实力提升。"①

这些描述用"绝不放弃""慷慨激烈""拼""知易行难"等文字来阐释孟扶摇"勤奋""精业""奉献"精神。孟扶摇面对宗越"马马虎虎的功法"的评价，反思自身需"实力提升"，涵化的正是对"敬业"价值内涵的关键解读，让受众不知不觉中，在娱乐的氛围中认同、接受"一勤天下无难事"的敬业价值观。

3.人物内心独白

小说人物的内心独白能将其内心活动分享给受众，使其人物形象塑造得更加具体，能更好地推进故事情节的发展，表达小说的主题思想。网络小说《扶摇皇后》处处通过人物的内心独白向受众传播人物真、善、美的价值观。

小说《无极之心》第十五章中，孟扶摇为救巧玲独闯重围，内心独白道出其烦躁的原因：

"巧灵嫁进将军府已经三天了，她有心不去管这个一心攀龙附凤的丫头，想着也许郭平戎会对她例外，那自己何必多事？再说郭平戎已经起了防备，再想有什么动作只会是自投罗网，自己还不至于傻到这地步。"②

女主孟扶摇"明知山有虎"，但"巧玲哀婉的呻吟和哭泣、瀑布般的眼泪、身上惨不忍睹的伤痕和瘀青、采买婆子言谈的新姨娘的惨况，让她义无反顾'偏向虎山行'"。

女主孟扶摇善良品性跃然纸上，这正是"友善"价值观的展现。"友善"是善良仁爱的本性，小说向受众传播女主的友爱、善良、互助、宽容，展现出了人性之美，传播了正能量，激励受众崇德向善、引导受众辨别什么是真善美、什么是假恶丑，正是将"积极健康向上的思想和精神在人们心里播下种子。"

小说《无极之心》第十七章中，姚城戎人叛乱，孟扶摇一行深入危险之中，好不容易一户老人家收留了他们。当晚他们住在老人家中，老人儿子木讷，媳妇即将生养。老人带着如菊花般的笑意，不住地给孟扶摇夹菜和劝解多吃的话语。孟扶摇抱着碗发呆时：

"十七年，十七年了，她没有和谁一起坐在桌前，享受着家庭般的晚宴，她没有享受过这小屋暗淡却温馨的灯火，没有人给她夹过菜，没有人陪她在一间类似

---

①天煞雄主.第四章.此心坚执[EB/OL].https://www.xxsy.net/info/244402.html.

②无极之心.第十五章.独闯重围[EB/OL].https://www.xxsy.net/info/244402.html.

于家的屋子里吃哪怕一餐粗茶淡饭。

……

有那么一瞬间，她恍惚了一下，好像看见那双苍老的夹菜的手，变成了一双细瘦的，青筋绽露的病人的手——属于母亲的手。然而那幻觉刹那消失，她依旧坐在陌生的异世的小城某间屋子的灯下，看着属于别人家的团圆。

孟扶摇坐在那里，盯着满碗的菜，突然想流泪。

她立即飞快低头扒饭，一滴眼泪却突然滴落在青菜上，孟扶摇毫不犹豫地夹起，准备吞下属于自己眼泪的味道。"①

作者通过主人公的眼睛对生活进行细致入微的观察——"小屋暗淡温馨的灯火"，"老人苍老的、细瘦的、青筋绽露的夹菜的手"——细致地静态描写女主人公的内心，既表现女主人公的善良之心、恻隐之心，又将女主人公呼唤家庭温暖，人民安康的渴望表现出来。屋内的和谐温馨与屋外戎人嚣张跋扈对比，埋下孟扶摇"有所必为"的伏笔，既增强小说的可读性，又传播出文明、和谐的必要。可以说，《扶摇皇后》就是文明、和谐价值观传播的有效载体，用生动形象的笔触满足受众的个性化要求和习惯的同时，增强了对价值观的感召力和影响力，。

小说《天煞雄主》第十四章中，云痕面对锲而不舍追求真爱的雅兰珠时：

"她玲珑的身影爬在高处，五颜六色的小辫子散开，一只紫色一只金色的裤腿灌满了风，整个人像是迎风扯起的一道彩色的风帆，云痕微微退后一步，仰头看着这个孩子——他一直觉得她只是个孩子，甚至从来没有注意过她，在孟扶摇闪亮彪悍的光环下，这个和她有点类似的孩子的光芒被掩盖，然而今日他才发现，爱玩爱闹孩子般的雅兰珠，她的内心有着不逊于任何人的成熟和智慧，也许她终生不能达到孟扶摇的成就，然而从人性的光辉与丰满来说，她是孟扶摇的并行者。

这个小小的养尊处优的公主，这个背负着天下笑柄不断追逐自己所爱的公主，这个眼看追逐有望却被人横刀一插灭失希望的公主，她有一万个理由去恨孟扶摇。

然而她选择抬起眼光，去看更远的地方。

有人多自私，就有人多宽广。

他看着她，就像看见层云低压的深黑苍穹里，极远处一抹鱼肚白般的光，那般的细微不可见，却又那般光芒璀璨予人振奋的力量，只是那一抹光，便无声告诉所有人，天将亮。"②

---

①无极之心.第十七章.有所必为[EB/OL].https://www.xxsy.net/info/244402.html.

②天煞雄主.第十四章.爱之真义[EB/OL].https://www.xxsy.net/info/244402.html.

短短四百字的描写,作者将一个虽养尊处优却内心成熟智慧,勇敢追求自己幸福的雅兰珠活灵活现呈现给受众。平实的语言,有起有伏的情节描述,让受众通过云痕心理变化,感情发展,于字里行间体验人性中宽广、璀璨、予人振奋的人性光芒和力量。这样的处理方式,不但让受众感知小说人物超凡脱俗的精神意志和永不言败的神圣原则,而且使小说人物贴近现实"普通人"世俗生活的基本需求,解答受众现实生活中的欲望困惑,用受众喜欢的方式传播社会主义核心价值观个人层面"友善"价值要求——"和你平行的人,永远不会妨碍你视野,很多时候妨碍你的,只是你自己"[①]。即使你"细微不可见,依然抬起眼光,去看更远的地方"。[②]

"我们的任务是过河,但是没有桥或没有船就不能过。不解决桥和船的问题,过河就是一句空话。不解决方法问题,任务也只是瞎说一顿。"[③]网络小说《扶摇皇后》就是价值观传播的"桥"或"船"之一。《扶摇皇后》将文明、和谐、敬业、友善价值观涵化其中,始终以这些价值观为引领,让受众在阅读网络小说的愉悦中真切体验,满足了受众的精神需求,跟紧了时代节拍,感染力强,真正实现了社会主义核心价值观的通俗化、大众化传播。

(二)故事情节设计融注家国情怀以及敬业、诚信、和谐、友善价值观

网络小说《扶摇皇后》讲述了女主人公孟扶摇因盗墓穿越到五洲大陆,因担心现代社会中的母亲病重希望返回,欲到达穹苍神殿返回现代,克服艰难困苦经历万千磨难,一路行走于五洲大陆的故事。小说层层铺陈的一个个精彩故事,人物杂、数量多,曲折多变中,蕴含有丰富的社会主义核心价值观的传播。

1.矛盾斗争故事情节中反映家国情怀

小说故事情节通常是在矛盾斗争中展开,包括错综复杂的人物矛盾关系和宏大的矛盾叙事。有了矛盾斗争,小说才能做到情节扣人心弦,结构严谨紧凑,人物丰满吸引受众。在网络小说《扶摇皇后》中,作者重点塑造的男女主人公长孙无极和孟扶摇两个人物形象,二人分分合合的矛盾斗争情节中蕴含对家国的认识的转变与坚持。在《无极之心》第二十九章《此心成结》中,"德王谋反,东线战事未毕,长孙无极却因女主人公抛下大军溜营"的矛盾情节中,孟扶摇虽选择相信长孙无极不会"拿国家大事儿戏",不会"遇难",但依然魂不守舍,死守"不泄漏长孙无极离开东线的国家机密",消息一步步传来,孟扶摇由最初的"相信"

---

①天煞雄主.第十四章.爱之真义[EB/OL].https://www.xxsy.net/info/244402.html.

②天煞雄主.第十四章.爱之真义[EB/OL].https://www.xxsy.net/info/244402.html.

③毛泽东选集(第1卷)[M].北京:人民出版社,1991:139.

到“消沉”,再到“振作”,最后用战北野气势汹汹的告白吐露长孙无极的家国情怀,字里行间蕴含的无不是家国责任、敬业精神等内容的传播。小说部分情节描写如下:

“那人急急道,‘不,是消息刚刚传来,万州光王谋逆,太子在万州遇难,德王殿下起兵勤王,已经派大将杨密先期赶往万州……’

后面的话,孟扶摇什么都没听见。” ①

……

“遇难遇难遇难遇难

……

孟扶摇感激地捏了捏他掌心,吸了一口气,摇了摇头,回转身,转身时已经换了一脸笑容,抹了抹额头的汗,道,‘小哥你看这天气,要下雨不下雨的实在不舒爽,我这就安排人给开库,对了,太子不是听说在东线对高罗作战么,怎么……遇难了?’

‘这个我只隐约听见个大概,”年青的传令兵并不知道德王起事的内情,满心哀悼着自己爱戴的太子,我听说是万州光王虚报军情,骗得太子驾临万州,然后在太子经过万州虎牙山一线天险虎牙沟时,以千斤炸药炸毁绝崖,虎牙沟那地方,只容一马独行,山崖一毁,太子……薨。’ ②

有地点,有人物,路线也对,说得又这么清晰肯定……刚才那一霎心中坚决不肯信,此刻却阴阴地逼上来,逼得她不得不去害怕,孟扶摇缓缓攥紧掌心,掌心里湿湿冷冷,一手的汗。”③

德王大军中的士兵已经是颓兵,诸县百姓的怒火已经被挑起,在她挑拨下,百姓们攻入戎寨,抢夺粮食,不管会给戎寨造成怎样的损失,在德王大军中本就被饥饿劳累快要击倒的士兵,一旦听说自己家园被侵略,妻儿被欺负,粮食被抢夺,怎么还会安心替你德王打仗?

一个小小的运粮官,一番战争博弈的运作,便叫你兵散如水流,兵败如山倒。

……

‘但是我现在觉得,长孙无极不适合你!他会害了你!他长孙家,家国不分,做她的女人就是嫁给政治,一生里都难免和阴谋风雨相伴,他永远不会为你放弃他的国人和他的天下,而你,你这样的人,独立坚韧,你也不会愿意委曲求全,寄托于别人的庇护,跟着他你会活得很累,甚至会丢命,我不愿意看着我喜欢

①无极之心.第二十九章.此心成结[EB/OL].https://www.xxsy.net/info/244402.html.

②无极之心.第二十九章.此心成结[EB/OL].https://www.xxsy.net/info/244402.html.

③无极之心.第二十九章.此心成结[EB/OL].https://www.xxsy.net/info/244402.html.

的女人走上那样的路，所以，今天我的聘礼，就撂在这里！你孟扶摇不要也没关系，你长孙无极拿出去扔了我就佩服你够小气，总之，我告诉你们，我永不放弃！'"①

整个故事情节矛盾冲突激烈，传令士兵急急地来，急急地走，却不忘对"自己爱戴太子的哀悼"；孟扶摇虽内心不愿相信，却想多了解士兵传来的消息间的矛盾；德王为权力谋反不顾百姓家园被侵略与无极太子的家国担当和果敢相映照；长孙无忌的家国天下思想……作者相当精彩地描写出孟扶摇在矛盾抗争中"消沉""振作""奋进"，润物无声中，反复强化小说的价值取向，担当起了传播家国情怀的责任，发挥出育人化人功能。

2.复仇故事情节中体现人性善良之美

复仇故事情节曲折，矛盾冲突集中、尖锐，能让受众感受到悲壮、激烈、紧张等色彩，是小说必不可少的情节。从字面意思看，复仇雪恨故事情节与善良人性毫无关联，但网络小说《扶摇皇后》很多故事情节在围绕复仇雪恨主题展开的同时，不仅仅只局限于复仇雪恨本身，而是借复仇雪恨主题将小说人物自强不息、坚忍不拔的意志和诚信友善的人性呈现给受众，让受众感受小说人物人性善良之美和积极向上的人生追求，从而实现社会主义核心价值观的隐性传播。

小说《扶摇皇后》中复仇雪恨故事情节种类很多，包括国恨、家仇、朋友仇、自己仇……不一而足。女主人公孟扶摇虽幼年在阴暗宫廷倾轧中求生，却对一次次暗害自己的裴瑗不是一杀了之，而是引导她认识真正的敌人是谁；相信恩将仇报的小刀假以时日定能慢慢感化，正如扶摇母亲叮嘱的"要活得鲜亮"。而无极太子更是循循善诱引导她思考掌握着无数牧民兄弟命运的王的责任，始终坚持体现人性善良之美。看看小说对她面对小刀的描写：

"小刀有危险，她知道；小刀心思阴沉，她也知道，但她始终认为这是因为这个孩子命运多舛，是以对人世充满仇恨和不满，只要给予时间，总会慢慢淡化，因此她不惜为她和宗越对抗，争取了她活下来的机会。

可是，她不怕小刀的暗箭，不怕小刀会伤害她，却绝不代表她会看着小刀伤害她身边的人，能接受小刀给除她之外的人带来危险！

孟扶摇盯着她，像盯住了一条幼小的猛兽——小刀今夜出现的极其诡异，是为所谓被追杀惊惶失足都是做戏，而那三千戎军，根本就是她引来的杀着？"②

---

①无极之心.第三十章.三人之争[EB/OL].https://www.xxsy.net/info/244402.html.

②无极之心.第二十三章.倾世浪漫[EB/OL].https://www.xxsy.net/info/244402.html.

小刀背负所谓的“家仇国恨”,心思阴沉,充满仇恨和不满,会放暗箭伤害人,会给身边人带来危险,甚至引来三千敌军,但孟扶摇依然相信人性善良,相信“本善的人性纵然因为命运的拨弄而走斜了道路,但最终会有机会被引回光明的境地”①。

可能的报偿/费力的程度=选择的或然率。②

传播关系是为传播功能服务的。在信息关系中,传者提供准确信息,受众理解和验证信息的真实。但在娱乐关系中,受众却甘愿抱“悬置怀疑”的态度,希望能读到富有艺术性的意义含混的文字,并且准备接受一些潜含的意义。作者天下归元传播的复仇雪恨的信息是小刀想获取的,能吸引小刀注意力的,降低了信息传播的费力的程度,使小刀选择的或然率提高。小说借无极太子之口用无数个“为什么”循循善诱引导小刀思考,实际是把潜含的价值观念用意义含混的文字形象地渗透其中,引导小刀思考的同时也引导受众思考做成千上万牧民兄弟的王肩负的责任是什么?——并非非好即坏、非成即败、非敌即友,而是牧民生活和谐、幸福安康。这样的处理显然比简单、明晰、无歧义地直接告知受众的效果好很多。作者通过小刀的心理活动、面部表情等向受众解释传播效果(即可能的报偿),这正是在潜移默化中成功传播了和谐、友善的价值观,这是小说获得受众认可的重要原因之一。

小说《扶摇皇后》中有七国——天煞、无极、扶风、穹苍、太渊、璇玑、轩辕,无一涉及家仇国恨。作者写天煞烈王战北野忠心为国却遭讥谗,一路被天煞皇帝战南成追杀,战南成甚至用其母亲威胁战北野的故事,是家仇国恨的典型。但作者不止局限于报家仇国恨,而是将战北野的温暖善良融于其明亮豪烈的性格中。战北野无微不至呵护“疯”了的母亲,对追逐真爱的雅兰珠时不时给予照拂,甚至对无恶不作的哥哥不忍弑杀……小说主人公孟扶摇对姚城百姓,作出“只是本着一个人基本的良知而已——眼见灾难在即,眼见百姓将陷兵戈之火,眼见无辜之人遭劫掠欺辱,生而为人,无法坐视”③的决断,尽显主人公“善良”本性,为百姓不惜代价的勇气和决心……。这些都是小说人物善良温暖性格的表现,于复仇雪恨中成功传播出人性善良之美,实现了和谐、友善等价值观的传播。

3.挫折性故事情节隐伏自强不息精神

在网络小说《扶摇皇后》中,女主人公孟扶摇为实现其回归之旅,踏上五洲

---

①无极之心.第十七章.有所必为[EB/OL].https://www.xxsy.net/info/244402.html.

②威尔伯·施拉姆,威廉·波特著,何道宽译.传播学概论(第二版)[M].北京:中国人民大学出版社,2010:48.

③无极之心.第十八章.步步紧逼[EB/OL].https://www.xxsy.net/info/244402.html.

土地收集密令，途中与长孙无极相遇，二人合力平息太渊国摄政王篡权，经历无极国德王的谋反、帮助天煞烈王战北野夺回王权……经历种种挫折磨难，最终破穹苍阴谋，守住了五洲大陆百姓安康，国家富强，男女主人公也幸福地生活在一起。孟扶摇面对以实力为尊，永无止境的习武要求，表面举步维艰，意志“消沉”，实际努力“奋进”的挫折故事情节设计蕴含敬业、诚信的价值观。孟扶摇为信守诺言，自强不息，面对同门的讥嘲羞辱、恋人的尴尬为难，却依然选择“永远不能在任何门派中显露你的本来武功”的承诺，日日精进。

小说开篇《风起太渊》中，作者这样描写：

“从五岁开始，她便被一个死老道士摧残着苦修十年，十年中，共分九层的‘破九霄’功法，才练到第三层的巅峰状态，此时上行真气，凝气成碧，主攻一切阴柔技法。

这一练便过了漫漫长夜，又过了日光喷薄的上午，等到孟扶摇睁开双眼，已经是午后了。

一睁开眼孟扶摇便皱眉叹了口气，第三层巅峰已经半年之久了，始终没有突破，如果一直停滞下去，拿什么去参加真武大会，拿什么叫人家‘迟早会痛’？

这也罢了，更重要的是，自己心底那个愿望，想要实现只怕更加遥遥无期。”①

传播学认为：“简单的语言往往使人难以掌握现实，而不是容易掌握现实。因而一种有成效的传播关系必须在复杂和简单这两个极端中间保持平衡。它必须建立在参与者能感到舒适的抽象水平上，同时又必须包含足够的实例和说明，以便使抽象的概念具体化。”②

小说中描写的雅兰珠，肩负着扶风王族的使命，内心虽千疮百孔，却依然“再等等，再坚持”，锲而不舍地把坚持当成习惯。作者天下归元运用传播规律，生动具体地将社会主义核心价值观体现其中，真正实现了将敬业、诚信价值观融入社会生活，让受众在阅读网络小说的愉悦中领悟它，感知它，体验它。

（三）环境描写蕴含和谐、友善价值观的传播

马克思主义关于人与环境关系的理论认为：“人创造环境，同时环境也创造人。”③马克思的这一理论为研究环境对社会主义核心价值观传播的作用奠定了理论基础。所谓“近朱者赤，近墨者黑”，实际就是环境对人有潜移默化的影响。环境对人的影响包括对人价值观的影响，人的价值观是在长期实践中形成并检

---

①风起太渊.第二章.贵宾名犬[EB/OL].https://www.xxsy.net/info/244402.html.

②威尔伯·施拉姆，威廉·波特著，何道宽译.传播学概论(第二版)[M].北京：中国人民大学出版社，2010:94.

③马克思恩格斯全集(第3卷)[M].北京：人民出版社，1960:43.

验而成。环境是包括生产力在内的一切社会关系的总和。① 环境分自然环境和社会文化环境,环境描写也有自然环境描写和社会文化环境描写。自然环境是社会文化环境的基础,社会文化环境对自然环境有影响。网络小说中的环境描写必须传播积极的人生态度、健康的生活情趣和高尚的思想境界,它才能真正成为集思想品格和艺术品位于一体的精品力作,实现丰富受众精神文化生活、正面影响受众价值观的目的。

1.社会文化环境描写蕴含和谐、友善价值观传播

社会文化环境是指人类生活中存在的由生产方式决定的观念形态所构成的影响人的思想政治道德素质的东西的总和。② 它包括人物活动的处所、具体背景、氛围、人际关系等。社会主义核心价值观是社会主义意识形态的本质体现,是社会主义思想文化、思想政治和道德素质的核心部分,是全党全社会的价值共识。③ 人创造环境,环境也创造人。社会主义核心价值观的培育、践行、传播是全党全社会的共同责任。网络小说中社会文化环境描写会对受众的世界观、人生观、价值观产生潜移默化的影响。我们可以看看网络小说《扶摇皇后》中社会文化环境描写对和谐、友善价值观的传播:

"战北野的苍龙大军已经渡过沂水,踩着一败涂地的朝廷大军的零落盔甲悍然前行。苍龙大军虽然战斗力凶悍,如同来自沙漠的狼一般将多年不经战事的天煞军队打得抱头鼠窜,但是却军纪严明,不惊百姓不杀俘虏,主动献城者还有优待,因此这一路阻力较小行进极速。"④

小说是用来读的,需要得到受众的理解和接受,获得读者的认可。作者天下归元向受众传播的信息——军纪严明,不杀俘虏不惊百姓,这是战北野苍龙大军的"魂",即苍龙大军的价值共识,也是和谐、友善价值观的具体体现。每一个大军成员都自觉行动,形成了广泛的参与面,百姓拥戴这样的军队,因此一路阻力较小行进极速,受众在获取这些社会文化环境信息的过程中逐渐理解和接受,信息在汇聚中逐渐达成价值共识,成功传播出和谐、友善价值观。

社会主义核心价值观是由社会主义的本质决定,是社会主义的主导价值观。每一个人都必须把传播、践行社会主义核心价值观看成自己必须履行的社会责任。社会主义核心价值观传播需要载体,网络小说能将社会主义核心价值观生动具体地传播,是传播社会主义核心价值观的载体之一。网络小说已经成为受

---

①戴钢书,易立新.环境对学生的思想道德素质的影响[J].当代青年研究,2003(2):48.

②戴钢书,易立新.环境对学生的思想道德素质的影响[J].当代青年研究,2003(2):49.

③本书编写组.社会主义核心价值观培训教材[M].北京:新华出版社,2014:181.

④天煞雄主.第二十二章.温馨融融[EB/OL].https://www.xxsy.net/info/244402.html.

众尤其是年轻受众日常生活的一部分,这已经是不可否认的事实。如何让网络小说成为社会主义核心价值观传播的有效载体,除疏导管理工作以外,为受众推荐思想性、知识性较高,蕴含社会主义核心价值观的高水平小说精品也是重中之重,这也是本章的初心和愿望。

第九章
社会主义核心价值观的新媒体广告传播

报纸、广播、电视等传统媒体广告的传播方式都是单一的、独立的、线性的,在近半个世纪以来都分工明确,彼此相安无事。在新媒体环境下,广告的传播载体不再是独立的、单一的,传播通道不再是线性的,而是呈现出有别于以往的新的内容和形式。这些“新的内容和形式”的出现意味着社会主义核心价值观在其中的传播更丰富多元,更立体多样。

本章立足新媒体广告的概念和传播特征,探讨新媒体广告给社会主义核心价值观传播带来的机遇和挑战,用案例分析法试图找寻社会主义核心价值观的新媒体广告传播的成功经验,以求能抛砖引玉,使社会主义核心价值观经动态的新媒体广告传播,更加融入人们生活实际,更丰富地充实人们的精神生活。

第一节　新媒体广告概述

顾名思义,新媒体广告就是在新媒体上发布的广告。而新媒体的“新”不仅“新”在时间上,更“新”在沟通交流上。其传播方式由原来的点到面的单向传播向点到面、点到点、面到点的多向传播转变。传播方式的转变也使社会主义核心价值观的新媒体传播随之转变。新媒体广告主要分三类:户外新媒体广告、移动新媒体广告、网络新媒体广告。[①] 社会主义核心价值观的新媒体广告传播也因此分为户外新媒体广告传播、移动新媒体广告传播、网络新媒体广告传播。

一、社会主义核心价值观的户外新媒体广告传播

“户外”是除私人空间外的“公共空间”,包括商场、餐厅、楼宇、超市、高速公路等公共空间。社会主义核心价值观的户外新媒体广告投放包括户外触摸、户外投影、户外视频、雕塑等,这些社会主义核心价值观的户外新媒体传播因人气

①宫承波.新媒体概论[M].北京:中国广播电视出版社,2012:200.

旺，不仅可实现将社会主义核心价值观广而告之的传播效果，而且能实现用社会主义核心价值观引领、丰富人们精神生活的目的。

社会主义核心价值观户外广告传播截图

二、社会主义核心价值观的移动新媒体广告传播

移动新媒体广告包括地铁、公交等移动载体上投放的广告，这些移动新媒体广告因阅览的人流量大、关注度高，往往能给受众留下深刻印象，使社会主义核心价值观传播能更全面、多维，更具渗透力。

三、社会主义核心价值观的网络新媒体广告传播

网络新媒体广告传播是以网络为运作平台，以计算机信息处理技术为基础，包括微博、微信、播客、网络视频平台等领域的传播。网络新媒体是一个让大众彻底拥有话语权的传播平台，是一个能及时传导时代声音的发射场。[①] 我们无法拒绝且必须将网络新媒体广告纳入社会主义核心价值观传播的载体，将社会主义核心价值观植入网络新媒体进行传播，真正让社会主义核心价值观深入人心。

以上三类社会主义核心价值观的新媒体广告传播各有所长，不仅为社会主义核心价值观传播提供了机遇，也带来了挑战，如何扬长避短，让新媒体广告更好地服务于社会主义核心价值观传播，便是本章接下来要探讨的问题。

---

①周小华.基于新媒体技术的马克思主义传播[M].北京：国家行政学院出版社，2012：8.

第二节　新媒体广告给社会主义核心价值观传播带来的机遇和挑战

融合多媒体技术的新媒体广告为社会主义核心价值观传播提供了新的机遇。与传统媒体广告主要以文字、静态图片为主相比，新媒体广告内容更加丰富多彩，表现更加艺术唯美，创意更加震撼，更能刺激受众神经，唤起受众的内心热情。以新媒体广告的形态传播社会主义核心价值观，必然能让受众以更酷、更炫、更刺激的方式体验社会主义核心价值观，使社会主义核心价值观传播的格局变得更加立体、丰富、饱满。

一、新媒体广告的传播特点

新媒体广告具有非常鲜明的传播特点，主要包括：

第一，定向性。新媒体广告是根据客户和目标受众的需求定向性发布的。社会主义核心价值观传播可通过新媒体广告，根据不同目标受众的情感需求定向发布。

第二，互动性。新媒体广告是根据大数据分析按受众需求推送，受众通过各种平台主动或被动获取广告信息，同时也能以不同的方式回复信息源，能及时方便地参考他人对信息源的反馈，其明快的互动性特点为社会主义核心价值观的新媒体广告传播带来趣味性。

第三，精准性。新媒体广告的互动性特点带来精准性。新媒体广告发布直达目标受众，尤其经大数据筛选后的目标受众几乎是“一对一”精准推送信息，能实现根据需求精准推送信息。

第四，灵活性。新媒体广告无处不在，其发布不受时间、地域限制，能根据受众需求进行个性设计、量身定制，受众可以通过手机、电脑、地铁里的移动电视、街头的 LED 屏等读到广告信息，极具灵活性特点。

第五，隐蔽性。新媒体广告并非强制性进行信息灌输，而是利用受众的心理空白点、时间空闲期进行潜移默化地渗透。

新媒体广告具有这些鲜明的传播特点，根据传播特点我们可以总结出新媒体广告中社会主义核心价值观传播的机遇和挑战。

二、新媒体广告带给社会主义核心价值观传播的机遇和挑战

新媒体广告给社会主义核心价值观传播带来的机遇主要有：传播受众明确、受众互动参与强、受众抵触心理小。

一是传播目标明确。新媒体广告能定向、精准、灵活地向目标受众传播，如果植社会主义核心价值观于其中，或者直接应用新媒体广告传播社会主义核心价值观，也能实现社会主义核心价值观的定向、精准、灵活化传播，使社会主义核心价值观直达目标受众。

二是受众互动性强。新媒体广告传者与受众双向互动的传播特性所带来的娱乐性，能增强社会主义核心价值观的吸引力，使受众对社会主义核心价值观的关注度提高，实现寓社会主义核心价值观于娱乐中。

三是受众抵触心理小。新媒体广告的互动性、隐蔽性特点，能将社会主义核心价值观巧妙地借助高科技，生动形象地进行传播，减少因灌输、说教、投喂带来的抵触心理。

与此同时，新媒体广告给社会主义核心价值观传播带来的挑战也非常明显，主要有：单方面发布、不良内容较多、监管难度较大。

一是单方面发布。新媒体广告发布者为提高点击率、收视率，大多以“弹出式”“跃动式”“闪耀式”出现吸引受众，受众处于被动地位，这给社会主义核心价值观的引领带来挑战；

二是不良内容较多。新媒体广告传播与传统媒体广告传播相比，有着无可比拟的覆盖面广、交互性强，能根据广告主需求定向、精准发布，而且具有价格低廉、快捷、方便统计等优势，存在着巨大的利润空间。从“新媒体——云堆”在百度的广告发布内容可以看出，最快的单广告发布只需 2.6 秒完成，广告主只为有效阅读买单，而一个有效阅读只需 0.3 元。这些优势也使新媒体成为不法分子发布违法、虚假广告的平台，给社会主义核心价值观传播带来挑战。

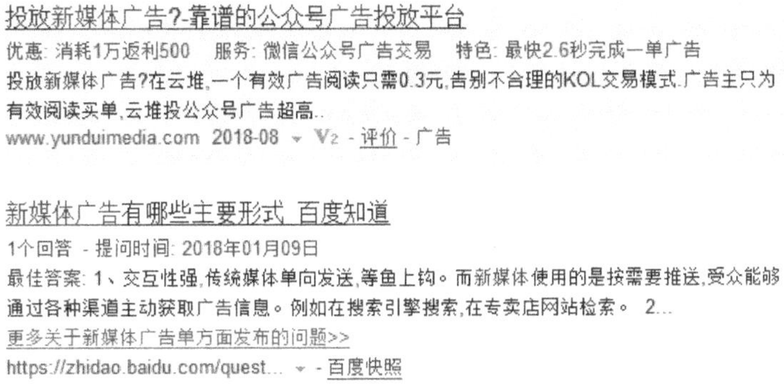

投放新媒体广告?-靠谱的公众号广告投放平台
优惠: 消耗1万返利500　服务: 微信公众号广告交易　特色: 最快2.6秒完成一单广告
投放新媒体广告?在云堆,一个有效广告阅读只需0.3元,告别不合理的KOL交易模式.广告主只为有效阅读买单,云堆投公众号广告超高..
www.yunduimedia.com 2018-08 - V2 - 评价 - 广告

新媒体广告有哪些主要形式 百度知道
1个回答 - 提问时间: 2018年01月09日
最佳答案: 1、交互性强,传统媒体单向发送,等鱼上钩。而新媒体使用的是按需要推送,受众能够通过各种渠道主动获取广告信息。例如在搜索引擎搜索,在专卖店网站检索。 2...
更多关于新媒体广告单方面发布的问题>>
https://zhidao.baidu.com/quest... - 百度快照

“新媒体——云堆”在百度发布的广告

三是监管难度大。新媒体广告发展快速，相关法律法规很难跟上，加大了其监管难度，给社会主义核心价值观传播带来挑战。就目前而言，虽反复公告不得出现低俗、色情、虚假内容，但因没有系统的新媒体广告发布、审查、监管程序，没有完善的法律法规，加上广告内容多、市场秩序不规范、任何单位和个人都可以利用新媒体随机、随时、随意地发布广告，这就造成新媒体广告法律监管层面的缺失，一些不符合社会主义核心价值观的内容也鱼目混珠。

第三节　新媒体广告传播社会主义核心价值观的典型案例

社会主义核心价值观是全社会共同认同的价值标准，社会主义核心价值观传播的目的即为树立全社会共同认同的价值标准。任何新生事物的出现都具有双面性作用，新媒体广告也不例外，如果过度负面化新媒体广告传播社会主义核心价值观的作用，只会引发受众的"习惯性质疑"，甚至"轰动效应"，导致政府公信力"受损"，不利于国家发展、社会和谐和个人成长。因此，通过研究社会主义核心价值观的新媒体广告传播的典型案例《中国梦 · 梦娃》，探寻如何向受众传播正能量，充分发挥新媒体广告的载体功能，让社会主义核心价值观更加深入人心，便是本节研究目的所在。

广告《中国梦 · 梦娃》由中宣部打造，中宣部宣教局、中国网络电视台联合推出，不仅在各省级电视台星综频道重要时段播出，也同时在各大网站利用新媒体推出。广告《中国梦 · 梦娃》以中国传统民间艺术代表泥人张的"梦娃"泥塑为素材，以中华民族伟大复兴的中国梦为主题，以"汇聚力量，传播文明"为目的，用七个主题动作生动诠释"孝当先、善作魂、国是家、俭养德、诚立身、和为贵、勤为本"的社会主义核心价值观，画面萌动可爱，深入人心，是为传播社会主义核心价值观量身定做的广告，也是社会主义核心价值观成功传播的典型代表。

一、广告《中国梦 · 梦娃》的新媒体传播现状

1. 新媒体广告《中国梦 · 梦娃》的受众注意力分析

注意力是指人的心理活动指向和集中于某种事物的能力。[①] 当可供受众选择的媒体更多、信息更多时，传播的内容是否吸引受众注意力就是媒体传播成功的关键。伴随新媒体的出现，受众接收的信息呈数量级增加，使受众注意力成为一种特殊资源，同时也使这种特殊资源变得更加分散和稀缺。新媒体为社会主

①周小华.基于新媒体技术的马克思主义传播[M].北京：国家行政学院出版社，2012：67.

义核心价值观传播提供了一个更广阔的空间,也为社会主义核心价值观传播如何抓住受众注意力提出了挑战。

广告《中国梦·梦娃》虽然在各省级电视台星综频道、户外新媒体、移动新媒体、网络新媒体同时传播,但受众多、传播快、影响大的还是新媒体传播。据相关研究者的调查数据显示:受访对象第一次接触《中国梦·梦娃》广告的平台为网络新媒体广告(即图中的"互联网")的占17.0%(受访对象112人,19人选择互联网),为移动交通运载工具(即图中的"交通运载工具")有40.2%(受访对象112人,45人选择地铁、公交等移动交通运载工具),为户外新媒体广告(即图中的"公共场所")有15.2%(受访对象112人,17人选择电子展示屏、楼宇等户外新媒体),而为电视广告接触的仅占26.8%。没有人第一次接触《中国梦·梦娃》广告是通过广播、报纸、期刊等传统媒体。换句话说,《中国梦·梦娃》传播过程中,户外新媒体广告、网络新媒体广告、移动新媒体广告吸引受众约72.4%的注意力,不可谓不成功。既然新媒体传播更能吸引受众注意力,社会主义核心价值观传播就应该将更多精力放在新媒体传播上。

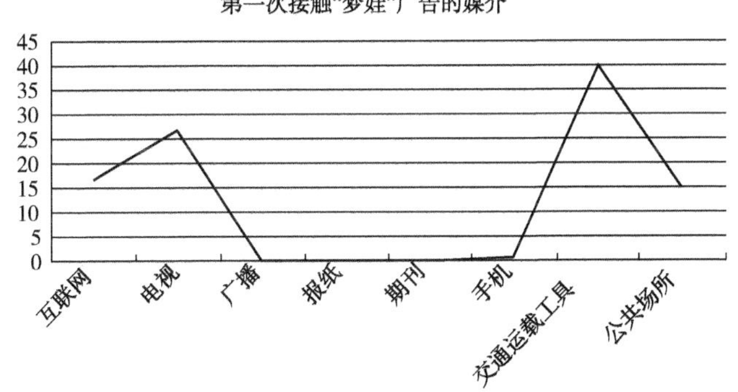

受访对象第一次接触《中国梦·梦娃》广告的媒介①

2. 受众对《中国梦·梦娃》中的广告语识记分析

在《中国梦·梦娃》的传播中,虽然新媒体吸引了受众72.4%的注意力,但吸引受众注意力只是有效传播的第一步。传播有效的水平还取决于受众能多大程度上接受社会主义核心价值观,即受众对社会主义核心价值观的需要、识记、理解、认同程度等的影响。有学者就受众识记《中国梦·梦娃》的广告语情况进行了调查:80%以上的受众能识记"勤为本""诚立身""和为贵"等三个字的广告词句,尤其是有94%的受众都能识记"和为贵"广告词句,59%的受众能识记"国

①纪德君.新媒体环境下社会主义核心价值观公益广告传播[J].新闻界,2016(14):10.

是家”等广告词句，这些数据中至少72%是受新媒体传播影响。经换算即为：有57.6%（80%×72%=57.6%）的受众识记“勤为本”“诚立身”“和为贵”等三个字的广告词句是因为新媒体的传播，有67.7%（94%×72%=67.7%）的受众识记“和为贵”的广告词句是因为新媒体的传播；有42.5%（59%×72%=42.5%）的受众识记“国是家”的广告词句是因为新媒体的传播。这些数据一定程度上说明受众对《中国梦·梦娃》中社会主义核心价值观内容在情感上产生了认同，在思想上产生了共鸣，而且在行为实践上也有了积极回应。

没有人要求受众识记《中国梦·梦娃》中的广告语，受众却能识记，其原因有以下几点：一是社会主义核心价值观本身具有很强的吸引力。社会主义核心价值观是一套从国家、社会、个人三个层面列出的价值观念清单。社会主义核心价值观能有效保障国家政权的稳定，维护社会的正常秩序，保障人民群众充分享受政治、经济、文化权益和义务，是社会主义国家社会成员思想和意志的统一体现。二是社会主义核心价值观能满足受众需求。凡是有助于满足群体某一需求的传播，都是有效的传播。① 尤其是我国正处于社会转型时期，社会主义核心价值观能有效引导社会思潮、化解社会矛盾、减少社会冲突，满足人民群众日益增长的美好生活需求。三是《中国梦·梦娃》广告对社会主义核心价值观的成功诠释与传播。从调查数据可知，如果没有新媒体传播《中国梦·梦娃》，吸引受众注意，受众不可能识记社会主义核心价值观的内容，将社会主义核心价值观贯穿于社会生活方方面面也无从谈起，内化于心、外化于行更是无从谈起。

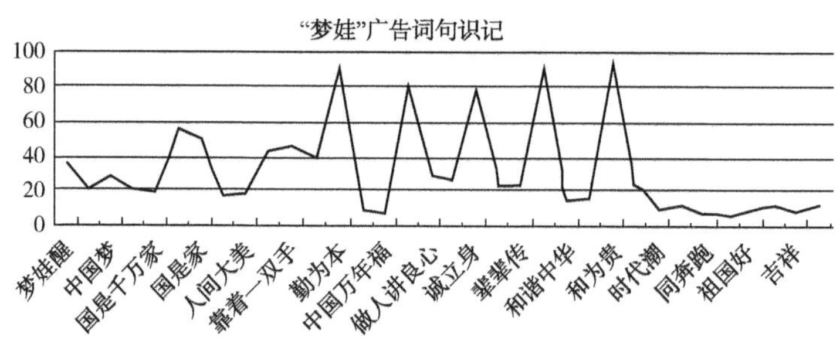

《中国梦·梦娃》广告词句识记②

3. 受众应用新媒体主动再传播《中国梦·梦娃》广告的数据分析

在新媒体传播中，受众不再是信息传播的终端，而是作为信息消费者的同

①[美]哈罗德·拉斯韦尔著，何道宽译.社会传播的结构与功能[M].北京：中国传媒大学出版社，2015：50.

②纪德君.新媒体环境下社会主义核心价值观公益广告传播[J].新闻界，2016(14)：11.

时,更是信息的生产者。受众应用新媒体主动再传播《中国梦·梦娃》,一定程度上证明受众已经接受了《中国梦·梦娃》所传播的信息,已经由被动、强制、消极转变为主动、自主、积极,由盲目接受转变为有选择性地接受《中国梦·梦娃》中的信息。在新媒体传播中,受众能根据自身认知、受众间的信息交流互动对所接受的信息进行质疑、评论、补充、扩展、深入后,再进行主动传播。受众只有在解读、解析《中国梦·梦娃》广告所载内容的基础上,认识到《中国梦·梦娃》所传播的社会主义核心价值观是适时的,能引领时代潮流,能满足受众需求,解答社会困惑,为受众所喜爱,才会在行为上积极响应,落实到主动再传播的具体实践中。这是社会主义核心价值观传播真正实现内化为人们精神追求,外化为人们自觉行动的体现。正如刘云山所强调:"核心价值观的生命力在于实践,在于每一个社会成员自觉行动。参与面越广,践行核心价值观的社会基础就越深厚。"①

笔者于2018年8月30日17:56分在新浪微博搜索"中国梦·梦娃",省略部分相似结果后共有346条搜索结果,且每一条搜索结果都有受众进行的主动再传播。如滨海发布的微博——《'梦娃',咱俩合个影》,受众转发128次、评论106次,点赞87次;(见下图)人民网发布的微博《距退伍不足100小时 他们仍坚守抗洪一线》,是现实版的《中国梦·梦娃》。微博讲述了山东受台风影响遭遇暴雨,大量居民受灾、村镇被淹的情况下,武警山东总队潍坊支队第一时间驰援,连续奋斗9天9夜的故事。驰援的官兵中,有几十名战士距离脱下军装退伍不足100小时。微博向受众传播现实版"梦娃"。二十岁左右的中国军人,在灾难面前挺起脊梁,用行动诠释社会主义核心价值观中爱国、敬业的价值准则,为群众树立效仿和追随的榜样,增强了社会主义核心价值观的感染力、吸引力、影响力,达成了社会主义核心价值观传播需示范引领与实践养成的统一。现实版"中国梦·梦娃"传播让受众从认知上接受,情感上共鸣到自愿积极主动践行社会主义核心价值观——2018年8月30日17:56分,该微博受众转发次数为1036,评论次数为1908,点赞次数为4312(见下图)。到2018年8月30日19:56分,短短2小时,受众转发次数上升为1676,评论次数上升为3336,点赞次数为6592。(见下图)每一次转发、评论后还有无数受众进行着无数次的再次转发,再次评论,再次点赞,表现出强大的新媒体广告传播能力,让无数受众效仿追随——捐款捐物,做志愿者的不计其数,凝聚成强大正能量,这不正是现实版的中国梦.梦娃的新媒体广告传播。(见下图)

①刘云山.着力培育和践行社会主义核心价值观[J].求是,2014(2):3.

新浪微博搜索《中国梦·梦娃》截图

二、社会主义核心价值观在新媒体广告《中国梦·梦娃》中的传播问题

社会主义核心价值观在新媒体广告《中国梦·梦娃》中的传播取得了较好的传播效果，但课题研究的目的是如何实现社会主义核心价值观的更广泛传播，更深入人心，因此我们不能对其存在的问题置若罔闻。

1. 传播形式不够多种多样

《中国梦·梦娃》的传播虽实现了户外、移动和网络等途径的新媒体传播，但在电子邮箱、网络发言人、在线访谈等传播形式中少见踪影，而且主要以动画视频、卡通漫画、歌舞为载体进行传播。笔者以"《中国梦·梦娃》网络发言人"为关键词百度，只找到相关结果40条，其中很多搜索结果严格意义上说不属于"网络发言人"传播形式；（截至2018年10月29日12:15，见下图）以"《中国梦·梦娃》在线访谈"为关键词百度，共找到相关结果1560条，其中只有极少数属于"在线访谈"传播形式（截至2018年10月29日12:50，见下图）。截图七中即为百度搜索首页，前4条结果都不属于"在线访谈"的内容。1560条搜索结果中，前100条中总计属"在线访谈"传播的只有6条，主要是各地方新闻网组织的在线访谈，如长寿新闻网组织的《网络中国节》、巴中市委的《市长在线访谈》、资中市人民政府市政务服务中心组织的《访谈实录》等。强大的新媒体传播功能，少量的"在线访谈"传播，《中国梦·梦娃》的在线传播明显然滞后于社会主义核心价值观传播和新媒体发展的需要。更多的新媒体广告传播，如自动播放、点击互动、单击互动、鼠标拖拽、鼠标跟踪等则根本不见《中国梦·梦娃》的踪影。

《中国梦.梦娃》网络发言人　百度一下

网页　资讯　贴吧　知道　视频　音乐　图片　地图　文库　更多»

网络发言人_百度百科

2016年1月19日 - 2009年2月12日,江苏省睢宁县委办公室、县政府办公室发文《关于建立网络发言人制度的通知》,全县113个单位...

https://baike.baidu.com/item/网... - 百度快照

中国梦娃_百度百科

2016年11月10日 - 中国梦娃,是《梦娃送吉祥,梦娃送美德》系列动画...羊年新春的荧屏和网络上打开了"开门红"的喜人局面...

https://baike.baidu.com/item/中... - 百度快照

网络发言人_百度文库

评分 3.5/5 3页

2011年2月14日 - "网上发言人"的五个注意点 网络新媒体的成熟发展不仅为网民提供了民意表达的平台,也为政府开展思想文化宣传工作提供了新载体和新阵地。网络为...

https://wenku.baidu.com/view/1... - 百度快照

首页 - 阜宁县网络发言人公共服务平台 - Powered by Discuz!

6天前 - 首页 中国 阜宁 | 阜宁文明网 | 阜宁新闻网网络发言人工作制度 按照阜办发〔2012〕106号《关于建立全县网络发言人制度的意见》以及县委、县政府的总...

www.fnwlfyr.com/for...php - 百度快照

百度搜索《中国梦·梦娃网络发言人》截图

《中国梦.梦娃》在线访谈　百度一下

网页　资讯　贴吧　知道　视频　音乐　图片　地图　文库　更多»

百度为您找到相关结果约1,560个

《中国梦·梦娃》国是家-原创-高清正版视频在线观看–爱奇艺

[视频] 时长 00:15

2015年11月3日 - 《中国梦·梦娃》国是家是原创类高清视频,于2015-11-03上映,视频画面清晰,播放流畅,内容质量高。视频主要内容:《中国梦 梦娃》国是家 为弘扬传统文化、传播...

www.iqiyi.com/w_19rt8kng... - 百度快照

《中国梦·梦娃》和为贵-原创-高清正版视频在线观看–爱奇艺

[视频] 时长 00:15

2015年9月15日 - 《中国梦·梦娃》和为贵是原创类高清视频,于2015-09-15上映,视频画面清晰,播放流畅,内容质量高。视频主要内容:《中国梦 梦娃》和为贵 为弘扬传统文化、传播核心...

www.iqiyi.com/w_19rtgn3s... - 百度快照

《中国梦·梦娃》勤为本-生活-高清正版视频在线观看–爱奇艺

[视频] 时长 00:15

2015年7月20日 - 《中国梦·梦娃》勤为本是生活类高清视频,于2015-07-20上映,视频画面清晰,播放流畅,内容质量高。视频主要内容:《中国梦 梦娃》勤为本 为弘扬传统文化、传播...

www.iqiyi.com/w_19rtajp... - 百度快照

梦娃公益短片《中国梦 我的梦》_标清_视频在线观看 - 56.com

2015年6月14日 - 梦娃公益短片《中国梦 我的梦》_标清 次播放 热播 天蓝蓝 订阅 信息 下载

百度搜索《中国梦·梦娃在线访谈》截图

2. 实时互动未能跟上

传播被认为是一种共享信息的过程。传播学先驱马歇尔.麦克卢汉提出的“地球村和部落化以及共鸣”概念就强调,一个一体化、同步化、瞬时传播、即时卷入的世界已经将我们包围。无论我们承认与否,愿意与否,新媒体已经将传播方式由单向传播转变为双向互动式传播,我们已经处于新的传播环境,媒体已经从一个信息与观点的发布者转型成为一个多元意见的平台与对话组织者。① 人们可以随时随地收看、发布、评论信息,微博平台的互动更是热火朝天。但是,笔者在研究中发现:《中国梦·梦娃》在新媒体上发布广告后,就任由受众播放、收藏、转发、评论、点赞,几乎没有任何实时互动,似乎发布完成就万事大吉。天津首座“梦娃体验馆”试运行后,天津政务和公共服务微博门户发布了《津城首座“梦娃体验馆”为中小学根植“中国梦”》的微博,目的是吸引更多中小学师生前往参观体验。但发布后不再有任何互动来解答受众的问题。

新浪微博搜索《中国梦·梦娃》截图

实时互动可追踪受众行为,对传播效果进行监测。新媒体技术可以根据受众浏览《中国梦·梦娃》视频情况,获取受众停留时间、互动时间、关注程度等信息,更为重要的是可获得受众对《中国梦·梦娃》的认可度、偏好度、关联度,以及受众信息反馈、口碑传播等信息,实现追踪受众行为的目的。传者实时参与互

①韩广涛.迎接受众碎片化趋势的融媒考验[J].广告人,2012(2):42.

动,能清楚及时地收集到受众喜好,哪些部分最吸引受众关注等信息。但是,笔者点击受众评论,几乎不见传者的实时互动。

3. 投放需要更加精准

著名广告人魏特.哈不纳斯曾说:“伟大的广告一定不止照亮天空,它还要击中目标。”①魏特·哈不纳斯的“击中目标”强调的是广告的精准性和针对性。在信息碎片化的新媒体时代,充分了解受众的性格特征、兴趣爱好,针对受众做精准投放,才能收获理想的传播效果,更好地吸引“心不在焉”的受众。但是,《中国梦·梦娃》在新媒体中的投放几乎都是笼统地投放,不分年龄、职业、学历、性别、地域,收入、兴趣、浏览习惯等属性,更不管受众的新媒体使用习惯、操作系统、浏览器类型等特点,自然谈不上精准投放。

“中国梦·梦娃”传播效果的持续性、常态化让人堪忧。笔者应用百度高级搜索查找相关网页,其中:关键词“中国梦·梦娃”位置位于网页的任何地方,时间限定为最近一周,文档格式为所有网页和文件,只搜到 42 条结果,其中爱奇艺的“中国梦·梦娃”重复广告视频共有 22 条,其他也有重复的。如果进一步筛选,最后剩下 16 条不重复的,其中还包括一些借助梦娃进行的其他广告。

百度搜索《中国梦·梦娃》截图

①周红路,周文杰.网络广告的媒介生态位[J].消费导刊,2008(1):20.

三、社会主义核心价值观的新媒体广告传播策略

新媒体环境给传受关系带来了革命性的变化，传者既是受者，受者更是传者。受众突破了“时空”的藩篱，华丽转身成为传播关系中的主体，实现了“传—受”关系的完美统一。社会主义核心价值观的广告传播必须适应这样的新媒体环境，才能真正实现社会主义核心价值观传播在落细、落小、落实上下功夫。

1. 传播方式多样化

社会主义核心价值观的新媒体广告传播可通过在线对话、电子邮箱、留言板、网络发言人、综合性网络平台等平台进行。传播方式可根据受众参与程度，采取自动播放和点击互动等类型；可根据新媒体技术革新和整合，采用浮动式、弹出式、过渡式等广告方式；当然还可用视窗类、贴片类、旗帜类、图标类、背景类、联动类、游戏内置类等传播方式，多种多样的传播方式不仅能使社会主义核心价值观借助新媒体广告直达受众，快速为受众知晓，而且能吸引受众深度参与，如游戏内置类传播方式。一般而言，新媒体广告的强制性表现越强烈，受众能动性表现也越强烈，受众习惯性地关闭弹出式广告就是典型例子。也就是说，新媒体广告的强制性越大，吸引受众的注意力反而越少。如果内置社会主义核心价值观传播于游戏中，反而可借助游戏的趣味性降低社会主义核心价值观传播的强制性，实现吸引受众，有效传播社会主义核心价值观的目的。

2. 实时互动常态化

新媒体不只改变人们的媒介习惯，而且改变了评价模式和思维模式。一方面，它能聚集“微力量”。人们面对前所未有的“主体”地位、角色转换、自由轻松的情感体验，难免激情澎湃，热情高涨，积极参与并聚集“微力量”。另一方面，受众能自主生成新内容。在新媒体环境下，无论传者还是受众，都更加关注自我、自立自主，喜欢通过新媒体来即时信息交流，全天候与朋友们保持联系，关注并期待朋友们做出即时反映等。比如志同道合者通过新媒体互相吐槽，分享生活细节，决定看什么，不看什么等，都能生成新内容。

第一，实时互动常态化能让最真实、最广泛的受众的价值需求直达传者。有学者认为，“互动”的核心概念在于“控制”，就是指具有互动特征的新媒体的使用者不仅可以影响新媒体信息传播的呈现，而且还可以影响新媒体受众体验的形式和内容。[①] 我们生而为中国人，最根本的是我们有中国人的独特精神世界，有百姓日用而不觉的价值观。核心价值观在一定社会的文化中是起中轴作用

①张信和.网络广告传播的互动策略[J].学术交流，2003(7)：159.

的，是决定文化性质和方向的最深层次要素，是一个国家的重要稳定器。新媒体广告传播中的实时互动，看似是不起眼的生儿育女、油盐酱醋，却隐藏着受众最真实、最广泛的价值观念、价值选择。传者与受众在实时互动中拉近距离，打开心扉，实现价值观的共鸣，潜移默化影响受众价值需求，甚至"控制"受众的价值选择，以实现"用社会主义核心价值观凝魂聚力"的传播效果。

第二，实时互动常态化能真正实现社会主义核心价值观的"以情动人"传播。美国广告大师罗宾斯基说："我坚信一流的情感，才能组成一流的广告，所以我每次在广告作品中注入强烈的感情，让消费者看后忘不了丢不开。"[①]情感体验主要是指通过制造某种刺激引起用户内在的情绪或感情，其范围可以是一个温和、柔情的正面心情，也可以是欢乐、自豪甚至是激情的情绪，但不主张引发负面情绪。[②]《中国梦·梦娃》广告以"梦娃"随太阳升起醒来，用其笑容和手势展示其对"中国梦"的憧憬和追逐。创作者选取社会主义核心价值观中富强、诚信、和谐、善良等重要元素，融合中华传统文化，增强了广告的文化底蕴，典型生动、连贯自然，但传播中几乎未考虑受众情感体验，这一点恰能通过常态化的实时互动来实现。传者通过新媒体积极地、及时地与受众沟通，倾听受众意向、挖掘受众需求，本身就是尊重受众，富有人情味的姿态。

3. 投放精准化

新媒体广告可以找到更精准的目标受众去展示广告创意，从而实现社会主义核心价值观的精准传播。通过分析用户数据库，可以将用户按基本属性、媒介习惯、兴趣爱好、甚至职业收入等进行分类，找到真正的目标人群，并根据目标人群的兴趣点提供相匹配的广告创意，分析目标人群点击情况进行优化调整。以《中国梦·梦娃》为例：2015 年 1 月 31 日，央视网络春晚发微博推广手机游戏《梦娃来了》，排名靠前者可获得韩国流行演唱团 EXO 的签名相册。获得转发 6 次，评论 5 次的传播效果；2015 年 2 月 3 日，央视再次发微博推广手机游戏《梦娃来了》，只获得点赞 6 次，没有转发和评论。但是，2015 年 2 月 3 日，同样是央视发微博推广手机游戏《梦娃来了》，时间分别是凌晨 2 点和 5 点，共获得转发 20 次、评论 17 次、点赞 44 次；凌晨 6 点再发，获得转发 184 次、评论 43 次，点赞 291 次。同样是网络游戏《梦娃来了》的推广，传播效果却出现较大差异。原因是前两次《梦娃来了》的配图只有游戏封面和二维码，而后两次，根据目标人群的兴趣点提供了 9 副 EXO 演唱团成员签名的照片展示，并且将其"@"给 EXO 的三大粉丝团——"我们都爱

---

①叶青.情感诉求和消费心理——情感广告设计谈[J].安徽农业大学学报，2003(3)：93.

②季铁，李铁南.现代平面设计概论[M].北京：高等教育出版社，2008：170.

EXO”“EXO 全球粉丝会”“EXO-M”。可见,利用新媒体的互动性,深入分析目标受众属性,有针对性地进行广告创意,就能实现将社会主义核心价值观精准投放给目标受众的目的①(因涉及 EXO 照片版权,新浪微博已删除)。

无论广告的内容是什么,以什么方式传播,其中必然蕴含有一定的价值观。如果这种价值观与社会主义核心价值观一致,就能促进受众对社会主义核心价值观的认同。而广告的重复性传播特点,更能引起受众对其价值观的注意,帮助受众记忆、理解、体验社会主义核心价值观。把社会主义核心价值观融入各种新媒体广告中传播,可有效应用新媒体聚集的“微力量”,让受众自主生成的新内容不偏离社会主义核心价值观,还能将受众支离破碎的注意力聚集,实现社会主义核心价值观传播要与人们日常生活紧密结合,让人们在日常生活实践中感知它、领悟它,达到“百姓日用而不知”的目的。

---

①新媒体环境下社会主义核心价值观公益广告传播[EB/OL].http://www.fx361.com/page/2016/1224/424395.shtml.

参 考 文 献

一、理论与国内学术著作

马克思恩格斯全集(第1卷)[M].北京:人民出版社,1956年版.

马克思恩格斯全集(第18卷)[M].北京:人民出版社,1964年版.

马克思恩格斯全集(第7卷)[M].北京:人民出版社,1972年版.

马克思恩格斯全集(第1卷)[M].北京:人民出版社,1995年版.

马克思恩格斯全集(第2卷)[M].北京:人民出版社,1995年版.

马克思恩格斯全集(第3卷)[M].北京:人民出版社,1995年版.

马克思恩格斯全集(第4卷)[M].北京:人民出版社,1995年版.

列宁选集(第2卷)[M].北京:人民出版社,1995年版.

列宁选集(第3卷)[M].北京:人民出版社,1995年版.

毛泽东选集(第3卷)[M].北京:人民出版社,1991年版.

毛泽东文集(第8卷)[M].北京:人民出版社,1999年版.

毛泽东著作选读[M].北京:人民出版社,1986年版.

邓小平文选(第3卷)[M].北京:人民出版社,1993年版.

习近平谈治国理政[M].北京:外文出版社,2014年版.

中共中央宣传部.习近平总书记系列重要讲话读本[M].北京:学习出版社,人民出版社,2016年版.

中共中央宣传部宣教处,中央电视台《国魂》摄制组.国魂[M].北京:中国民主法制出版社,2015年版.

中共中央宣传部宣教局.社会主义核心价值观全民阅读通识读本国魂[M].北京:中国民主法制出版社,2015年版.

宫承波.新媒体概论(第四版)[M].北京:中国广播电视出版社,2012年版.

王宏等编著.数字技术与新媒体传播[M].北京:中国传媒大学出版社,2010年版.

袁智忠.影视传播概论[M].重庆:西南师范大学出版社,2007年版.

石磊.新媒体概论[M].北京:中国传媒大学出版社,2009年版.

高红波.新媒体节目形态[M].开封:河南大学出版社,2013年版.

杨继红.谁是新媒体[M].北京:清华大学出版社,2008年版.

田智辉.新媒体环境下的国际传播[M].北京:中国传媒大学出版社,2010年版.

本书编写组.社会主义核心价值观培训教材[M].北京:新华出版社,2014年版.

石国亮.社会主义核心价值观十讲:党员干部读本[M].北京:人民日报出版社,2014年版.

周小华.基于新媒体技术的马克思主义传播[M].北京:国家行政学院出版社,2012年版.

陈志尚.人学原理[M].北京:北京出版社,2005年版.

孙中山.三民主义[M].北京:中国长安出版社,2011年版.

何怀远,周碧晴,崔秋锁.马克思主义哲学原理[M].北京:国防大学出版社,1999年版.

王松,李志坚,赵磊.信息传播大变局[M].上海:上海交通大学出版社,2013年版.

袁智忠.影视传播概论[M].重庆:西南师范大学出版社,2007年版.

高洪波.新媒体节目形态[M].郑州:河南大学出版社,2013年版.

黄蓉生.思想道德修养[M].北京:中国人民大学出版社,2003年版.

黄河.政府新媒体传播——直面新媒体带来的挑战与机遇[M].北京:光明日报出版社,2012年版.

朱春阳.新媒体时代的政府公共传播[M].上海:复旦大学出版社,2014年版.

陈桐生.楚辞与中国文化[M].西安:陕西人民教育出版社,1997年版.

梁治平.法辨——中国法的过去、现在和未来[M].北京:中国政法大学出版社,2002年版.

周晓华等.基于新媒体技术的马克思主义传播[M].北京:国家行政学院出版社,2012年版.

孙有中.美国精神的象征——杜威社会思想研究[M].上海:上海人民出版社,2010年版.

陆小华.新媒体观[M].北京:清华大学出版社,2008年版.

杨伯峻.春秋左传注[M].北京:中华书局,2009年版.

(宋)朱熹.四书集注[M].长沙:岳麓书社,1987年版.

赵红梅,戴茂堂.文艺伦理提纲[M].北京:中国社会科学出版社,2007年版.

顾漫.微微一笑很倾城[M].郑州:花山文艺出版社,2014年版.

天蚕土豆.斗破苍穹[M].武汉:湖北少年儿童出版社,2010年版.

季铁,李铁南.现代平面设计概论[M].北京:高等教育出版社,2008年版.

戴茂堂,周海春,江畅等.我国主流价值文化及其建构调查[M].北京:人民出版社,2014年版.

二、国外学术著作

[美]尼古拉・尼葛洛庞帝著,胡泳等译.数字化生存[M].海口:海南出版社,1997年版.

[美]马歇尔・麦克卢汉著,何道宽译.麦克卢汉如是说[M].北京:中国人民大学出版社,2006年版.

[美]哈罗德・拉斯韦尔著,何道宽译.社会传播的结构与功能[M].北京:中国传媒大学出版社,2015年版.

[美]亨利・詹金斯著,杜永明译.融合文化 新媒体与旧媒体的冲突地带[M].北京:商务印书馆,2015年版.

[美]罗伯特・考克尔著,郭青春译.电影的形式与文化[M].北京:北京大学出版社,2004年版.

[美]丹尼斯・麦奎尔著,崔保国,李琨译.麦奎尔大众传播理论[M].北京:清华大学出版社,2006年版.

[美]约翰·罗尔斯著,何怀宏,何包钢,廖申白译.正义论[M].北京:中国社会科学出版社,2009年版.

[英]布莱恩·麦克奈尔,殷祺译.政治传播学引论[M].北京:新华出版社,2005年版.

[丹麦]克劳斯·布鲁恩·延森著,刘君译.媒介融合:网络传播、大众传播和人际传播的三重维度[M].上海:复旦大学出版社,2015年版.

[美]塞缪尔·亨廷顿,周端译.失衡的承诺[M].北京:东方出版社,2005年版.

[美]威尔伯·施拉姆,威廉·波特著,何道宽译.传播学概论(第二版)[M].北京:中国人民大学出版社,2010年版.

三、期刊文献

陆小华.新媒体的史前史——新媒体变革取向漫谈之三[J].新闻记者,2007(3).

陆小华.分享平台:新媒体的核心运作模式——新媒体变革取向漫谈之一[J].新闻记者,2007(1).

胡颖,周忱.新媒体与新媒体依存度分析[J].新闻传播,2007(5).

赵文君.新媒体与传统媒体的变迁趋势[J].科学新闻,2007(10).

李小翠,唐俊.新媒体:在关注和热议中前行[J].新闻记者,2006(3).

白传之.新媒体发展模式初探[J].现代视听,2007(6).

赵文晶,刘军宏.碎片化:旨在分享与赋权的新型传播观[J].中国软科学,2013(3).

黄楚新,王丹,任芳言.论习近平的新媒体观[J].新闻与传播研究,2016(3).

袁贵仁.关于价值与文化问题[J].河北学刊,2005(7).

刘云山.着力培育和践行社会主义核心价值观[J].理论学习,2014(3).

石国亮.试析社会主义核心价值体系的意识形态功能[J].理论与改革,2007(9).

王虎学.多元社会的价值重建[J].北京师范大学学报(社会科学版),2011(9).

吴信训.为人民讲话 让人民讲话 讲人民的话——习近平新闻思想的人民观[J].新闻与传播研究,2016(7).

Magasa.谁是最懂观众的导演[J].中国企业家,2016(10).

王刚.国产主流商业电影的新标杆[J].当代电影,2016(12).

王楠.电视新闻出镜记者现场报道的有效传播[J].艺术科技,2014(3).

饶曙光,陈清洋.主流价值观与文化多样性——中国主流电影的发展与思考[J].东岳论丛,2012(3).

王雅琼,李明德.新媒体语境下的微电影传播[J].甘肃社会科学,2015(4).

申东城.如何写出利国利民的宫廷剧精品[J].文艺理论与批评,2016(2).

陈秀美.历史照亮的不是过去,而是现在和未来[J].戏剧之家,2016(4).

周雪峰.社会主义法治理念的公平正义观[J].武汉科技大学学报(社会科学版),2010(3).

雷蔚真,欧阳春香.视频拍客对公民新闻传播机制的影响[J].新闻战线,2010(2).

龙静云,周凯."沉默的螺旋"及其反论对社会主义核心价值观体系传播的启示[J].华中科技大学学报(社会科学版),2013(1).

王少南.社会主义核心价值观的媒体建构[J].青年记者,2016(10).

赵春光.媒介融合视阈下网络综艺节目的伦理反思[J].中国电视,2018(1).

黄为群,鲍楠.略论当前视听媒体融合发展新态势——兼谈网络综艺节目主持特色[J].中国广播电视学刊,2016(6).

邹欣,刘斌,吴闻博.形态创新:网络综艺节目特性与发展趋势[J].电视研究,2017(8).

林功成,李莹.涵化理论的新进展:作为方法论的直接加工模型[J].国际新闻界,2012(2).

黄璀,郑悦纯.从《奇葩说》看网络自制综艺节目的传播功能[J].东南传播,2017(5).

徐翔."涵化"理论及其在效果研究应用中的主要矛盾[J].西南民族大学学报(社科版),2010(3).

刘巧玲.亚氏《修辞学》与霍夫兰说服理论观点之对比分析[J].新课程,2014(1).

沈建.体验性:学生主体参与的一个重要维度[J].中国教育学刊,2001(4).

耿迪.网络互动类综艺节目的形态特征[J].新闻世界,2016(11).

谭雪芳.弹幕、场景和社会角色的改变[J].福建论坛(人文社会科学版),2015(2).

马大康.虚拟网络空间的话语狂欢[J].浙江社会科学,2005(4).

刘文勇.新时代传播的宠儿——病毒式传播[J].东南传播,2007(9).

潘亚楠.互联网综艺热现象研究[J].中国广播电视学刊,2016(3).

郑凤.认知、认同、践行社会主义核心价值观[J].福建教育学院学报,2011(4).

文卫华,楚亚菲.网络综艺:互联网思维下的综艺新形态[J].中国电视,2016(9).

张凡迪,范立国."90后"大学生社会主义核心价值观认同程度及其对心理健康的影响[J].沈阳大学学报,2014(5).

王婷婷.从《奇葩说》看网络自制综艺节目的传播特点[J].新闻研究导刊,2015(9).

唐英,尚冰靓.大数据背景下网络自制综艺节目的特征及趋势探析[J].新闻界,2015(5).

李烨,张广海.名人效应对我国旅游业发展的影响机制研究[J].文艺争鸣,2016(9).

刘海军.社会主义核心价值观的社会内化路径选择[J].清远职业技术学院学报,2015(3).

刘翔云.当前我国网络综艺节目的发展现状及趋势[J].电视研究,2017(8).

李春山,何京泽.依托中华优秀传统文化涵养社会主义核心价值观有效路径探析[J].思想教育研究,2015(3).

钟佩霖.当代艺术院校新生恋爱观现状与对策——以四川音乐学院为例[J].教书育人(高教论坛),2016(2).

唐亚阳,杨超.社会主义核心价值观视域下当代大学生社会责任感培养研究[J].思想教育研究,2014(6).

刘永希.以文明礼仪教育为载体培育社会主义核心价值观[J].当代教育实践与教学研究,2018(4).

杨业华,沈雅琼,许林清.社会主义核心价值观之敬业探析[J].思想理论教育导刊,2015(10).

戴钢书,易立新.环境对学生的思想道德素质的影响[J].当代青年研究,2003(2).

纪德君.新媒体环境下社会主义核心价值观公益广告传播[J].新闻界,2016(14).

韩广涛.迎接受众碎片化趋势的融媒考验[J].广告人,2012(2).

周红路,周文杰.网络广告的媒介生态位[J].消费导刊,2008(1).

张信和.网络广告传播的互动策略[J].学术交流,2003(7).

叶青.情感诉求和消费心理——情感广告设计谈[J].安徽农业大学学报,2003(3).

四、报纸文献

中共中央办公厅印发〈关于培育和践行社会主义核心价值观的意见〉[N].人民日报,2013-12-24.

习近平在中共中央政治局第十二次集体学习时强调　建设社会主义文化强国 着力提高国家文化软实力[N].人民日报,2014-01-01.

李长春.关于<中共中央关于深化文化体制改革推动社会主义文化大发展大繁荣若干重大问题的决定>的说明[N].人民日报,2011-10-27.

唐凯麟.培育践行社会主义文明观[N].光明日报,2013-4-6.

张岂之.略说社会主义核心价值观的文化源流[N].北京日报,2009-6-3.

中共中央关于全面深化改革若干重大问题的决定[N].人民日报,2013-11-16.

顾海良,沈壮海.深刻把握弘扬和培育民族精神的理论基础[N].中国教育报,2003-05-07.

习近平春节前夕赴内蒙古调研看望慰问各族干部群众　向全国各族人民致以新春祝福[N].人民日报;2014-01-30.

习近平在全国宣传思想工作会议上强调　胸怀大局　把握大势　着眼大事　努力把宣传思想工作做得更好　刘云山出席会议并讲话[N].人民日报,2013-08-21.

孔令强.电影产业促进法实施,《金刚狼3》成首部"带提示"电影.重庆晨报[N].2017-3-2.

徐蕾.《湄公河行动》缘何叫好又叫座[N].南昌日报,2016-10-16.

习近平:当好全国改革开放排头兵　不断提高城市核心竞争力[N].人民日报,2014-05-25.

习近平:把培育和弘扬社会主义核心价值观作为凝魂聚气强基固本的基础工程[N].人民日报,2014-02-26.

人民日报评论员.以人为本提升价值认同度——一论着力培育和践行社会主义核心价值观[N].人民日报,2014-2-24.

蒋熙辉.让法治为实现伟大中国梦保驾护航[N].光明日报,2013-5-11.

韩振.培育和践行社会主义核心价值观必须着眼于先进性[N].北京日报,2013-12-30.

孙辉.人文关怀与实践概念[N].光明日报,2002-12-26.

五、网络文献

第42次《中国互联网络发展状况统计报告》(全文)[EB/OL].http://www.cac.gov.cn/2018-08/20/c_1123296882.htm.

高红波.2005~2007年中国传媒经济研究(一)新媒体经济研究综述[EB/OL].http://www.ccmedu.com/bbs14-71042.html.

吴俊.新媒体"无机时代"!如何确立"风向标"?[EB/OL].http://news.xinhuanet.com/focus/2006-03/26/content_4334142.htm.

2016 年中国网络新媒体行业发展现状及问题分析[EB/OL].http://www.chyxx.com/industry/201605/413453.html.

刘梦羽.2015 中国传媒产业总值 1.27 万亿:低于预期,未来在哪里.[EB/OL].http://www.360doc.com/content/16/0507/08/6052364_556946783.shtml.

英网民发布大量囚犯监狱自拍照 曝光监狱管理漏洞[EB/OL].http://digi.163.com/16/0901/15/BVSU4JVD001687H3.html.

中国电影数字化的现状与发展趋势[EB/OL].http://www.xzbu.com/1/view-6557559.htm.

中国率先完成电影放映数字化[EB/OL].http://finance.ifeng.com/a/20140121/11514379_0.shtml.

2015 全国票房 441 亿 银幕数增至近 3.2 万直追北美[EB/OL].http://yule.sohu.com/20160101/n433223812.shtml.

国内首部在网上播放的网剧《原色》播出[EB/OL].http://tech.sina.com.cn/news/internet-china/2000-03-20/20477.shtml.

第 42 次《中国互联网络发展状况统计报告》(全文)[EB/OL].http://www.cac.gov.cn/2018-08/20/c_1123296882.htm.

邱伟.《芈月传》收官收视"冲顶"精良古装剧养刁观众口味[EB/OL].http://news.xinhuanet.com/newmedia/2016-01/10/c_134994428.htm.

芈月传[EB/OL].http://www.le.com/tv/93334.html.

杨静.《鸡毛飞上天》荣登 2017 年度中国十大影响力电视剧排行榜[EB/OL].https://zj.zjol.com.cn/news/849816.html,2018 年 1 月 15 日.

张楠.《鸡毛飞上天》圆满收官 收视口碑双丰收[EB/OL].http://ent.163.com/17/0406/10/CHB6R1VN00038793.html,2017 年 4 月 6 日.

鸡毛飞上天[EB/OL].http://www.iqiyi.com/a_19rrh990gh.html? vfm=2008_aldbd.

2017 年中国综艺发展现状及网络综艺的发展趋势分析[EB/OL].http://www.chyxx.com/industry/201712/588975.html.

2017 上半年网络综艺节目传播热度排行榜,奇葩说夺冠[EB/OL].https://www.phb123.com/yule/zongyi/16189.html.

高晓松与许巍首度合作新歌《生活不止眼前的苟且》遭质疑[EB/OL].http://pic.people.com.cn/n1/2016/0322/c1016-28217519.html.

2016-2017 中国数字出版产业年度报告[EB/OL].http://www.cjiyou.net/html/2017-07/451444.htm.

据调查 62.5%的人会看网络小说[EB/OL].http://www.sohu.com/a/202409668_100049707.

扶摇皇后[EB/OL].https://book.qidian.com/info/1001579096.

新媒体环境下社会主义核心价值观公益广告传播[EB/OL].http://www.fx361.com/page/2016/1224/424395.shtml.

后　　记

历时3年有余,这本著作终于即将呈现在读者面前了。著作来源于2016年7月立项的我主持的项目——教育部高校示范马克思主义学院和优秀教学科研团队建设项目《新媒体视角下的社会主义核心价值观传播研究》(项目编号:16JDSZK090)。项目参加人员有李红秀教授、孙渝莉教授、徐媛媛教授、张智博士、任超阳博士、陈静博士和我的研究生张青、姚国星、张志鹏。

研究过程异常艰辛。因为教学任务繁重,加上我校是双校区运行,早出晚归是常态,上完课回到家有时已经是晚上22:00以后,再想着手课题研究,深感力不从心。我女儿2015年9月进入高一,正处于繁忙且紧张的高中阶段,女儿的身心健康我必须花时间和精力照顾。在这种紧张、焦虑和不安中,我忙完了教学工作,还要照顾好女儿身心,每一次打开电脑,又必须重新复习课题提纲,复习已经查阅的资料,理清思路,才能再次开始专著撰写。如此反复辛勤耕耘,我终于于2018年9月完成了九章共25万字的专著初稿。随后的一个学期用于征询专家们建议,进一步完善和校对,才有了现在的书稿。

几年的课题研究和专著撰写,我得到了许多人的鼓励、帮助和指导。课题研究涉及传播学和思想政治教育,我先生李红秀教授的研究专长是传播学,家里传播学方面的书籍都是他买的。思想政治教育、社会主义核心价值观方面的书籍由我买。李红秀教授为课题研究思路、专著的提纲、写作的方法等都提出了不少建设性建议。重庆交通大学马克思主义学院院长张晓平、重庆交通大学科技处刘明武教授、人民交通出版社股份有限公司的陈鹏老师给予了耐心指导和帮助,重庆交通大学研究生院的赵倩老师为本著查重给予了极大的支持,著作查重本不是赵老师的份内事,怀着忐忑心情找到赵老师,赵老师一句“我们自己的老师肯定要支持”让我内心倍感温暖。课题组研究人员都不遗余力地给予了鼓励和耐心的帮助指导。我的研究生张志鹏为本著进行了认真细心的校对。对领导、老师和学生们的无私帮助,在此一并深表谢忱。

正如前文所说,我需要特别感谢我的女儿李丝缘。女儿的认真、执着、懂事,是激励我前进的动力。女儿初一开始住校,属于做得多说的少的人,不是大的事情一般都不愿意让我担心。我除了偶尔去送送饭,几乎没怎么操心。每一次给女儿送饭,女儿都会说,妈妈做的饭,要慢慢吃,要品,吃了就没有了。女儿珍惜的模样一直刻在我脑海里,每每想起,都是满心的歉疚。记得女儿第一天高考完后,由于下午的理综没发挥好,一个人默默承受着压力和焦虑。直到晚上 7:00 多了,才电话和我说难过,我正在从新校区双福回老校区的校车上。一下校车,就飞快地坐上去女儿学校——重庆育才中学校的车,等到达育才中学已经 8:30 过了。陪女儿在育才中学的操场走了几圈,本想开导开导女儿,她却一遍遍问我,累不累,饿不饿,时不时抱抱我的肩(女儿比我高),女儿的懂事,让我这个做妈妈的都慨叹不如。我并没有说我从双福回来,更没有说我还没吃晚饭,可能是她知道我跑新校区吧。好在上天眷顾,更感谢女儿的努力和坚持,总算考上了满意的大学。

另外需要说明的是,书中许多图片来源于网络截图。这些图片仅用于学术研究,没有任何商业目的。

彭文英

2019 年 3 月